특파원 수첩에 모아진 영단어 에피소드, 절대 못 잊고 평생 써 먹는다!

워싱턴 시사 영단어

고승일 지음

평사리
Common Life Books

추천사

영어 학습에 대한 우리나라 사람들의 관심과 열의는 실로 대단하다. 그런 이유로 시중에는 영어공부에 도움이 되는 갖가지 교재와 참고서가 헤아릴 수 없이 많이 나와 있다. 이 책은 이런 많은 영어 관련 서적 가운데 워싱턴의 생활을 소재로 했다는 점에서 이채롭다.

뉴욕을 배경으로 한 영어 학습서는 제법 되지만, 미국의 수도인 워싱턴에 초점을 맞춰 영어단어들을 에세이 형식을 통해 소개한 서적은 드물기 때문이다.

이 책은 영어 전문가가 아니라, 기자의 시선으로 쓰였다. 세계 정치 중심지인 워싱턴 D.C.의 정치, 외교, 언론은 물론 생활상에 이르기까지 기자가 그곳에서 익힌 단어들을 자신의 취재 경험과 실생활을 토대로 풀어나갔다는 점이 신선하다.

주미 대사로 재직하면서 워싱턴을 거쳐 간 많은 특파원의 글을 접했다. 대부분 워싱턴에서 활동했던 중견 기자들답게 정치와 외교, 안보 분야 등 묵직한 주제를 놓고 진지하게 고민한 글들이 많았다.

그런데 이 책은 정책적인 담론에서는 한 발짝 비켜나 영어를 소재로 삼아 비교적 쉬운 필체로 워싱턴과 관련된 키워드를 소개하고 있어서 조금은 부담스럽게 느껴질 수 있는 워싱턴에 친숙하게 다가갈 수 있도록 구성되어 있다.

워싱턴의 정치와 외교, 그리고 그곳의 생활에 대해서 호기심을 지니고 있는 영어 학습자들이 부담 없이 그리고 재미있게 읽을 수 있을 것이라는 점에서 일독을 권한다.

전 주미 대사 이태식

책을 내면서

　2011년 4월 15일. 3년간의 미국 워싱턴 특파원 생활을 마치고 인천공항에 도착한 나는 "아, 이제 영어로부터 완전 해방"이라고 쾌재를 불렀다. 영어에 시달려야만 했던 워싱턴 생활이 귀국과 동시에 마침내 종지부를 찍는 순간이었다.
　문장을 끝까지 마치지 않아도, 심지어 단어 한마디 입 밖에 꺼낸 게 고작인데도 한국에서는 사람들이 내 말을 다 알아듣는다. 말을 하기 전에 머리에서 문법 따져 보고 어순 따져보고 하지 않아도 신기하게도 한국말은 자동으로 "따다다다" 나간다. 모국어가 주는 평안함은 영어가 짓눌러왔던 스트레스를 한방에 날려 보내기에 충분했다.
　하지만 모처럼 찾아온 심리적 행복은 오래 가지 못했다. 워싱턴 특파원 시절의 경험을 살려서 책 한 권을 꼭 내야겠다고 스스로에게 다짐한 약속을 실천에 옮겨야 하는 시간이 다가왔기 때문이었다.
　워싱턴 체류기간에 메모를 해놨던 영어 단어와 표현들을 120개 안팎으로 추리고, 그들 단어와 표현을 앞세운 키워드에다 에피소드를 하나씩 입혀나가는 작업은 온전히 영어와의 씨름이 되고 말았다. 글을 써내려가면서 충분한 준비도 하지 않은 채 뛰어든 나의 무모함을 자책해야 했다. 영어와 관련한 학문적 깊이도 없는 내가 과연 이런 글을 써도 될지에 대한 근원적인 물음도 계속 던질 수밖에 없었다.
　무엇보다도 매일 기사를 쓰는 직업을 20년 남짓 해왔음에도 한 권의 책을 만들기 위한 글쓰기 작업은 내가 감당하기에는 너무 버거운 일이라는 점도 절절하게 깨닫는 소중한 기회가 됐다. 다만 내가 알고 있는 영어에 대한 상식이나 지식이 영공부에 매진하고 있는 분들께 조금이나마 도움이 될 수도 있지 않을까 하는 기대가 있었기에 책 쓰기라는 마라톤 코스를 어렵게나마 완주할 수 있었던 것 같다.

2008년 4월부터 2011년 4월까지 이어진 워싱턴 특파원 생활은 나의 40대 후반기에 잊을 수 없는 기억을 남겨준 기간이었고, 이번 책을 집필할 수 있게 해준 자양분이었다. 세계 정치의 중심이라는 워싱턴은 다른 곳에서는 경험할 수 없는 숱한 취재거리를 제공했다. 그런 점에서 취재기자에게는 더 없이 특혜받은 곳이자, 보람 있는 일터였다.

특히 미국 역사상 처음으로 흑인 대통령 버락 오바마를 탄생시킨 미국의 대선을 현장에서 취재할 수 있었던 일은 더없는 행복이었다. 사우스다코타의 유세 현장 취재, 콜로라도 주 덴버 시에서 열린 민주당 전당대회와 대선 후보 지명과정 현장 취재, 대선 당일 오바마 당선이 확정된 후 흑인들의 함성으로 가득했던 워싱턴 시내, 오바마 대통령 취임식 날 워싱턴 시내를 가득 메웠던 구름청중의 모습은 결코 잊을 수 없는 장면들이다.

로버트 게이츠 국방장관의 전용기를 타고 한국을 비롯한 4개국 순방에 동행했던 일과 오바마 대통령의 아시아 4개국 순방을 동행 취재할 수 있었던 건 워싱턴 특파원이었기에 누릴 수 있었던 '호사'였다. 주일 특파원 시절 2001-2004 도쿄에만 제한돼 있었던 행동반경이 워싱턴 특파원을 하면서 더 넓은 세계로 확장됐던 것은 나의 세계관을 넓혀주는 더 없이 좋은 기회였다.

하지만 워싱턴의 취재 장벽이 일본보다 훨씬 높았던 점은 아쉬움으로 남는다. 오

바마 대통령은 고사하고, 힐러리 클린턴 국무장관도 한국 언론에는 일대일one-on-one 인터뷰를 허락하지 않았다. 만일 그런 기회를 줬다면 충분한 준비를 해서 인터뷰에 임했을 텐데……. 정말 아쉽다.

　워싱턴으로부터 귀국한 지 벌써 6개월이 지났다. 지금도 그리운 게 몇 가지 있다. 도로 양쪽으로 예쁜 돌담길과 짙은 녹음이 너무나 잘 어우러져 있는 출퇴근길의 조지 워싱턴 파크웨이를 잊을 수 없다. 파란 하늘에 두둥실 떠 있는 뭉게구름도 그립다. 아침 조깅길에 콧속을 파고드는 갓 베어낸 풀들의 내음도 내 코는 기억하고 있다. 우리 옆집에 살았던 미국인 남편 그레그, 일본인 아내 미호 부부 역시 너무도 고마운 사람들이었다.

　끝으로 졸고이지만 이런 글을 쓸 수 있는 토양을 마련해준 연합뉴스와 연합뉴스 TV뉴스Y에 진심으로 감사의 마음을 전한다. 워싱턴에서 고락을 함께했던 선후배 동료들에게도 갚아야 할 빚을 잊지 않겠다. 또 이 책의 출판에 결정적인 도움을 준 후배 추승호 씨와 알렉스 박에게도 사의를 표한다. 끝으로 불완전한 원고를 흔쾌히 책으로 만들어주신 평사리 출판사의 홍석근 대표님께 진심으로 감사의 말씀을 드린다.

For Mom

Angelina, Max and Sabrina

차례

5 추천사

6 책을 내면서

17 특파원 현장 영어 공부법

SECTION 1 무릎탁! 이런 뜻도 있었구나!

22 **break** 인생에 변곡점을 주는 기회
25 **lemon** 이런 고물차를 사다니, 내 신세야!
27 **venti** 원샷 절대 불가! 커피 20온스
30 **gold digger** 남자한테서 돈 냄새를 맡는 여자
32 **happy hour** 우리들의 행복한 시간은 언제?
35 **one Mississippi** 1초 안에 읽을 수 있겠어요?
38 **silver lining** 힘겨운 나날 속의 서광
41 **strike** 원안 통과는 안 돼! 삭제하세요
43 **fine** 줄타기는 가느다란 줄에서 해야 진짜 실력
45 **kick the bucket** 죽음의 양동이 차기?
48 **tea leaf** 찻잎 속에 그려진 당신의 운명
50 **windfall** 바람 불어 좋은 날, 쓰러진 나무는 횡재
52 **grill** 석쇠 위에 고기를 굽듯이 들볶는 일

55 **window of opportunity** 실제로는 열 수 없는 기회의 창
58 **teeth** 상처를 내려면 이빨이 있어야
61 **bust** 가슴과 단속 사이
64 **Monday morning quarterback** 눈치 없는 뒷북치기
67 **daylight** 햇빛이 통과 못하게 어깨를 붙여라
70 **last hurrah** 마지막 만세는 은퇴

SECTION 2 이니셜에 담긴 세상

74 **NABISCO** 아름다운 발음, 확 깨는 회사 이름
77 **DUI** 음주운전, 그 치명적 유혹
80 **LGBT** 성적 소수자들이 뭉쳤다
83 **RIP** 편히 잠드소서
86 **RSVP** 올래, 말래? 미리 연락줘
88 **HOV** '출혈'을 각오해야 하는 나홀로 운전 길
91 **LOL** 음 소거된 박장대소
94 **SNL** 토요일 밤의 코미디 권력
97 **WMD** 세계 평화를 위해 없어져야 할 무기들
99 **IKEA** 남들은 '이케아' 해도 너는 '아이키아' 해라
102 **Ct · Dr** 주소를 보면 동네가 보인다
105 **FDR · JFK · LBJ** 알파벳 세 자로 기억되는 대통령
108 **F-Word** 다중이 모인 자리에선 피해야 할 언어폭탄

SECTION 3 낯선 영어, 생활 속에서 만나다

- 112 **estate auction** 남의 고물도 내겐 보물
- 115 **dog days** 푹푹 찌는 '개 같은 날'
- 117 **myth** 상식이 돼버린 집단적 오해
- 120 **photo ID** 분실하면 큰일 나는 운전면허증
- 124 **back off** 미국 공권력의 위세가 '팍팍'
- 127 **playdate** 타이거 맘이 펄쩍 뛴 유년의 우정 쌓기
- 130 **now hiring** 고용과 해고는 H와 F차이
- 132 **wonk** 한우물만 판다! 미국 판 오타쿠
- 134 **aficionado** 마지막 철자 'o'에서 사람냄새가 난다
- 136 **You guys** 젠틀맨이라고 해주면 안 되겠니
- 138 **adoptee** 한국의 유아 수출국 오명은 언제까지
- 141 **trailblazer** 아무도 안간 곳에 길을 내는 선구자
- 143 **pull over** 목적지에서 택시를 세우는 말
- 146 **Garmin** 생활과 여행의 친절한 길잡이
- 149 **snowmageddon** 폭설이 만들어낸 눈 지옥
- 152 **good riddance** '시원섭섭'은 없다. 오직 시원할 뿐
- 154 **stay in shape** 몸짱 남녀가 오늘도 뛰는 이유
- 156 **exactly** '예스맨' 탈출을 돕는 멋진 부사
- 159 **mugshot** 절대로 찍혀선 안 될 얼굴 사진
- 161 **Bless you** 재채기를 했더니 뜻하지 않게 돌아온 '축복'
- 164 **colorful words** 아는 게 힘! 색깔있는 단어들
- 167 **kiss & ride** 아빠가 모처럼 봉사할 수 있는 기회

SECTION 4 조조할인을 영어로 말해봐!

- 170 **Safeway vs. harm's way** 여성의원, '안전지대'서 총을 맞다
- 173 **no brainer vs. rocket science** 누워서 떡 먹기와 고차방정식
- 175 **glamping vs. staycation** 화려한 캠핑이냐 착한 방콕이냐
- 178 **early bird vs. last minute** 조조할인과 막판 떨이, 어떤 게 득일까
- 180 **depression vs. recession** 내가 일자리를 잃으면 그건 불황
- 183 **behind the wheel vs. behind bars** 운전대와 쇠창살
- 186 **near miss vs. almost hit** 하늘 길에도 충돌사고는 있다
- 188 **red vs. blue** 민주당을 알게 해준 오바마의 파랑색 넥타이
- 191 **credit vs. debit** 신용사회에서 체크카드를 긁는 이유
- 194 **William vs. Bill** 친밀감의 척도는 퍼스트 네임을 부를 수 있어야
- 196 **Joe vs. John** 미국의 철수와 영수
- 198 **murder vs. manslaughter** 의도적으로 계획된 살인이 가장 악질
- 201 **au pair vs. nanny** 집안 도우미에도 등급이 있다?
- 204 **landslide vs. shellacking** 나의 대승은 상대방의 참패

SECTION 5 누가 뉴스를 만들까?

- 208 **gaggle** 기자와 당국자들이 모이면 거위 무리?
- 211 **off the record** 듣는다고 다 쓸 수는 없다
- 215 **no comment** 대변인이 '대변'을 안할 때 쓰는 말
- 217 **gotcha journalism** "한 번만 걸려라" 집요한 취재사냥
- 221 **op-ed** 신문 사설의 반대쪽 페이지
- 223 **"We report, you decide"** 폭스뉴스의 오만한 모토
- 226 **celeb** 광고에 나오면 한물 갔다는 신호
- 228 **lucky draw** 20달러로 즐기는 백악관 기자들의 오락

231 **stalkerazzi** "제발 그만!" 연예인 경계대상 1호
234 **crossword puzzle** 한국 관련 정답은 반드시 맞혔다

SECTION 6 알쏭달쏭 외교화법!

238 **constructive dialogue** "건설적인 대화"는 무슨 소리?
241 **Mr. Ambassador!** 최악의 질문: "한국에서 뭐하실 거예요?"
244 **inaudible** 베테랑 외교관의 굴욕, "의사전달이 안 되네"
247 **rogue** 미국이 북한에 붙여준 수식어
249 **quid pro quo** 퍼주기는 없다. 반드시 주고받아야
252 **Plan B** '이게 아닌가 봐'라는 생각이 들 때 필요한 것
255 **Foggy Bottom** 미국 외교의 사령탑
258 **wake-up call** 유비무환을 위한 예방주사
261 **plug away** 미래를 예측한 선지적 오역
263 **Freedom is not free** 한국전쟁의 의미를 되새기는 말
265 **without further ado** 사회자가 갖춰야할 최대 덕목
267 **towering** 생지옥을 연상시키는 불행한 단어
270 **mea culpa** 더 이상 변명은 불필요 "내탓이오"

SECTION 7 뉴스의 주연과 조연

274 **POTUS** 미합중국 대통령
277 **1600 Pennsylvania Ave.** 미국 대통령이 사는 곳
280 **veep** 권력 승계 제1인자, 부통령
283 **short list** 공직 임명 대상에 오른 마지막 후보들
285 **gavel** 의회권력 교체의 상징물
288 **glass ceiling** 힐러리가 깨부수지 못한 차별의 장벽

291 **The Honorable** 타이틀을 보면 지위가 보인다
294 **too close to call** 승자 예측 불허, 초박빙 승부
297 **wee hours** 잠을 설치고 싶지 않은 시간
300 **birther** 막장 드라마도 아닌데 출생의 비밀을 캐는 사람들
303 **mojo** 매력이 줄면 대중적 인기도 시든다
305 **fire up** 나를 감동시킨 오바마의 연설 한마디
308 **extraordinary** 특별한 대통령 오바마의 특별한 단어

SECTION 우리가 알지 못했던 미국

312 **melting pot** 다양하게 모여 살지만, 섞여선 안 산다
315 **Pittsburgher** 사는 곳에 따라 다르게 불리는 주민들
317 **chocolate city** 흑인이 많아서 붙여진 이름
319 **beltway** 세계 정치의 중심지, 워싱턴의 다른 이름
322 **GW Parkway** 역사 속을 달리는 출근길
324 **metro** 물 마시고 탑승하면 낭패보는 지하철
327 **Smithsonian** 세상에 공짜가 있는 곳
330 **Live free or die** 모토가 너무 멋진 뉴햄프셔
332 **role model** 사람이 이름을 남기는 사회, 미국
336 **peace corps** 쉿! 's' 발음은 하지 마세요
338 **Redskins** 네이티브 아메리칸의 유산
341 **lower 48** 알래스카의 아랫것들, 미 본토 48개 주
343 **101** 우리가 알아야할 기초적 지식들
345 **24/7** '월화수목금금금'의 미국식 표현?

348 **찾아보기** INDEX

특파원
현장 영어 공부법

    2010년 캐나다의 밴쿠버 동계올림픽은 김연아 선수의 금메달 소식만큼 감동적인 장면이 하나 더 있었다. 피겨스케이팅 여자 싱글 부문에서 김연아 선수와 경쟁했던 조애니 로셰트Joannie Rochette 선수가 대회 이틀 전 어머니가 심장마비로 갑작스럽게 사망한 충격을 딛고 당당히 동메달을 따낸 일이다.

    감동 스토리는 여기서 그치지 않았다. 나는 경기 후 영어로 진행된 그녀의 인터뷰를 보면서 영어를 공부해야 하는 사람들이 반드시 귀담아들어야 할 교훈 하나를 발견했다. 로셰트는 영국연방인 캐나다 출신이지만, 프랑스의 영향력이 절대적인 퀘벡Quebec에서 태어나 성장했다. 그녀의 부모는 오로지 프랑스어만 사용했을 뿐 영어를 전혀 하지 못했고, 그녀가 살던 지역에도 영어를 사용하는 사람이 거의 없었기 때문에 영어를 배우기 위한 환경 면에서 '최악의 상황' 그 자체였다.

    다만, 로셰트의 어머니가 외동딸이 영어를 배웠으면 하는 소망이 있었기에 이처럼 절대적으로 '열악한 환경' 속에서 스스로 영어공부를 시작했다고 한다. 그녀를 '영어 문맹'에서 벗어나게 해준 도우미는 바로 TV였다. 그중에서도 *Scooby-Doo*스쿠비 두라는 애니메이션이 큰 도움이 됐다고 한다. 이 애니메이션은 10대 소년·소녀 4명이 말을 할 줄 아는 개 스쿠비 두와 함께 모험하면서 미스터리 사건을 푸는 내용을 담고 있어 미국의 어린이들이 무척 좋아하는 프로그램 중 하나다.

    이 일화를 소개하는 이유는 영어를 배우는 일도 기본적으로는 모방학습이 중요함을 강조하기 위해서다. 즉, 외국어 습득은 귀가 뚫리면 입이 열리는 순서를 밟게 된다. 그런 뒤에 읽기를 통해 자기가 하는 말이 어떻게 글로 표현되는지를 알게 되고, 이런 바탕 위에서 자신의 생각을 글로 옮기는 단계를 거치면 외국어 학습의 네 박자가 완성되는 것이다.

그런데 불행하게도 우리나라에서는 순서가 많이 뒤바뀌어 있다. 영어 읽기를 거의 완벽하게 해도 대화를 하는 데는 어려움을 겪는 사람들이 너무 많다. 요즘 우리 주변에 영어의 고수들이 많아졌지만, 토종 출신으로 영어의 네 박자를 고르게 잘하는 사람은 그리 많지 않은 게 현실이다.

개인적으로 '고수'의 반열에는 한참 미치지 못하는 영어실력을 지니고 있지만, 이 책의 출간 기회를 빌려 미국 현장에서 쓰이는 영어를 한국에서 배우고 익히기 위해서는 어떤 노력과 요령이 필요한지를 나의 경험을 토대로 감히 한 말씀 드리고자 한다.

첫째, TV 시청과 라디오 청취가 매우 중요하다.

요즘은 우리나라에서도 케이블을 통해 CNN은 물론 CNBC, 블룸버그, 폭스뉴스 등을 실시간으로 시청할 수 있으며, 스마트폰 이용자라면 미국 방송사들의 앱app을 이용해 미국 현지에서 벌어지는 뉴스를 내려받아서 볼 수 있다. 나는 워싱턴에서 귀국해서도 출근 전 스마트폰에 NBC 방송의 *Nightly News*와 아침 뉴스 쇼인 *Today*를 갈무리한 뒤 지하철로 이동할 때 듣고 있다. 걸을 때 듣기 좋은 app은 미국 공영방송라디오NPR 뉴스프로그램만 한 것이 없다. 단, 이런 노력에 앞서 반드시 전제돼야 할 일이 있다. 평소 영어신문과 잡지, 교양서 등을 부지런히 읽어서 미국의 시사와 문화 등에 대한 지식을 축적해놔야 한다. 어떤 문제에 대해 아무런 기본 지식도 없는 상태에서 무턱대고 영어 듣기를 시도해 놓고는 "왜 이렇게 안 들리지."라고 고개를 가로젓는 것은 이런 인과관계를 간과한 것이다. 만일 당신이 영어공부를 열심히 할 준비가 돼 있는데, 아직도 스마트폰이 없다면 당장 구입할 것을 강력히 권하고 싶다.

둘째, 모르는 단어가 들리면 적어도 한두 개 단어는 메모해뒀다가 반드시 사전을 찾아봐야 한다.

그렇게 확인해본 단어일수록 머리에 쏙 들어와서 자리 잡게 된다. 단어와 뜻풀이만 모아놓은 참고서는 아무리 봐도 기억에 오래 남지 않기 때문에 반드시 어떤 문장의 맥락 속에서 건져내 자기 것으로 만드는 노력이 필요하다. 사전을 찾을 때는 반드시 영영사전을 이용해야 뜻을 분명하게 파악할 수 있다는 점도 강조하고 싶다. 종이 사전이 없다면 구글에 들어가서 알고 싶은 단어를 입력한 다음 define 혹은 definition이라는 단어를 추가하면 온라인 사전이 등장한다. 그리고 그 단어 밑에 적혀 있는 여러 가지 정의 가운데 그 단어가 쓰인 문장에 적용될 수 있는 가장 적합한 정의를 골라내서 뜻을 익혀둘 필요가 있다.

이런 노력을 기울이다 보면 미국인들, 특히 미국 언론이 즐겨 쓰는 표현을 자연스럽게 터득하게 된다. 예를 들어 뉴스에 빈번히 등장하는 make his/her case라는 표현은 "자신의 주장을 펴다."라는 의미다. 누구에게 비난을 가할 때는 lash out, 파문을 증폭시킬 때는 ratchet up, 납작 엎드릴 때는 hunker down 등의 표현이 등장한다. 나는 이런 표현을 한국에서 공부할 때는 전혀 몰랐지만, 미국에서 방송과 신문을 접하면서 자연스럽게 익혔다. 뉴스나 대담 프로그램을 볼 때 메모지를 옆에 두고 무슨 뜻인지 모르는 단어가 나오면 곧바로 적어놓은 뒤 프로그램이 끝나면 사전에서 뜻을 찾아보는 방법을 꾸준히 실천에 옮겼다.

셋째, 원어민들과 만나서 대화할 때는 평소 잘 이해가 되지 않는 단어나 표현에 관해 물어본다.

예를 들어 본문에도 나오는 단어지만, one Mississippi 같은 표현이 무엇을 뜻하는지 물으면 어지간한 원어민들은 곧바로 뜻을 설명해 준다. 그러기 위해서는 평소 잘 모르는 단어나 표현을 수첩에 기록해 들고 다니는 습관을 들여야 한다. 굳이 미국이 아니더라도 한국에서 영어권 원어민을 만나면 평소 궁금했던 단어나 표현에 대해 질문하는 용기를 내보는 것은 어떨까.

넷째, 영어로 된 안내판, 간판, 브로슈어 등은 꼼꼼히 챙겨서 읽는다.

당장에는 도움이 되지 않을 것 같지만, 이런 습관을 길러놓으면 알게 모르게 영어에 대한 상식과 지식이 쌓이게 된다. 예를 들어 교통신호등에 'No turn on red'라고 적혀 있으면 "빨간 불에는 회전하지 마세요."라는 뜻이다. 'Bear right'라는 표지가 있으면 오른쪽 차로에서 길을 계속 가라는 의미다. 빨간 불을 굳이 red light라고 하지 않아도 되고, bear에는 keep과 비슷한 뜻이 내재해 있음을 깨닫게 된다.

다섯째, 영어로 된 신문이나 잡지를 소리 내 읽는 습관을 기른다.

나는 주로 화장실에서 10분 정도 커다란 목소리로 신문을 낭독한다. 눈으로 글을 읽을 때와 달리 소리 내 읽으면 단어 하나씩을 읽어야 하므로 모르는 단어에서는 주춤하게 돼 있다. 그때 단어에 밑줄을 그어놓은 뒤 나중에 사전을 찾아서 의미를 파악하면 큰 도움이 된다.

끝으로 아주 가끔이지만, 주위에서 "영어를 곧잘 한다."라거나 "어학에 재능이 있는 것 같다."라는 과분한 칭찬을 들을 때가 있었다. 그러나 나는 이런 말을 들을 때면 오히려 섭섭한 느낌이 들 때가 더 많았다. 그런 평가를 받기 위해 내가 그동안 쏟아 부었던 노력이 검증조차 되지 않은 '재능'이라는 말에 희석되는 것처럼 받아들여졌기 때문이다. 나는 오히려 "영어 공부 많이 했나 보네요." 같은 말을 듣는 게 훨씬 기분이 좋을 것 같다. 영어 조기 교육을 받은 것도 아니고, 성장해서 영어권 국가에서 연수한 경험이 있는 것도 아닌 나 같은 사람에게는 부단한 노력이 필요했기 때문이다. 결론적으로 앞에 예로 든 다섯 가지만이라도 규칙적으로 꾸준히 한다면 반드시 좋은 결과가 있을 것이라고 확신한다. "어학에 소질이 없다."라는 말은 "충분한 노력을 하지 않았다."라는 말과 같다는 점을 명심하시기 바란다.

SECTION 1.

무릎탁!
이런 뜻도 있었구나!

break  인생에 변곡점을 주는 기회

어떤 일을 벌이고자 할 때 성공과 실패의 확률이 절반 정도라면 우리는 '모 아니면 도'라는 심정으로 도전에 나설 것이다. 영어에서 이에 가까운 표현은 **make or break**다. 여기서 **break**는 조금 심하게 말하면 '작살이 나다'라는 부정적인 뜻으로 사용된다. 그러나 **break**가 명사로 사용될 때는 인생의 흐름을 바꿀 만한 **fame or fortune**부 혹은 명예을 거머쥐게 되는 '행운'이나 '기회' 등을 의미하는 긍정적인 표현으로 탈바꿈한다.

   success story성공 스토리를 일궈낸 유명 인사들의 인터뷰 기사를 읽다 보면 **What was your big break?**라는 질문을 자주 접하게 된다. 인생에서 결정적인 기회를 잡게 된 계기는 무엇이었는지를 물어보는 질문이다. 성공한 인물들이 행운을 거머쥐게 되는 계기는 의외로 단순해 보이는 경우가 많다. 기회는 준비된 사람에게 찾아오는 것이긴 하지만, 찾아오는 방법은 '예고 없이 우연하게' 이뤄지기 때문일 것이다.

   2011년 초에 장장 27년간이나 일했던 **CNN**방송을 떠나 **ABC**방송으로 자리를 옮긴 크리스티엔 아만포Christiane Amanpour 기자는 **freedom of the press**언론의 자유가 제한된 이란 출신이었다. 그는 영국에서 유학했으며 1979년 **Iranian Revolution**이란 혁명 이후에는 가족과 함께 아예 영국으로 이주했다. 그곳에서 저널리즘 대학에 들어갔던 여동생이 적성에 맞지 않는다며 그만두자, 이미 납부한 등록금이 아까워 자신이 대신 학교를 다니기 시작한 게 아만포가 기자의 길을 걷게 된 결정적인 계기가 됐다는 후일담이 있다. 그는 이 순간을 자신의 인생에 있어서 **first break**라고 회고한다. 물론 아만포에게 국제적인 명성을 달아준 **big break**는 1991년 제1차 **Gulf War**걸프전 취재였다.

■ 집무실에서 의원들과 자리를 함께 한 제44대 미국 대통령 Barack Obama

버락 오바마Barack Obama 대통령의 big break는 2004년 7월에 찾아왔다. 오바마는 연방 상원의원 도전에 나설 채비를 하던 무명의 state senator from Illinois일리노이 주 상원의원였다. 그랬던 그가 그해 존 케리John Kerry 상원의원을 대선 후보로 선출하는 민주당의 Boston national convention보스턴 전당대회에 keynote speaker기조연설자로 나와 명연설 한방으로 일약 스타덤에 올랐다. 당시 연설의 marrow백미는 다음 대목이었다.

There is not a liberal America and a conservative America, there is the United States of America. There is not a black America and a white America and Latino America and Asia America, there is the United States of America.
진보의 미국도, 보수의 미국도 없습니다. 미합중국만이 있을 뿐입니다. 흑인의 미국은 물론 백인, 라틴계, 아시아인의 미국 역시 없습니다. 미합중국이 있을 뿐입니다.

그는 이 연설 하나로 단박에 household name전국에서 다 알게 되는 이름이 되면서 워싱턴 정가의 신성으로 떠올랐다. 여세를 몰아 그는 그해 대선과 동시에 치러진 연방 상원의원 선거에서 당선되었다. 이듬해 새롭게 구성된 상원의 재적의원 100명

가운데 유일한 흑인은 바로 오바마였다.

   요즘 우리나라에서는 '슈퍼스타 K', '위대한 탄생', '코리아 갓 탤런트' 등의 공개 오디션 프로그램을 통해 인생의 **big break**를 잡는 젊은이들이 생겨나기 시작했다. 하지만 **big break**라고 하는 것은 적어도 50~60대에 이르러 자신의 직업에서 일가를 이룬 명사들이 과거를 회고하면서 인생의 변곡점을 안겨준 순간을 되짚을 때 거론되는 게 적절한 것 같다. 젊은 나이에 **overnight success** 벼락 성공를 한 스타들은 지금의 행복한 순간이 인생에 있어서 **first break**라고 생각하며 더 큰 발전을 위해 노력하는 것이 좋을 듯하다.

Ex

✔ Jessica Alba got her first big break in Hollywood when she was just a tender thirteen years old. 제시카 알바는 고작 13살의 앳된 나이에 할리우드에서 그녀의 첫 번째 기회를 잡았다.

✔ Rosie O'Donnell got her big break on *Star Search*. 로지 오도널은 스타서치라는 프로그램을 통해 큰 기회를 잡았다.

---

senator: Bicameral legislature 양원제를 채택하고 있는 미국에서 the Senate 상원의 의원을 말한다. The House of Representatives 하원의 의원에 대해서는 보통 congressman 혹은 congresswoman을 사용한다.
marrow: 핵심을 뜻하는 vital part, essence라는 의미를 담고 있다.
overnight success: 하루아침에 갑자기 이뤄진 성공.

이런 고물차를 사다니. 내 신세야!

미국 동부의 점심시간대에 **FOX TV**는 두 시간에 걸쳐 시민법정 프로그램을 방영한다. 사소해 보이지만 결코 물러설 수 없는 이해관계와 자존심 때문에 다툼을 벌이는 사람들이 **plaintiff**원고와 **defendant**피고 신분으로 나란히 방송에 출연, **judge**판사 주재 하에 공개 약식 재판을 받고 시시비비를 가리는 프로그램이다. 생생한 영어를 접할 수 있기 때문에, 나는 재택근무를 하는 날에는 점심식사 시간을 이용해 이 프로그램을 즐겨보곤 했다.

하루는 20대 초반의 젊은 여성이 출연해 절친한 친구의 어머니로부터 중고 자동차를 구입한 뒤 한 달도 지나지 않아 자동변속기가 망가졌다며 계약금으로 지급했던 돈을 되돌려달라고 재판부에 호소했다. 친구 어머니가 자동차의 **defect**결함를 알고도 이를 속여 팔았기 때문에 큰 손해를 봤다는 게 원고의 주장이었다.

또한 원고는 자동차도 자동차지만, 자신의 친구가 이 문제를 놓고 '가재는 게 편' 이라고 **on her mother's side**자기 어머니 편를 드는 바람에 오랫동안 쌓아온 친구사이마저 소원해졌다고 하소연했다. 하지만 친구의 어머니는 차에 결함이 있다는 사실을 모른 상태에서 팔았다고 반박했다. 오히려 이 어머니는 차를 구입한 딸의 친구가 잔금을 지불하지 않았다며, 잔금 지급을 매듭지어야 한다고 맞섰다.

판사의 결정은 이랬다. '사인 간의 중고차 거래라는 것은 자동차에 결함이 있을 수 있다는 점을 상식적으로 인정한 전제 아래서 이뤄지는 것'이라며 두 사람이 작성한 계약서에는 결함 발생 시 책임 문제는 다루지 않고 있다며 차를 판 친구 어머니의 손을 들어줬다. 판사는 설사 어머니가 **lemon**을 팔았다고 하더라도 그건 중고차의 잠재적 결함을 인정하고 구입한 사람의 책임이라고 말했다.

여기에서 사용된 lemon이라는 단어는 과일 레몬이 아니라 '괜찮다고 생각해서 샀는데 알고 보니 결함이 있는 엉터리 자동차'를 뜻한다. 미국에 가서 초기 정착비를 줄이기 위해 새 차를 포기하고, 중고차를 구입하려는 분들은 lemon을 조심해야겠다. 우리 가족은 미국에 정착하면서 두 대의 중고 자동차를 샀는데, 다행히도 lemon은 아니었다. 귀국하기 전에 처분한 우리 부부의 '애마愛馬'가 새로운 주인들에게 lemon이 아니었기를 바라는 마음이 간절하다.

Ex

✔ Buying a used car: How to save money and avoid a lemon. 중고차 구입하기: 어떻게 하면 돈을 아끼고 엉터리 차를 피할 수 있나.

✔ If you buy a used car without looking under the hood, there's a good chance you will get a lemon. 만일 보닛 속의 상태가 어떤지 들여다보지 않고 중고차를 산다면, 당신은 엉터리 차를 구입하게 될 공산이 큽니다.

> **plaintiff**: 소송을 먼저 주도하는 사람, 즉 원고다. 불평불만이 많아서 소송을 제기하는 것이니 만큼 complain불만의 흔적이 단어에 스며들어 있다.
> **defendant**: 소송을 건 쪽과 비교하면 수세적이 될 수밖에 없는 사람, 즉 피고다. 자신의 이해관계를 defend방어해야 하는 입장이다. 피부양자라는 뜻의 dependent와 헷갈리지 말자.
> **on one's side**: "누구 편에 선다"는 뜻이다. 미국에서 독도 문제가 불거졌을 때 한국 기자들은 미국 국무부 관리에게 Which side are you on?미국은 어느 편이요?이라며 한국과 일본 중 어느 쪽을 지지하느냐는 식으로 다그치곤 했다.

원샷 절대 불가! 커피 20온스

미국 **Starbucks coffee shop**에서 비영어권 외국인이 고난도의 주문을 소화할 수 있다면, 그 사람은 '영어 좀 하는 사람'이라는 소리를 들을 것이다. 물론 커피는 기호 식품이니까 자신이 좋아하는 메뉴 한 가지만 달달 외워서 매일 똑같은 것만 주문하면 그리 어려운 일이 아닐 수도 있다. 주문 울렁증이 있는 나처럼 **Tall Americano, please**,라는 말로 기본형 메뉴만 반복해서 주문하는 것도 한 가지 방법이다.

그런데 사실 아메리카노만 달랑 시키는 미국인들은 거의 본 적이 없다. **latte**라테라든가 **decaf**디캐프 등 뭔가 다른 메뉴를 주문하거나, **no whip**휘핑크림 없이 또는 **no fat**지방 없는 우유처럼 자신의 입맛에 따라 '맞춤형' 주문을 하는 경우가 대부분이다.

스타벅스에 얽힌 추억 중에 살짝 당황스러웠던 일이 생각난다. 작은 사이즈, 즉 한국식으로 얘기하면 **small size**를 주문하려고 했는데 메뉴판에 적힌 가장 작은 사이즈가 **tall**이어서 잠시 주문을 망설여야 했던 안쓰러운 기억이 있다. '작은 사이즈를 먹고 싶은데 **tall**을 주문해야 하나? 내 참……'이라고 속으로 생각하면서 말이다. 미국 생활을 한참 하고 난 뒤 스타벅스 단골집의 종업원에게 **small size**라는 건 미국에 아예 없는 거냐고 물었더니, **small size**에 해당하는 **short size**가 있기는 하지만 찾는 사람이 거의 없단다. 뭐든지 배불리 먹고, 통 크게 마시는 미국 사람들에게 **small**은 턱도 없이 부족한 사이즈일 게다.

미국에서 **tall size**보다 한 단계 큰 사이즈는 **grande**그랑데, 또 그것보다 더 큰 사이즈는 **venti**벤티라고 메뉴판에 적혀 있다. 한 푼이라도 아끼려 드는 우리 집사람은 나와 함께 커피를 마실 때는 **venti**를 주문하고 별도의 컵을 하나 더 달라고 한다. 이름 하여 **double cup**이라고 한다. 원래는 **hot tea**처럼 아주 뜨거운 걸 주문했을 때 컵을 두 겹으로 껴주는 경우가 있는데, 집사람이 이 점을 간파하고 컵 하나를 더 달라고 했던 것이다. 큰 **venti** 하나를 사서 나와 나눠 마시면 **tall** 두 개를 따로 시키는 것보다 싸다는 계산이 집사람의 행동에 깔려 있었다. 그때마다 난 질색을 하고 "궁상 좀 떨지 마. 쿨하게 **tall** 하나씩 마시자."라고 했지만, 이런 집사람의 '절약 정신'은 특파원 생활이 끝날 때까지 고쳐지지 않았다.

재미있는 사실은 커피의 크기를 나타내는 단어들이 제각기 다른 언어에서 왔다는 거다. 먼저 **tall**은 '키가 크다'는 영어에서 왔다. 크기가 크다는 뜻의 **grande**는 스페인어에 어원을 두고 있으며, **venti**는 20온스ounce. 실제 발음은 아운스를 뜻하는 이탈리아어다. 이를 환산하면 567그램 정도 되는 많은 양이다. 최근에 미국에는 **trenta**트렌타가 추가되었다고 한다. 31온스라는 뜻의 이탈리아어다. 이들은 모두 형용사 구실을 한다는 점도 기억해 둘 필요가 있다. 그래서 주문할 때 **Americano grande**라고 하는 미국인은 없다. 나 같은 한국인이 그런 식으로 말하면 주문을 받는 직원으로부터 **Grande Americano?**라는 확인이 반드시 되돌아 올 것이다.

스타벅스 커피를 주문하면서 나를 '바보'로 만들어버린 상황도 있었다. **Barista**바리스타가 무언가 질문을 던졌는데 정확히 뜻을 알아듣지 못해서 되물었다가 재차 확인해 준 말마저 또 다시 못 알아들어 그냥 **Yes**라고 어물쩍 넘어갔던 일이 있다. 직원은 **Do you want room?**이라고 물어봤는데 요렇게 쉬워 보이는 질문을 못 알아듣고 헤매고 말았던 것이다. 커피를

■ Starbucks venti sized coffee

들고 나올 때 뚜껑으로 흘러넘치는 것이 싫은 고객들이나, 설탕 또는 크림을 넣어야 할 필요가 있는 고객들에게 "커피를 꽉 채우지 말고 컵 상단과 뚜껑 사이에 여유 공간을 둘까요?"라고 물을 때 쓰는 표현이라는 것을 나중에야 알았다.

비싼 달러돈 주고 산 '피 같은 커피'라고 여기는 분들이 있다면 아예 주문할 때부터 **No room, please.** 꽉 채워주세요. 라고 하면 된다. 반대로 조금 여유가 있는 분들이라면 **With room.** 이라고 넉넉함을 보여줘도 나쁘지 않을 것 같다.

한 가지 더, 스타벅스 커피는 그냥 맨손으로 잡기에는 뜨겁기 때문에 가운데가 뚫린 두꺼운 종이를 컵에 끼워서 마시는 게 보통이다. 그 종이를 **coffee sleeve**라고 한다는 것도 알아두면 유용할 듯싶다.

Ex

✔ Our anonymous blogger is seated at a Starbucks, sipping a Venti Mocha Latte. 우리의 익명 블로거는 벤티 크기의 모카 라테를 홀짝이며 스타벅스에 앉아 있다.

✔ Customers were camped at tables with laptops and venti cups of Starbucks. 손님들은 벤티 사이즈의 스타벅스 커피와 노트북을 가지고 테이블에 진을 치고 있었다.

---

no fat: 지방이 없는 우유를 말한다. 참고로 **low fat**은 저지방 우유이다.
Barista: **bartender**를 의미하는 이탈리어로, 주로 커피숍에서 일하는 종업원들을 말한다. 통상 **espresso** 커피를 다루는 사람들이다. 법정 변호사를 뜻하는 **barrister**와 혼동하지 말아야 한다.

gold digger 남자한테서 돈 냄새를 맡는 여자

　몇 년 전부터 미국 방송에서는 **reality program**리얼리티 프로그램이 홍수를 이루고 있다. **ABC, NBC, CBS**방송 등 공중파 채널은 물론, 음악전문 **MTV**에 이르기까지 채널마다 **reality show**가 넘쳐난다. 그러다 보니 실제로 발생한 대형 화재, 자동차 충돌, 경찰의 범죄차량 추적 장면 등만을 모아서 방송하는 이른바 **actuality program**이 **niche market**틈새시장을 찾아서 등장하기까지 했다.

　미국의 2012년 대권주자로 반짝 각광을 받았던 부동산 재벌 도널드 트럼프 Donald Trump의 **You're fired!**당신 해고야!라는 대사로 유명해진 대표적인 리얼리티 프로그램이 있다. 이름 하여 *The Apprentice*, 즉 견습생이라는 프로그램이다. 트럼프는 매주 서바이벌 게임 형태로 진행되는 이 프로그램의 마지막 장면에서 오른쪽 검지로 탈락자를 지목하면서 **You're fired**라고 외치는 방법으로 프로그램 퇴출을 통보한다.

　이 프로그램의 남녀 출연자들은 대체로 자신들이 다니고 있는 현재 직장보다 **greener pay**더 많은 연봉와 안락한 생활을 보장해주는 직업을 따내기 위해 마지막까지 다른 참가자들과 불꽃 튀는 경쟁을 벌인다. 즉, 최후까지 살아남는 1인이 트럼프에 의해 견습생 신분에서 정식 사원으로 인생역전을 이뤄낸다는 일종의 '신데렐라 스토리'를 담고 있다.

　반면 리얼리티 쇼 *Bachelor*독신남 는 서바이벌 형식을 통해 선남선녀를 매칭해 주는 프로그램을 표방하고 있지만, 실제로는 엄청나게 돈이 많고 잘난 남자의 기득권에 **free ride**무임승차하려는 여성 십수 명의 무한도전을 그리고 있다. 이런 해석이 틀릴 수도 있겠지만, 적어도 이 프로그램에 대한 나의 감상법은 그랬다.

한 남성이 자신을 향해 필사적인 '육탄전'도 마다 않는 십수 명의 여성들과 릴레이식으로 개별 데이트를 즐긴 뒤 최후까지 살아남은 여성에게 **propose**프러포즈를 한다는 설정 자체가 많은 여성 시청자들의 자존심에 회복하기 힘든 상처를 줄 것 같지만, 아이러니하게도 이 프로그램의 인기는 여성 시청자들 사이에서 오히려 하늘을 찌를 듯 높다. 고전적인 백마 대신 최고급 승용차를 탄 잘생긴 현대판 왕자님이 자신의 울타리로 들어오길 꿈꾸는 뭇 여성들의 심리를 노린 프로그램이기 때문에 이렇듯 말도 안 되는 역설이 성립하는 것이다.

반면에 돈도 배경도 없는 남자들은 이런 프로그램을 보고 있으면 정말 짜증이 머리끝까지 날 법하다. 그래서 여기에 출연한 여성들을 보면서 "저런, 저런, **gold digger**들 같으니……."라고 혀를 차면서 욕부터 해대는 경우가 많다.

마치 **gold mine**금광을 캐듯이 남자의 돈만 보고 달려드는 여성을 조롱해서 부르는 말이 바로 **gold digger**다. 하긴 남자의 재력, 학력, 가문, 외모 가운데 아무것도 보지 않고 뜨거운 사랑 하나로만 결혼을 결정하겠다는 순애보적인 여성이 요즘 세상에 존재하기나 할지 모르겠다. 그래서 **gold digger**들을 꼭 나무랄 일만도 아닌 것 같다. 그것 역시 그녀들이 사는 방식일 테니까 말이다.

Ex

✔ Her fiancé figured out that she's a gold-digger and cancelled the wedding. 그녀의 약혼자는 그녀가 돈을 좇는 여자임을 간파하고 결혼식을 취소했다.

greener pay: green은 slang속어으로 돈을 뜻한다. Greener pay라 함은 좀 더 많은 급여를 의미한다. 참고로 The grass on the other side of fence is greener.라는 표현은 남의 떡이 더 커 보인다는 뜻이다.
bachelor: 장가 가기 전에 총각 파티를 해주는 것을 bachelor party라고 한다. 처녀는 bachelorette, 노처녀는 spinster다.

happy hour
우리들의 행복한 시간은 언제?

지극히 주관적인 일이기는 하겠지만, 사람마다 하루 중 가장 행복을 느끼는 시간이 있을 것이다. 조깅을 할 때가 제일 즐거운 사람도 있을 테고, 독서를 할 때 엔도르핀이 가장 많이 분비되는 사람이 있을 수도 있다. 사랑에 빠져 있는 사람들은 연인과 함께 있는 시간 전체가 행복함으로 가득 채워지는 경험을 한다. 심지어 다투는 시간까지도……

다른 **pedestrians**보행자와 옷깃을 스칠 일이 거의 없는 널찍한 워싱턴 도심의 인도를 걷다 보면 'Happy Hour'라고 써 붙인 레스토랑의 현관이나 유리창을 어렵지 않게 발견할 수 있다. 식당들이 내건 '행복한 시간'이란 도대체 뭘까. 그것은 점심 또는 저녁 피크 시간대에 비해서 싼 가격에 술을 제공하는 시간을 말한다. 주류로는 **wine, beer, cocktail** 등이 포함된다.

즉, 보통 식당들이 본격적으로 저녁식사 손님을 받기 전인 오후 4시부터 7시 정도까지 할인된 가격으로 술과 간단한 음식을 파는 시간을 **happy hour**라고 부른다. 술을 주로 파는 **bar**의 경우에는 밤 10시부터 새벽 1시 정도까지 **happy hour**를 적용하기도 한다. 가게는 '사각死角 시간대'를 활용해 손님을 받을 수 있어 좋고, 이용객들은 평소보다 싼값에 술과 음식을 즐길 수 있기 때문에 한마디로 누이 좋고 매부도 좋은 **win-win hour**라고 할 수 있다.

happy hour의 어원은 1920년대 미국 해군에서 오랜 항해에 지친 병사들의 피로를 달래주기 위해 선상에서 권투나 레슬링 경기를 열었던 시간을 **happy hour**라고 한 데서 비롯됐다는 설이 있다.

American Airlines아메리칸 항공사는 이런 **happy hour** 개념을 2010년 말 기내 서비

■ Happy Hour를 안내하고 있는 워싱턴 도심의 한 레스토랑의 간판

스에 도입해 눈길을 끈 적이 있다. 이 항공사는 오후 5시부터 5시 59분 사이에 출발하는 항공기의 탑승객에게 단돈 5달러만 내면 비행시간 내내 맥주와 양주 등 기내에 마련된 all kinds of alcoholic beverages모든 종류의 술를 마실 수 있는 서비스를 도입했다. 현금 유동성 부족에 시달리고 있던 항공사가 짜낸 고육지계였다.

 그러나 여론의 반응은 신통치 않았던 것으로 기억된다. '온갖 술을 싼값에 제공한다면 술꾼들에게는 행복한 시간이 될지 모르지만, 술을 마시지 않는 passengers탑승객에게는 고통의 시간이 될 것'이라는 우려와 반론이 만만치 않게 제기됐기 때문이다.

 미국생활에서 나에게 happy했던 시간은 아마도 푸르디 푸른 워싱턴 하늘 위에 손만 뻗으면 잡힐 듯이 낮게 깔린 뭉게구름을 간간히 쳐다보면서 끼어들기의 유혹에 시달릴 필요없이 탁 트인 고속도로를 마음껏 달렸던 시간들이었다. 한국에 돌아와 보니, 차가 사람을 피하는 게 아니라 사람이 차를 피해서 다녀야 하는 시간들이 너무나 고통스럽고 짜증나는 unhappy hour가 되고 말았다.

33

✔ Happy hour is a good way to try out a new restaurant, enjoy a favorite restaurant and save a bit of money. 해피 아워는 새로운 레스토랑을 개척해 보거나, 단골집에서 즐기거나, 돈을 절약하고 싶을 때 좋은 방법이다.

> **pedestrian**: 보행자. 라틴어 어원에서 **ped**는 **foot**라고 한다. **Pedestrians** 가운데 내 옆을 지나가는 사람이 있다면 **passers-by**행인가 되겠다.
> **alcoholic beverages**: 알코올 음료. **ethanol**에탄올을 함유한 음료. **beer**나 **wine** 등의 술을 포함하고 있다. 이와 달리 **liquor**는 알코올 성분이 강한 증류주, 즉 **spirits**를 말한다. 그래서 **beer**와 **wine** 등은 버지니아 주의 대형 슈퍼마켓인 **Giants**자이언츠나 **Safeway**세이프웨이에 가면 살 수 있지만, 소주나 양주를 구입하려면 **liquor shop**에 가야만 한다.

one Mississippi

1초 안에 읽을 수 있겠어요?

마땅한 거처조차 없이 떠돌던 '꿈나무' 흑인 미식축구 선수가 백인 가정에 마치 입양되듯 들어가 가족애를 한껏 느끼면서 프로 풋볼 선수로 성공하는 내용을 그린 *The Blind Side*라는 할리우드 영화가 있었다. 마이클 오어Michael Oher라는 선수의 실화를 유쾌하고도 감동적으로 **silver screen**은 막에 옮겨놓은 이 영화는 아메리칸풋볼에서 사용되는 용어를 제목으로 달았다. **Blind side**는 **quarterback**쿼터백이 자신을 넘어뜨리기 위해 저돌적으로 달려드는 상대편 수비수를 알아채기 힘든 시야의 '사각지대'를 의미한다. 그러나 영화를 보고 나면 그 '사각지대'란 우리가 일상에서 그냥 지나치기 쉬운 관심과 애정의 사각지대임을 어렵지 않게 깨닫게 된다.

주인공 역을 맡은 샌드라 블록Sandra Bullock은 이 영화로 비원悲願의 **Academy award for best actress**아카데미 여우주연상를 거머쥐었다. **To her chagrin, however**그러나 그녀에게는 슬프게도 남편이 '문신녀'로 소문난 여성과 바람을 피운 일이 들통 나는 바람에 **Oscar**오스카상 수상의 희열과 흥분이 채 가라앉기도 전에 결혼생활에 파경을 맞았다.

이 영화의 도입부에 이런 **narration**내레이션이 흐른다. "One Mississippi, two Mississippi, three Mississippi." 영화를 끝까지 보면 흑인

■ 영화 *The Blind Side*의 실제 주인공

미식축구 선수가 나중에 **Ole Miss**미시시피 대학교에 진학하기 때문에 그것과 연관된 표현이 아닌가 하는 생각이 들 수도 있다. 나도 영화를 보는 내내 "그게 도대체 무엇을 뜻하는 말이었을까?" 하고 생각을 하기는 했지만, 애써 뜻을 찾아보지는 않았다. 나중에 우연한 기회에 미국인 친구하고 영화 얘기를 하다가 그 뜻을 물어봤더니, 미국 친구의 대답인즉슨 그것은 **second**초를 세는 방식이란다.

우리는 초를 '똑딱똑딱' 하고 센다. 그런데 미국 사람들은 '원 미시시피, 투 미시시피' 하고 세는 경우가 많다고 한다. 그렇게 셀 때마다 1초가 지나가는 것이다. 숨바꼭질을 할 때 술래가 눈을 감은 채 열 번의 미시시피를 외쳤다면 10초가 걸리는 식이다.

아이들이 숫자를 **One, two, three**……라고 외치게 되면 자신도 모르게 속도가 점점 빨라져서 10초가 아니라 8~9초 안에 셈이 끝나버릴 수도 있다. 그래서 아무리 빨리 말해도 1초 이내로 발음하기 힘든 '미시시피'를 초읽기에 사용하게 됐다는 그럴듯한 해석이 나온다.

다시 영화로 돌아가서, 난데없이 '원, 투, 쓰리 미시시피'가 영화 도입부에 등장한 이유는 이렇다. 이 표현은 쿼터백이 센터가 토스해 준 공을 잡아서 던져줄 만한 선수를 찾는 순간 상대편 수비수가 '블라인드 사이드'로부터 쿼터백을 **sack**넘어뜨리기 하기 위해 달려드는 장면에서 시작된다. 그리고 쿼터백이 넘어질 듯 용케도 상대 수비수의 태클을 피한 뒤, 공을 적진으로 달려 들어가는 **wide receiver**와이드 리시버에게 던져서 리시버가 받기까지의 짧은 순간을 소개하는 대목에서 나온다.

불과 3초 정도의 짧은 순간에 **blind side**에서 돌진해 오는 상대 수비수들로부터 쿼터백을 보호하는 **offensive line**공격라인의 활약과 이런 엄호를 받은 쿼터백의 날렵한 **shotgun**적진으로 들어간 공격수에게 길게 공을 던져주는 것 능력을 보여주는 장면이다. 마치 쿼터백을 지켜내듯이 소외받고 어려운 사람들을 온몸으로 '엄호'해야 한다는 메시지가 이 짧은 미식축구 장면에 담겨 있다.

어릴 적 술래잡기를 할 때 우리 술래들은 "무궁화 꽃이 피었습니다."를 열 번 정도 외친 뒤, 다음 술래를 찾기 위해 뛰어다녔던 기억이 난다. '미시시피'보다 훨씬 긴 이 문장을 외쳤던 우리나라의 술래들은 과연 그걸 정직하게 다 외쳤을까?

Ex

✔ It is common for children in the United States to count "One-Mississippi, two-Mississippi" during informal football games and hide and seek. 미국에서는 어린이들이 비공식적인 풋볼게임이나 숨바꼭질을 할 때 '원 미시시피, 투 미시시피'라고 셈을 세는 게 일반적이다.

Ole Miss: 미시시피 대학교the University of Mississippi의 별명이다. Ole이라 함은 old를 의미하는 것으로, 1848년 문을 연 이 학교의 역사와 전통을 느낄 수 있다. 참고로 1854년 창당한 미국 공화당의 별명 GOP는 Grand Old Party에서 온 것이다.

quarterback: 석쇠 판 같이 생겼다고 해서 흔히 gridiron이라고 불리는 미식축구 경기장 안에서 실질적인 야전사령관 역할을 수행하는 선수다. Offensive line공격라인의 scrimmage스크럼로부터 가장 뒤에 처져 있는 fullback, 중간쯤 처져 있는 halfback과 비교할 때 4분의 1쯤의 거리 뒤에 있다고 해서 quarterback이다. 미식축구에서도 흑인선수가 대세를 이루지만, 이상하리만큼 이 포지션만 백인 선수가 압도적으로 많다.

sack: 미식축구에서 수비 측이 상대 공격진의 쿼터백을 운동장 바닥에 쓰러뜨리는 행위를 말한다. 일반적으로는 피고용인을 '해고하다lay off'라는 뜻으로 자주 쓰인다.

shotgun: 엽총이라는 뜻이지만 여성이 임신한 상태여서 하는 수 없이 행해지는 결혼을 shotgun marriage라고도 한다.

silver lining　힘겨운 나날 속의 서광

우리는 대체로 올림픽에서 금메달을 딴 사람만 기억한다. 아니 습관적으로 '1등만 기억하도록' 길들여진 우리는 **gold medalist**금메달리스트만 선택적으로 기억 속에 남겨놓는지도 모르겠다. 양정모가 1976년 캐나다 몬트리올 하계올림픽에 출전, 레슬링 **freestyle, feather weight class**자유형 페더급에서 조국에 사상 첫 금메달을 안겨줬던 기억은 당시 중학교에 다니던 나에게 신선한 충격이었다.

30년도 넘게 지난 일을 지금까지 기억하는 이유는 양정모가 딴 메달이 황금색이었다는 점이 가장 큰 이유일 것이다. 솔직히 나는 우리나라 최초의 올림픽 은메달리스트는 기억하지 못한다. 이처럼 금은 늘 은보다 한 발짝 앞서 있다. 하지만 영어에는 금 못지않게 좋은 뜻을 지닌 **silver**은와 관련된 단어들이 많다.

silver lining은 대표적인 표현이다. 구름 뒤에 숨어 있는 태양의 빛으로 인해 구름 가장자리가 밝게 되는 현상을 일컫는 말이다. 이 표현은 '어려운 가운데서도 희망은 있다'라는 긍정의 힘을 강조할 때 자주 쓰인다. 어떤 이의 인생에 갑자기 먹장구름이 잔뜩 끼게 됐더라도 밝은 태양이 뒤에 떠하니 버티고 있는 만큼 쉽사리 체념하거나 좌절할 필요 없다는 얘기가 된다.

silver bullet은 어떤 일을 단번에 해결할 수 있는 특효약, 묘책, 비장의 무기 등의 뜻으로 종종 사용된다. 이 표현은 옛날에 서양 사람들이 '은색 탄환'을 **werewolf**늑대인간나 **witch**마녀를 한방에 제거할 수 있는 유일한 탄환이라고 여긴 데서 유래했다고 한다. 이 단어는 **no**와 결합돼 자주 사용된다. 예를 들어 미국의 마이크 멀린Mike Mullen 합참의장이 **congressional hearings**의회 청문회에 나와서 **There is no silver**

bullet for the Afghanistan war. 아프가니스탄 전쟁과 관련해서는 특효약이란 없다. 라는 식의 진단을 하는 장면을 볼 수 있다. 비슷한 표현으로는 **no quick fix**가 있다.

silver spoon은 실버가 들어간 관용어 중 가장 널리 알려진 표현이다. 부잣집에서 태어난 사람에게 "은수저를 물고 태어났다."고 할 때 이 표현을 자주 쓴다. 옛날 유럽에서는 나무로 숟가락을 만들어 썼는데, 부유한 집안에서는 세례를 할 때 **godfather**대부가 **godchild**대자녀에게 은수저를 선물했다고 해서 '물려받은 부'를 상징하는 말이 됐다고 한다.

숟가락 얘기가 나온 김에, 레스토랑에서 식사를 할 때 사용하는 **fork**, **knife**, **spoon**은 모두 은색을 띠고 있어서 **silverware**라고 부른다는 것도 잊지 말자. 왜냐하면 레스토랑 테이블에 자기 자리만 세팅이 안 돼 있는 경우가 있을 수 있는데 이때 일일이 포크, 나이프, 스푼을 달라고 웨이터에게 얘기하기는 좀 그렇지 않을까 싶어서다.

이처럼 영어 **silver**에는 반짝반짝 빛나는 표현이 많다. 그게 바로 1등만 기억해서는 안 되는 이유다.

silver spoon　　　　silver bullet

✔ Falling oil prices is a silver lining for President Obama in this sluggish economy. 부진한 경제상황 속에서 유가 하락은 오바마 대통령에게 그나마 희망을 주고 있다.

✔ As the absurdly sensationalistic news coverage of Hurricane Irene finally begins to fade this week, the media has begun to look for a

silver lining. 허리케인 아이린에 대한 어처구니 없을 정도의 선정적 취재가 이번 주 들어 시들해지기 시작하면서, 언론은 희망적인 소식을 찾기 시작했다.

---

hearings: 청문회. 미국에서는 상·하원의 각종 상임위가 각료 또는 각료급 인사들을 불러서 현안을 청취하는 일이 많다. **Intelligence committee**정보위의 **hearings**는 거의 예외 없이 **closed-door**비공개로 이뤄진다. 각료 후보자 등에 대한 인준 청문회는 하원에는 권한이 없고, 상원의 관련 상임위에서만 열리는데, 이를 **Senate confirmation hearings**라고 부른다.

 원안 통과는 안 돼! 삭제하세요

　우리나라에서 국회 출입기자로 일하는 것은 녹록지 않다. 자기가 맡고 있는 정당을 취재해야 하는 일은 기본이고, 국회에서 **standing committee**상임위를 통해 이뤄지는 **floor activities**의정활동 까지 챙겨야 하기 때문에 늘 시간에 쫓겨 살게 된다. 국회담당 기자는 상임위에서 사회적으로 주목을 끄는 주요 법안이 처리될 때 **markup**최종심의을 거쳐 어떻게 **original bill**원안이 변화되는지를 잘 살펴야 오보를 내지 않는다.

　솔직히 말해서, 한국에서도 입법과정의 흐름과 맥을 짚는 게 이렇듯 어려운데, 미국 의회의 입법 절차와 용어를 파악하는 일은 얼마나 힘들겠는가. 특파원 부임 후 처음으로 **House Armed Services Committee**하원 군사위에 취재를 갔다가 진땀을 흘렸던 기억이 아직도 생생하다. 한국의 **deadline**기사 마감 시간을 감안해 의회 현장에서 바로 기사를 송고해야 한다는 지시를 받고 취재에 임했는데, 그날 심의에 오른 법안의 양이 정말 방대했기 때문이다.

　게다가 법안의 원안과 최종 심의를 거친 확정된 법안 사이에 **strike**와 **insert**라는 말이 나와 있는데, 이걸 제대로 파악할 수가 없었다. **insert**는 '삽입하다'라는 뜻 그대로 쓰였지만, **strike**는 뭔지 도통 감이 오지 않았다. 머릿속이 하얗게 된 상태를 진정시키고 법안을 꼼꼼히 살펴봤더니 그제서야 **strike**가 **eliminate** 또는 **expunge**, 즉 '삭제하다'라는 의미라는 것을 짐작할 수 있었다.

　'때리다', '치다' 정도의 뜻 말고도 이런 의미가 숨어 있다니, "영어 참 어렵다"는 말이 절로 나왔다. 그런데 머리를 조금 돌렸으면 쉽게 의미를 파악할 수도 있었을 것 같다. 왜 **strike out**이란 말이 있지 않은가. 야구에서 **three strikes**삼진를 먹은 타자가 타석에서 OUT되듯이 말이다.

야구에서 strike는 종종 K라는 단어 하나로 표시되기도 한다. 옛날에 PC 통신 천리안의 닉네임을 DoctorK라고 쓴 적이 있는데, 대화방에서 상대방이 "혹시 의사세요?"라고 물으면, "아닌데요. 제 닉네임은 미국 프로야구 선수의 별명을 따온 거에요."라고 답하곤 했다.

MLB미국프로야구의 National League 소속 New York Mets라는 팀에서 활약했던 드와이트 구든Dwight Gooden이라는 우완 강속구 투수가 워낙 strike를 많이 잡아서 얻은 별명이다. 그는 생애 통산 2,293개의 strikes를 잡았다.

K의 쓰임새가 하나 더 있는데 바로 1,000단위를 표시할 때 K를 쓰면 된다. 예를 들어 어떤 소파의 가격이 3,000달러라면 3k dollars로 쓰면 된다. 1,000달러는 또 grand라는 말로 바꿔 쓰기도 한다. 그래서 3,000달러는 three grand라고 하면 된다.

Ex

✔ By **striking** and inserting, an amendatory bill may make specific modifications in provisions of existing law. 삭제와 삽입을 하는 방법으로 수정안은 기존의 법 조항에 구체적인 변화를 줄 수 있다.

✔ **Strike** the phrase 15% and insert the phrase 20% in its place. 15퍼센트 문구를 삭제하고, 대신 20퍼센트라는 문구를 삽입한다.

---

bill: 미국 의회에 제출된 법안을 Bill이라고 한다. 상·하원의 심의를 거쳐서 법안이 성립되면 Act가 된다. 법안의 voting표결 과정에서 의원들은 Yea찬성 또는 Nay반대로 자신의 의사를 표시할 수 있다.
standing committee: 외교위원회, 군사위원회와 같이 상설 운영되는 위원회를 말한다. 반면에 특수한 목적을 위해 구성된 위원회는 select or special committee라고 한다.

fine  줄타기는 가느다란 줄에서 해야 진짜 실력

One fine day어느 좋은 날에 연인하고 드라이브를 나갔다가 과속을 하는 바람에 경찰에게 fine벌금 딱지를 떼었다면 기분이 어떨까? 엉망일 것이다. 영어 단어 가운데는 완전히 동떨어진 것처럼 느껴지는 두 개 이상의 의미를 '천연덕스럽게' 품고 있는 단어들이 많기 때문에 공부를 하면 할수록 어렵다는 사실을 절감하게 된다. 앞에 소개한 두 가지 용례, 즉 '좋은'이나 '벌금'과는 또 다른 제3의 뜻을 fine line이라는 표현에서 발견하게 됐을 때 내가 느꼈던 심정이 바로 그랬다.

만일 미국 오바마 대통령이 2012년 대선에서 승리하기 위해 conservative보수와 liberal진보 유권자들의 표심을 거스르지 않으려는 어정쩡한 정책을 편다면 미국 언론들은 아마도 **Mr. Obama is now walking a fine line between the conservatives and progressives.**라고 표현할 것이다. 오바마 대통령이 보수와 진보의 경계를 이루는 가는 선을 밟고 올라서서 양쪽의 눈치만 살피는 정책을 편다는 의미다. 좋게 말하면 신중한 것이지만, 비판적인 시각으로 보면 소신을 펴지 못하는 모습이다.

■ Fine line을 걷고 있는 trapeze artist

실제 오바마 대통령은 2011년 들어 중동과 북아프리카 지역에서 **spread like wildfire**요원의 불길처럼 퍼져 나간 민주화 시위에 대해 모호한 줄타기를 했다고 해서 미국 언론들로부터 **fine line**을 걷고 있다는 지적을 받기도 했다. 시위가 벌어진 지역의 **dictatorial regime**독재정권을 지지하자니 전 세계 민주주의 **guardian**수호자임을 자처해온 미국의 체모가 말이 아니게 되고, **anti-regime**반정부 시위대의 손을 노골적으로 들어주자니 **Al-Qaeda**알카에다 등 테러집단과의 전쟁 수행과정에서 든든한 지원자를 잃게 된다는 현실적인 고민이 외교의 가느다란 외줄타기를 강요한 측면이 있던 셈이다.

　　즉, **fine line**이란 서커스의 **trapeze artist**곡예사가 공중에서 땀을 쥐게 하는 묘기를 보여주기 위해 올라타는 줄처럼 가느다란 줄을 의미한다. **thin line**도 같은 의미로 사용되지만, **fine line**의 용례가 압도적으로 많다.

　　종이 한 장 정도의 차이밖에 나지 않는다는 의미를 전달할 때도 **fine line**을 사용하면 된다.

Ex

✔ **The United Arab Emirates has thus far tried to walk a fine line between satisfying its ally and protector, the United States, without provoking its looming neighbor, Iran.** 아랍에미리트는 그동안 동맹이자 보호자인 미국의 환심을 사는 동시에, 위협적인 존재로 커가고 있는 이웃나라 이란을 자극하지 않기 위한 줄타기를 시도해 왔다.

✔ **There is a fine line between name-calling and truth-telling.** 남을 비방하는 것과 진실을 말하는 것은 종이 한 장 차이다.

trapeze artist: 서커스단에서 줄을 타는 곡예사를 말한다. 서커스는 큰 천막을 쳐놓고 한다고 해서 **big top**이라고 표현되기도 한다.

kick the bucket 죽음의 양동이 차기?

김정일 북한 국방위원장이 **stroke**뇌졸중로 거동이 불편하게 되는 등 건강에 적신호가 켜졌다는 보도가 나온 것은 2008년 여름이었다. 이후 그의 삼남 정은에게로의 **succession process**권력 승계 작업가 착착 진행되고 있는 점만 봐도 김정일 위원장은 건강이 더 악화되기 전에 **third generation hereditary power succession**3대째 부자세습 방식의 권력 승계 절차를 마쳐놓겠다는 복안을 갖고 있는 것으로 해석된다.

미국의 일부 언론과 **bloggers**블로거들는 김정일의 건강상태를 전하는 글에서 종종 **He will soon kick the bucket**.이라는 표현을 쓰곤 한다. 미국에서 김정일에 대한 이미지가 워낙 좋지 않기 때문에 직감적으로 이 표현은 나쁜 말이겠거니 하고 생각할 수도 있다. 하지만 이 말은 특별히 나쁜 **connotation**함의은 없고, **to die**죽다라는 의미를 담은 관용적 표현이라고 한다.

표현 자체만 놓고 보면 이게 도대체 무슨 뜻인지 감이 오질 않는다. 우리가 "그 사람 어제 숟가락 놨어."라고 비유적으로 말하는 것을 한국어를 배우는 미국 사람들이 이해하기 힘들 듯이 우리가 "양동이를 발로 차다."에 나오는 영어단어 세 개를 모두 알고 있다고 하더라도 무슨 소리인지 알아채기 힘든 것은 그것이 지극히 관용적인 표현이어서 그렇다.

미국의 온라인 사전인 **Wicktionary**에서 이 단어를 검색하면, 그 **etymology**어원가 몇 가지 소개돼 있다. 먼저 가장 널리 알려진 해석은 자기 목숨을 스스로 끊으려는 사람이 양동이 위에 올라서서 목에 끈을 감은 뒤 양동이를 발로 차는 방법으로 **suicide**자살를 시도한다는 설이다. 양동이를 차서 자살 기도자와 지면과의 사이에 공간이 생기게 되면, 순간적으로 목이 졸려서 사망에 이르는 자살방법을 의미한다. 그러나 사전은 이것이 정설은 아니고 추론에 불과하다고 분명히 적고 있다.

또 다른 설은 옛날 서양에서 돼지 바비큐를 해먹을 때 돼지를 거꾸로 매달아 발을 묶을 때 사용한 나무를 **bucket**이라고 했는데, '불타는' 돼지가 고통을 못 이겨 발로 나무를 찼다고 해서 유래했다는 것이다. 즉, 돼지의 발차기는 곧 죽음이라는 등식으로 이해하면 된다.

이 말의 유래가 어디에 있든 매우 문학적으로 들리는 우리말의 "숟가락을 놓다." 에는 비견할 수 없다는 게 개인적인 생각이다.

최근 한국 언론의 기사에도 자주 등장하는 **bucket list**도 바로 이 **kick the bucket**에 뿌리를 둔 말이다. **Life goals**죽기 전에 해야할 일가 **bucket list**인데, 아까 언급했던 김정일 입장에서는 권력 세습의 성공적인 완성이 버킷 리스트의 제1순위에 놓여 있지 않을까 생각된다.

내 **bucket list**를 채운다면 무엇이 들어갈까 생각해 봤다. 이번에 생애 첫 책을 내게 돼 일단 **bucket**에 한 가지를 채웠다는 안도감이 든다. 그리고 서른여덟 살 늦은 나이에 결혼한 내 입장에서 첫번째 소망을 꼽는다면 지금 초등학교 4학년인 딸과 유치원생인 아들이 결혼하는 모습을 보고 싶다. 꼭 보고 싶다. 나처럼 부모 속을 썩이며 늦게 결혼을 한다면 확률은 제로겠지만 말이다. 지금까지 발을 못 디뎌본 남미와 아프리카 여행도 꼭 하고 싶다.

Ex

✔ There will be an opportunity for change when Kim Jong Il kicks the bucket, but in all likelihood that isn't going to happen. 김정일이 사망했을 때 변화의 기회는 있겠지만, 모든 가능성으로 볼 때 그런 일은 일어나지 않을 것이다.

✔ They hatch a plan to escape the hospital room and do everything they've ever wanted to do in life, before they kick the bucket. 그들은 병실을 탈출해서 죽기 전에 하고 싶었던 모든 것을 하겠다는 계획을 짜고 있다.

connotation: 겉으로 드러나지 않는 함축된 의미를 뜻한다. Implication도 비슷한 의미로 사용된다. Connotation의 반대말은 명시적 의미를 뜻하는 denotation이다.
suicide: 자살하다. Take one's life라는 표현도 자주 쓰인다. Homicide살인, genocide대학살, patricide부친살해, matricide모친살해, infanticide영아살해 등 -cide로 끝나는 단어는 죽음과 연관돼 있다.

tea leaf   찻잎 속에 그려진 당신의 운명

우리가 미래에 일어날 일을 미리 알 수 있다면 현재의 고민과 고통도 한결 가벼워질 것이다. 좋은 일이 찾아온다면 그에 맞춰 현재를 즐겁게 살면 될 테고, 나쁜 일이 생긴다면 미리미리 **tailored plans**맞춤형 대비책를 마련해 두면 될 것이기 때문이다. 하지만 미래의 일은 '신의 영역'이기 때문에 인간은 주어진 현실 속에서 열심히 사는 것밖에 뾰족한 수는 없어 보인다.

이런 당연한 결론에도 불구하고, 인간은 자신의 미래를 먼저 알아보고 싶은 유혹에서 자유로울 수 없는가 보다. 그래서 여러 가지 방법으로 향후에 벌어질 일들을 앞당겨서 알아보려 하고, 그래서 **fortune teller**점쟁이의 도움을 받기도 한다. 이들 점쟁이가 미래를 예측할 때 동원하는 **props**소품의 이름을 따와서 영어에서는 "미래를 점친다"라는 뜻을 지니게 된 단어들이 몇 가지 있다.

먼저 **tea leaf**다. 그냥 글자 그대로의 뜻으로 사용된다면 찻잎 이상의 의미가 없다. 하지만 여기에다 **read**라는 단어를 앞세워서 **read tea leaf**라고 쓰면 "점괘를 본다."라는 말로 둔갑한다. 방법은 찻잔에 뜨거운 물을 부은 다음 여과장치 없이 찻잎을 넣는다. 그리고 나서 물을 다 빼낸 뒤 찻잔을 적당히 흔들어서 바닥에 남아 있는 찻잎의 패턴을 보고 미래를 예측하는 것이다.

예를 들어 찻잎의 모양이 **spade**삽 형상을 하고 있으면 사업을 해서 **good fortune**많은 돈을 벌 수 있다는 점괘이며, 집 형태를 띠게 되면 **success**성공를 뜻하는 암시로 받아들여진다고 한다.

이른바 **coffee reading**이라고 하는 점보기는 커피를 다 마시고 난 후에 남아 있는 커피 **sediment**침전물의 형태를 보고 점을 봐주는 것이다. 커피잔 바닥에 젖은 분

말이 걸쭉하게 남는 터키 커피 같은 종류의 커피를 사용하면 된다. 믿거나 말거나 지만 까마귀 형상은 죽음이나 나쁜 소식, 날아가는 새는 좋은 소식을 뜻한다. 커피 잔 바닥에 개 모습이 그려지면 좋은 친구를 얻는다는 의미고, 반대로 고양이가 나오면 나쁜 친구가 생긴다는 뜻이라고 한다.

2011년 8월, 본거지인 서부의 로스앤젤레스에서 벗어나 동부의 뉴욕까지 상권을 넓혀 화제를 모은 **The Coffee Bean & Tea Leaf**라는 커피 전문점 체인에서는 상호대로라면 커피와 찻잎을 이용해 심심풀이 점을 보는 일이 가능할지도 모르겠다.

서양 영화에서 주로 나이 든 할머니가 **crystal ball**수정 구슬을 들고 점을 치는 장면을 본 기억들이 있을 것이다. 이 단어는 곧바로 '점보기'라는 명사 또는 '미래를 예측하다'라는 동사로 사용된다.

끝으로 우리나라에서도 요즘 인기가 있는 **tarot**타로다. 이 방식은 총 78개의 카드 가운데 그림이 그려진 22개로 미래의 운, 그것도 3개월 정도 앞에 있는 가까운 미래를 점치는 데 안성맞춤이라는 얘기도 있다.

Ex

✔ I have been performing tea leaf readings for many years. 나는 찻잎을 이용해 점치는 일을 수년간 해왔다.

✔ Glenn Beck looked deep into his crystal ball recently to tell listeners that Secretary of State Hillary Clinton might "reluctantly" run for the Democratic presidential nomination in 2012. 최근 글렌 벡은 청취자들에게 힐러리 클린턴 국무장관이 2012년 민주당의 대선 후보 지명 경선에 '내키지 않게' 출마할 가능성이 있다고 예상했다.

---

tailored: '맞춤형의'라는 의미로 custom-tailored shirt라고 하면 '맞춤 셔츠'를 뜻한다.
tea leaf reading: 일명 tasseography라고도 부른다. tasse는 불어로 cup을 뜻하고, graphy는 writing을 의미한다.

windfall
바람 불어 좋은 날, 쓰러진 나무는 횡재

지난 2004년부터 부지불식간에 '생활의 습관'이 된 일이 한 가지 있다. 창피한 얘기지만 lottery로또를 사는 일이 그것이다. 처음에는 찬란한 인생역전을 꿈꾸며 구입을 하곤 했는데, 요즘은 노후생활의 든든한 밑천이라도 장만해놔야겠다는 여전히 허황되지만 간절한 소망을 담아서 사고 있다. 미국에서는 로또 추첨이 일주일에 두 번이나 있기 때문에 '벼락에 맞기보다 어렵다'는 jackpot대박 을 기대하며 마중물처럼 쏟아 부어야 하는 종자돈이 적지 않게 들어갔다.

windfall은 바로 복권에 당첨되는 일처럼 뜻하지 않은 횡재를 하는 일을 일컫는 단어다. 옛날에 영국에서 벌목이 허가제였을 당시 일반 주민들 입장에선 바람에 쓰러져 있는 나무를 만나는 것만큼 좋은 횡재가 없었다고 한다. 고생스러운 벌목의 수고를 덜면서 값비싼 땔감용 나무를 for free공짜로 챙길 수 있었기 때문이다.

뿌리 깊은 나무는 바람에 흔들리지 않는다고 했던가. 로또를 살 때마다 나무가 쓰러지길 기대하는 내가 너무 못나 보이고, 부끄럽고 미울 때도 있다. 기약조차 없는 현대판 windfall에 목을 매면서 매주 남의 호주머니 불려주기 바쁜 내 모습이 너무도 한심하다는 생각이 들어서다.

하지만 Be in it to win it.당첨되려면 참여하라. 이라는 말이 있듯이 로또를 사지 않으면 당첨될 일도 원천적으로 없는 것이기 때문에 나는 미국 체류기간에도 어김없이 로또를 샀다. 물론 한 번도 당첨된 일은 없다.

2011년 4월에 귀국을 해서 보니 서울 시내에 로또 판매점이 크게 줄어든 게 가장 눈에 띄었다. 지하철로 출퇴근하는 나의 동선 안에는 로또 판매점이 하나도 없다. 결국 5천 원어치 로또를 사기 위해서는 점심식사 시간을 이용해 사무실 근처 로또 판매점을 애써 찾아야 하는 '수고'를 감수해야 한다. 나는 불편해졌지만, 로또 판매점이 줄어든 것은 사회적으로 좋은 현상이라고 생각한다. 그만큼 일확천금의 허황된 꿈을 꾸는 사람들이 줄어들었음을 시사하는 circumstantial evidence방증일 수도 있기 때문이다.

그런데 웬걸, 연금복권이 등장했다고 해서 복권을 구입하려 했더니 2주일 후 복권까지 sold out완판이란다. 먹고살기 빠듯한 봉급생활자들에게 복권 당첨은 실낱같은 희망인지라, 많은 사람들이 여전히 이 희망 줄을 놓지 않으려는 것 같다.

Ex

✔ Everyone dreams of it—receiving a windfall of cash either from a long-lost relative, a winning lottery ticket, or through a will from a grandparent. 모든 사람들은 오랫동안 떨어져 있던 친척에게서나 혹은 복권 당첨으로, 아니면 조부모의 유언을 통해서 엄청난 현찰을 받는 꿈을 꿔볼 것이다.

✔ Unfortunately many windfall recipients squander their money, going on a reckless spending spree, or mismanaging their finances. 불행하게도 갑자기 돈벼락을 맞은 많은 사람들은 무분별한 소비행각으로 돈을 낭비하는 등 돈 관리를 제대로 못한다.

windfall: 뜻밖의 횡재. Windfall profits tax는 '불로소득세'이다.
circumstantial evidence: 어떤 사실을 직접 증명할 수는 없지만, 주변상황을 고려할 때 간접적으로 입증할 수 있는 증거를 뜻한다. 한국에서는 이를 '반증'이라고 잘못 사용하는 경우가 많다.

 **석쇠 위에 고기를 굽듯이 들볶는 일**

　　　　　　　　　　　　　　　　　미국에 살아본 사람들 중에는 '천국 다음에 미국'이라고 과장을 해서 미국의 생활에 대해 매우 적극적인 호감을 드러내는 이들이 있다. 주로 바쁜 한국 생활에서 벗어나 1년 정도 미국에 연수를 가서 업무의 부담없이 여유있게 즐기다 온 사람들이 이런 부류에 속한다. 이와는 반대로 한국처럼 여러 사람과 어울리며 즐길 수 있는 잔재미를 좋아하는 사람들은 미국의 **boredom**무료함이 오히려 불편하게 느껴졌다는 감상을 내놓기도 한다.

　그러나 이런 부정적인 의견을 지닌 사람들 중에 "미국의 쇠고기 하나만으로 모든 걸 용서할 수 있다."라며 '쇠고기 예찬론'을 주장하는 사람도 봤다. 2008년 한국을 휩쓸었던 미국산 쇠고기 수입 파문을 상기한다면 이런 언급은 맞아죽을 각오를 하고 해야 할 법도 하지만, 고기를 좋아하는 **carnivore**육식주의자 유전자를 지닌 사람들에게는 비교적 싼값에 쇠고기를 실컷 먹을 수 있다는 점 때문에 '정치적 계산' 없이 이런 코멘트를 했던 것으로 기억한다.

　육식을 많이 하는 미국 사람들의 식생활 기호에 맞게 워싱턴 시내에도 **steak**를 즐길 수 있는 레스토랑이 무척 많다. 가격이 조금 비싼 곳도 있지만, 적당한 가격에 맛있는 스테이크를 즐길 수 있는 곳도 찾아보면 제법 있다. **Steak**를 파는 레스토랑의 간판에는 **Grill**이라는 단어가 들어가 있는데, 요즘에는 건강을 위해 스테이크를 원치 않는 고객들을 끌어들이려는 영업전략에서 **Seafood & Grill**을 간판으로 내건 식당들도 어렵지 않게 찾을 수 있다.

　얘기만 들어도 입맛을 다시

게 하는 **grill**이라는 단어는 미국의 정치권에서 사용되면 '집요한 질문공세를 퍼붓다', '검증작업을 벌이다'는 뜻을 지니는 말로 바뀐다. 마치 **gridiron**석쇠에 올려진 쇠고기 덩어리와 생선을 지글지글 굽듯이 청문회 등에 불려나온 증인에게 송곳 같은 질문세례를 하는 걸 **grill** 이라고 하는 것이다.

미국의 각료들도 정기적으로 의회에 출석, 해당 부처의 현안과 관련해 의원들의 **grilling**질문공세에 답해야 하는 경우가 많다. 그런데 힐러리 클린턴 국무장관 같은 각료는 **grilled**질문에 시달리는 되고 있다는 느낌이 전혀 들지 않을 정도로 능수능란하게 의원들의 예봉을 무디게 하는 솜씨를 과시한다.

한번은 힐러리 장관이 **House Foreign Affairs Committee**하원 외교위원회에 나와 답변을 하는데 각종 현안에 대해 진행상황은 물론 자신의 소신까지 곁들여서 전혀 막힘없이 얘기하는 모습을 보고 감탄했다. 하원 외교위에는 공화당과 민주당 위원이 45명에 달하며, 이들 중 대부분이 출석해 다양한 주제의 글로벌 외교 현안을 물어봤는데도 업무 파악이 덜 돼서 주저하는 모습은 전혀 없었다.

우리나라 각료들이 국회 상임위에 출석해 자신이 구체적으로 파악하지 못한 사안에 대해서는 고위 간부에게 답변권을 넘긴다든지, 아니면 고위관리가 옆으로 다가와 귀엣말이나 쪽지로 귀띔해 준 내용을 앵무새처럼 반복하는 어설픈 장면 같은 것은 벌어지지 않았다. 듣기에 번드르르한 영어의 특성 때문인지, 어릴 때부터 익혀온 미국인들 특유의 세련된 발표력 때문인지는 모르겠으나, 미국 의원들과 각료들의 문답을 듣고 있으면 잘 제작된 한 편의 드라마를 보는듯한 착각에 빠질 때도 있다.

Ex

✔ Goldman Sachs Group Inc. executives were grilled by U.S. senators probing the bank's mortgage business. 골드만삭스 그룹의 경영진이 이 은행의 모기지 사업을 조사 중인 미국 상원들의 질문공세에 시달렸다.

✔ The NATO commander faces a Senate grilling on the military drawdown in Afghanistan at his confirmation hearing. 나토(북대서양조약기구)

사령관은 인준 청문회에서 아프가니스탄 병력 감축과 관련해 상원의 추궁에 직면하게 된다.

carnivore: 육식주의자. 반대로 채식주의자는 **herbivore** 또는 **vegetarian**이라고 한다. 보통 사람들처럼 육식과 채식을 함께 하는 사람들은 **omnivore**로 불린다.

gridiron: 석쇠라는 뜻이다. 미식축구 용어로는 경기가 이뤄지는 경기장을 뜻한다. 워싱턴의 권위 있는 기자들의 모임 이름은 **Gridiron Club**이다. 1885년 만들어졌다는 이 모임은 주요 신문사, 방송사, 통신사의 간부들로 회원을 구성하고 있다. 매년 현직 대통령을 초청해 만찬 형태의 행사를 갖는다. 모임의 의미는 대통령을 불러다가 석쇠에서 굽듯이 괴롭힐 것 같지만, 실제는 대통령과 기자들이 너무 오붓한 시간을 갖기 때문에 문제가 있다는 언론계 내부의 지적도 있다.

window of opportunity

실제로는 열 수 없는 기회의 창

사람들의 인생에서 절호의 기회라는 것은 자주 찾아오지 않는다. 좋은 **better half**배필를 만날 수 있는 기회, 순식간에 재산을 증식할 수 있는 기회, 모두가 선망하는 자리에 올라갈 수 있는 기회 등은 매우 제한적으로 찾아온다. 혹자는 "인생에서 기회가 세 번은 온다."라고 하는데, 나는 특파원을 두차례 다녀온 것 빼고는 아직까지 '이거다'라고 생각되는 기회가 없었던 것 같다. 그래서 말년에 **three jackpots in a row**3연속 대박를 맞을지도 모르겠다는 기대감은 그만큼 커진다. 내가 너무 욕심이 과한가?

만일 어떤 기회가 늘 열려 있는 것이라면 그것은 절호의 기회가 아닐 것이다. 그래서 기회를 잡기 위한 준비의 기간은 무척이나 길지만, 기회를 잡을 수 있는 시간은 상대적으로 매우 짧다.

우리말로 '기회의 창'으로 번역돼 사용되는 **window of opportunity**는 실은 어떤 일을 이뤄낼 수 있는 **short interval of time**짧은 기간을 뜻하는 시간적 개념이다. 우리가 열고 닫을 수 있는 창을 의미하는 것은 아니란 말이다. 우리식 해석대로라면 매우 문학적이고 낭만적으로 보이지만, 실제로는 매우 **strategic and practical**전략적이면서도 실용적인 개념이 담긴 말이다.

cancer patient암환자를 치료해야 하는 의사의 경우를 예로 들어보자. 암에 걸린 환자를 치료하는 데 있어 **window of opportunity**란 치료가 가장 효과적으로 이뤄질 수 있는 짧은 기간을 의미할 것이다. 그 짧은 기간을 놓치면 치료의 적기를 놓치는 셈이어서 결국 암환자의 생명 연장에 실패할 가능성이 높아진다.

미국은 대통령 임기의 반환점이 되는 시기에 상·하원 의원들을 선출하는 **mid-**

term elections중간선거가 치러진다. 그리고 이 중간선거와 이듬해 1월 개원하는 차기 의회와의 사이에 lame duck session레임덕 회기이라는 것이 자리 잡고 있다.

2010년 중간선거에서 집권 Democratic Party민주당는 Republican Party공화당에 majority다수당를 내주는 '참패'를 하는 바람에 선거 이전부터 추진했던 주요 reform bills개혁법안들을 레임덕 회기 내에 통과시켜야 하는 문제가 발등의 불로 떨어졌다.

언론들은 과연 미국이 러시아와 새롭게 체결한 START전략무기감축협정의 senate approval상원 비준동의을 얻어낼 window of opportunity가 있을지에 대해 회의적인 관측을 내놓았다. '레임덕 회기'는 기껏해야 한 달 정도밖에 되지 않는 짧은 기간에 진행되기 때문에 공화당이 극력 반대할 경우, 처리 자체가 현실적으로 어려울 수 있기 때문이었다. 하지만 예상 밖으로 새 START 비준동의안은 공화당의 적극적인 반대를 유보한 상태에서 의회를 통과할 수 있었다.

우리나라에서는 '기회의 창'이 워낙 문학적으로 굳어진 개념이어서 이를 대신할 만한 다른 표현을 제시할 수는 없을 것 같다. 다만 일정한 시간이 되면 잠시 열렸다가 닫히는 창이 있다고 한다면 그 개폐에 걸리는 시간을 생각하는 쪽으로 이 표현의 의미를 머리에 새기면 좋을 것 같다. 기회의 창이 열리면 그 안에 들어가 금은보화를 얻을 수 있다는 식의 시각적, 공간적 개념은 아니라는 뜻이다.

- ✔ It was the ROK government's view that there might be a window of opportunity to pass KORUS FTA immediately after the U.S. Congressional elections this fall. 우리 한국 정부의 관점에서 볼 때 올해 가을 미국의 총선이 끝난 직후 한-미 자유무역협정을 처리할 수 있는 시간적 여유가 있을지도 모른다는 겁니다.
- ✔ We have a very short window of opportunity to address climate change. 우리가 기후변화 문제를 해결할 수 있는 시간은 매우 제한돼 있다.

Republican party: 미국 공화당이다. Good old party, 즉 GOP라는 별명을 지니고 있다. 진보성향의 민주당은 특별한 별칭을 지니고 있지 않다. 재미있는 사실은 Republican Party의 창당은 1854년으로, 1828년의 Democratic Party보다 늦었지만 old란 표현을 '버젓이' 사용하고 있다는 점이다.

lame duck: 사냥꾼의 총을 맞은 오리가 뒤뚱거리듯 힘이 빠져 있는 공직자들을 의미할 때 쓰는 말이다. 의회의 lame duck session이란 결국 두 달 정도 뒤면 새로 구성될 의회를 앞두고 잔여 임기를 마쳐야 하는 맥빠진 회기라고 해서 붙여진 말이다. 의회의 힘과 낙선 의원들의 의정활동 의지가 현저히 떨어지는 경우가 많아 적극적인 입법활동을 기대할 수 없다는 평가를 받는 이유도 여기서 비롯된다. 임기 말 대통령을 빗대어서도 lame duck president라는 말을 쓴다. 권력누수 현상을 상징하는 표현으로 자주 사용된다.

teeth 상처를 내려면 이빨이 있어야

널리 알려진 사실은 아니지만, 미국의 초대 대통령 조지 워싱턴George Washington은 치아가 나빠서 고생했던 대표적인 인물이라고 할 만하다. 1799년 사망할 때까지 그가 살았던 **Mount Vernon** 기념관에 가보면 그의 '치아 잔혹사'가 별도의 코너로 만들어져 있을 정도다.

■ George Washington

그는 청년시절부터 뎅기열, 이질, 말라리아, 류머티즘 등 여러 가지 질환을 앓았던 움직이는 '종합 병동'이었다고 한다. 이처럼 '국민 약골'이었던 그는 병을 고쳐보기 위해 염화제일수은을 **overdose**과다복용했다가 치아를 모두 망쳐버리게 된다.

20대 초반부터 치아 건강이 급격히 나빠진 그는 매우 열심히 이를 닦고 관리했다. 하지만 해마다 발치를 해야 할 만큼 치아 상태는 **in poor conditions**엉망이었다. 결국 1789년 대통령에 취임했을 당시 그에게는 생니가 단 한 개밖에 남아 있지 않았고, 그래서 하는 수 없이 **denture**의치를 사용해야만 했다. 그는 몇 벌이나 되는 틀니를 갖고 있었던 것으로 알려져 있다.

워싱턴의 열악한 치아 상태는 그의 정치 행위에도 직·간접적인 영향을 끼쳤다는 분석이 있다. 그가 평소 과묵한 편이었고, 재집권을 하면서도 취임사를 생략하고 지나간 것은 치아 문제 때문이었다고 한다. 말년에 그는 물렁물렁한 음식을 주로 먹었다.

그렇다. 이가 튼튼해야 질긴 고기도 맘껏 즐기며 먹을 수 있다.

영어에서 **teeth** 또는 **tooth**가 있어야 한다는 것은 '상대방에게 아픔을 줄 수 있는 것', '**bill**법안이나 **resolution**결의안이 효력을 발휘할 수 있게 하는 강제력'이라는 의미를 지니고 있다. '동물의 왕국' 같은 프로그램을 보면 호랑이, 치타 같은 맹수들이 엄청난 이빨의 힘으로 사슴 같은 동물의 목 부분을 물고 늘어지는 장면을 자주 볼 수 있다. 그래서인지 '이가 빠졌다'라는 표현은 대체로 '고통을 안겨줄 수단이 없다'라는 뜻으로 받아들여진다.

UN Security Council유엔 안전보장이사회이 천안함 사태와 관련하여 대북 비난 **presidential statement**의장성명를 채택했을 때 북한에 타격을 줄 만한 내용이 빠졌다고 해서 미국의 많은 언론은 **teeth**이가 빠져 있다고 지적했다. 호랑이가 아무리 무섭게 달려들어도 이빨이 빠져 있다면 큰 위협이 되지 못하는 것이나 마찬가지 논리다.

여담으로 기자들 가운데는 정부 관리들이나 자신이 취재를 담당하는 이해당사자들에 대해 작심하고 독한 기사를 쓰는 경우가 가끔 있다. 이른바 '출입처 장악용'이라는 뚜렷한 목적성을 가지고 파괴력이 있는 기사를 써서 기선제압에 나서는 것이다. 이런 경우에는 기사에 **pepper**가 들어 있다고 한다. 후춧가루의 매운 맛처럼 기사에 따끔한 내용이 포함돼 있다는 뜻이다. 요즘 기사에는 너무 **sugar**가 많이 들어가 있는 것은 아닌지, 언론 종사자들은 항상 경계심을 늦추지 말아야겠다.

Ex

✔ The United States will continue to press for a UN "resolution with some teeth in it" that would punish North Korea for testing a suspected long-range missile, a senior US diplomat said Monday.

미국은 북한의 의심스러운 장거리 미사일 시험발사를 처벌할 수 있도록 〈유엔 안전보장이사회〉 결의안에 압박적인 요소가 들어가게끔 유엔에 계속 압력을 가할 것이라고 미국의 고위 외교관이 월요일 밝혔다.

✔ Experts said, "US sanctions on Sudan lack teeth without UN action."

전문가들은 "수단에 대한 유엔 제재는 유엔의 행동이 없이는 강제력을 띨 수 없을 것"이라고 말했다.

Mount Vernon: 조지 워싱턴 대통령이 죽을 때까지 살았던 농장을 겸한 집이다. 한국에서는 워싱턴의 생가로 알려져 있지만, 실제는 그렇지 않다. 워싱턴은 1732년 2월 11일 마운트 버논에서 40마일 정도 떨어진 버지니아 주의 **Westmoreland County**에서 태어났다.

UN Security Council resolution: 유엔 안전보장이사회의 결의안. 안보리 차원에서 채택할 수 있는 최고 수준의 대응 조치다. 결의안은 국제법적 효력을 지니며, 그래서 구속력이 있다. **Presidential Statement**의장 성명는 구속력이 없는 다음 단계 조치다. **Press Statement**언론성명는 가장 낮은 수위의 대응 조치로 꼽힌다.

 가슴과 단속 사이

during puberty사춘기 시절에는 조금이라도 성적인 뉘앙스를 풍기는 단어를 듣기만 해도 괜히 부끄러워했던 기억이 난다. 예를 들어 지금은 아무렇지도 않은 키스라는 말만 들어도 얼굴이 화끈 달아오르는, 즉 자기통제가 안 되는 현상 말이다. 이제 열한 살이 된 딸아이가 TV를 보다가 뽀뽀하는 장면이 나올 때 자기 눈이 아니라 내 눈을 가리려고 허둥대는 모습을 보고 있노라면 우리 아이도 벌써 사춘기에 접어들었나 하는 생각이 든다. 정작 눈을 가릴 쪽은 자기인데, 이제는 키스신 정도를 보고는 never aroused아무런 감흥도 없는 나의 눈을 가리려 하는 모습이 너무 귀엽다.

bust는 상체부위, 특히 여성의 가슴을 일컫는 말이다. 옛날에 중·고등학교 시절 미스코리아 선발대회에 출전한 여성이 swimsuit competition수영복 심사을 위해 걸어나올 때 '진선미 후보, bust가슴 31, waist허리 25, hip엉덩이 32'라는 식으로 아나운서가 신체 사이즈를 '적나라하게' 소개했던 적이 있다.

그런데 이 bust는 비단 가슴뿐만 아니라 '단속하다', '무력화하다'라는 뜻의 동사와 명사의 뜻도 지니고 있다.

미국 Las Vegas 도심에서 경찰이 prostitution매춘 단속을 위해 undercover operations함정수사에 나섰다. 자가용을 몰고 가던 남자가 미니스커트 차림에 bust를 훤히 드러낸 옷차림을 한 여자 앞에 차를 세운다. 여자가 조수석 쪽에 얼굴을 들이밀고 뭔가 얘기하는가 싶더니 이내 차에 올라탄다. 흥정이 끝났다는 얘기다. 여자가 차에 타자 이 남자는 곧바로 자신의 신분이 경찰임을 밝히고 여자를 매춘 혐의로 체포한다. She was busted, 즉 여자는 단속에 걸린 것이다.

■ Las Vegas의 한 호텔 앞마당에서 펼쳐지는 화려한 야외 분수쇼

    2011년 정초에는 **NYPD**뉴욕 경찰가 조직 범죄단의 아지트를 새벽에 급습해 대대적인 단속에 나서 큰 뉴스가 됐다. 언론들은 이를 **the biggest organized crime bust**사상 최대의 조직범죄 단속라고 표현했다.

    '무력화' 또는 '제거한다'라는 의미를 담은 **bust**는 영화 *Ghost Busters*고스트 버스터즈 같은 단어에 흔적이 남아 있다. 우리 식으로 말하자면 '퇴마사'라고 할 수 있는 **ghost busters**는 유령을 퇴치하는 사람들이라는 의미를 지니고 있다.

    군사용어 가운데 **bunker**방공호 등을 뚫고 들어가 목표물을 타격할 수 있는 대형 지하시설 관통 폭탄을 **bunker buster**라고 한다. 벙커를 무력화시킬 수 있는 폭탄이라는 뜻이다.

> **Ex**

✔ Airport animal smugglers were **busted** in L.A. and Miami. 공항을 통해 동물을 밀수하려던 사람들이 L.A.와 마이애미에서 적발됐다.

✔ Cops **busted** a gunman who shot a Brooklyn jewelry-store owner. 경찰은 브루클린 보석상 주인에게 총을 쏜 총격범을 붙잡았다.

Las Vegas: 미국 Nevada 주에 있는 도시로, 카지노 시설이 많기로 유명하다. 별명은 Sin City로 gambling도박과 prostitution매춘이 성행하는 곳이라는 의미를 지니고 있다. 최고급 호텔에는 엄청난 규모의 카지노 시설이 갖춰져 있지만, 가족 단위의 관광객들이 즐길 수 있는 환상적인 뮤지컬과 야외 분수쇼 등 볼거리가 가득한 곳이기도 하다.

prostitution: 매춘 행위를 뜻한다. 이런 일을 하는 여성을 prostitute 또는 whore로 표현한다.

Monday morning quarterback

눈치 없는 뒷북치기

미국의 프로 스포츠 가운데 인기 있는 종목은 야구, 농구, 미식축구, 아이스하키 등이 있다. 야구는 '전 국민이 여가 선용하듯 즐겨보는 운동'이라는 의미로 **national pastime**이라는 표현을 쓴다. 그만큼 광범위한 대중적 사랑을 받고 있다는 얘기다. 특히 야구의 경우에는 입장권이 농구, 미식축구, 아이스하키에 비해서 상대적으로 싼 데다 정규 시즌의 **pennant race** 페넌트 레이스만 7개월에 달하는 대장정이어서 겨울철을 빼고는 1년 내내 국민적 사랑을 받고 있다고 볼 수 있다.

반면 미식축구는 가을에서 겨울에 걸쳐 시즌을 압축적으로 소화하기 때문에 열기가 순식간에 달아올랐다가 일순간에 식어버리는 느낌이다. 그 절정은 매년 2월 초에 열리는 **Superbowl**이다. 식전 행사에서 누가 미국 국가를 부르고, **half time**에는 어떤 뮤지션이 공연을 하는지도 초미의 관심사가 될 정도다.

슈퍼볼 **TV**중계 시간은 대기업들의 광고전쟁으로도 유명하다. **Coca Cola, Pepsi Cola, Budwiser, Doritos, Victoria's Secret** 등이 기발한 단발성 광고를 통해 시청자들의 관심을 사로잡는다. 대부분의 광고가 슈퍼볼 행사만을 위해 단발성으로 기획, 제작된다고 한다. 최근에는 현대차와 기아차가 슈퍼볼 광고전에 뛰어들어 한국 기업의 위상을 드높이는 동시에 미국 동포사회에는 커다란 자긍심을 안겨주고 있다.

우리나라에서는 국가대표 축구팀의 경기가 있을 때면 전 국민이 마치 감독이나 된냥 행동한다. 특히 어지간한 남자들은 다 그렇다고 봐도 된다. "빨리 패스해." "뭐하니 바로 차야지." "아우 저 똥볼." 그라운드를 누비는 선수들은 들을 리 만무

하지만, TV에다 대고 온갖 주문과 욕설을 쏟아 붓는다.

그래도 이건 중계를 보면서 떠드는 거니까 양반이다. 우리 대표팀의 패배로 경기가 끝나기라도 할라치면 "이랬어야 했다, 저랬어야 했다." 하며 이러쿵저러쿵 불평불만을 쏟아놓는 사람들이 주변에 너무나 많다. 월드컵에서 우리 대표팀 패배 소식을 전하는 기사에는 댓글이 줄줄이 사탕처럼 수백 개씩 달리기도 한다. 난 그걸 축구와 조국에 대한 한국인들의 **affection and passion**사랑과 열정으로 이해하고 싶다.

미국인들도 마찬가지다. 보통 토요일과 일요일에 열리는 미식축구 경기를 본 뒤 월요일 출근해서 회사 동료들과 자기가 **root for**응원한 팀의 성적을 놓고 이랬느니 저랬느니 하며 한바탕 논쟁을 벌이는 일이 많다고 한다. 솔직히 결과를 놓고는 누군들 무슨 말을 못하겠는가. 이처럼 뒷북치듯 어떤 일이 결정되거나 벌어지고 난 뒤 말이 많은 사람들을 **Monday morning quarterback**월요일 아침의 쿼터백이라고 한다. 재미있는 것은 월요일 밤에도 매주 한 경기씩 미식축구 경기가 열리지만 '화요일 아침의 쿼터백'이라는 말은 아직까지 없다.

기사 사회에도 뒷북을 치는 부류의 사람들이 있다. 특히 연륜이 쌓일수록 그렇게 될 **probability**개연성가 높다. 아침에 배달된 신문을 본 뒤에야, 어제 우리 회사에서 작성된 동일한 주제의 기사를 놓고 뒤늦게 '품평'을 내놓는 선배들이 간혹 있다. 물론 후배들 눈에는 20년 남짓 기자생활을 한 나도 그런 부류의 선배로 **inscribed**각인되어 있는지도 모를 일이다.

어쨌든 그런 선배들은 "이거 봐라. 얘들은 이렇게 쓰지 않았니. 너는 왜 그런 식으로 기사를 썼어!"라고 후배들에게 핀잔을 주기 일쑤다. 그럴 줄 알았다면 미리미리 후배에게 기사의 방향을 알려주고, 기사의 핵심을 뽑아서 쓰도록 지시했으면 좋지 않았을까?

> Ex

✔ Watching the political analysts on CNBC is like watching the Monday morning quarterbacks. CNBC방송에 출연하는 정치분석가를 지켜보고 있으면 마치 '월요일 아침의 쿼터백'을 보는 것 같다.

✔ Dedicated public servant like Fed Chair Ben Bernanke should take on the Monday Morning Quarterback. 벤 버냉키 연준 의장과 같은 헌신적인 공무원은 뒷말이 많은 사람들과 정면으로 맞서야 한다.

Superbowl: 미국 프로풋볼의 자웅을 가리는 결승전 성격의 단판 승부 경기다. 다른 프로 구기 종목은 best out of seven 7연전으로 승부를 가린다. 프로야구에서는 World Series, 아이스하키에서는 Stanley Cup Finals, 프로농구에서는 NBA Finals가 진정한 champion을 가리는 시리즈전으로 유명하다. 이들 championships에서 두 해 연속 우승을 차지하면 back-to-back 우승이라고 표현한다.

root: cheer처럼 자기가 좋아하는 편을 응원하는 행위다. 반대로 야유를 보낸다면 booing을 하는 것이다.

daylight 햇빛이 통과 못하게 어깨를 붙여라

천안함 사건이 발생했던 2010년 봄. 그때 한미·정부는 "한미동맹 전선 이상 없다."라는 메시지를 발신하는데 한 치의 틈도 드러내지 않으려고 애를 썼다. 한국과 미국이 대북 공조에서 균열을 보일 경우, 북한에 **wrong signals** 잘못된 신호를 보낼 수 있다는 상황인식이 강하게 작용했던 탓일 게다.

미국에서는 오바마 대통령을 정점으로 국무부의 힐러리 클린턴 Hillary Clinton 장관, 제임스 스타인버그 James Steinberg 부장관, 커트 캠벨 Kurt Campbell 동아태 차관보에 이르기까지 대북정책 라인의 고위 당국자들이 하루가 멀다 하고 한미공조를 확인하고, 재확인하는 언급을 쏟아냈다.

워싱턴의 **think tanks** 들도 앞다퉈 한국이 위기에 닥쳤을 때 미국이 한국을 도와줘야 하며, 양국 간 공조에는 균열이 있어서는 안 될 것이라고 지원사격에 나섰다.

이때 간헐적으로 등장한 말이 **daylight** 였다. 다음은 워싱턴 싱크탱크의 한 **senior research fellow** 선임 연구원가 해준 코멘트 중 일부다.

There must be no daylight between Washington and Seoul nor any perceived differences in the bilateral response to Pyongyang's blatant act of aggression. 워싱턴과 서울 사이에는 균열이 있어서는 안 되며, 평양의 야만적인 침략행위에 대한 양자의 대응에서 어떠한 차이가 감지돼서도 안 된다.

잠깐 워싱턴과 서울 사이에 햇빛이 없어야 한다고? 문장 안에 **daylight** 라는 쉬

■ 천안함 사태 관련 한·미 외교장관 공동 기자회견

운 단어의 숨겨진 뜻을 몰라 사전에서 정확한 뜻을 look up찾아보다했던 적이 있다. 사전을 이곳저곳 뒤진 뒤에야 비로소 이 단어에 gap균열 또는 difference차이라는 뜻이 숨어 있다는 사실을 알게 됐다. 온라인 사전 웍셔너리는 짧지만 좀 더 구체적으로 이 단어의 뜻을 emotional or psychological distance between people, or disagreement사람 사이의 정서적 혹은 정신적 거리, 또는 이견라고 풀이했다. 혹자는 어원적으로는 군대에서 군인들이 햇빛이 통과할 수 없을 정도로 어깨를 꽉 붙인 상태로 확실한 대오를 갖추는 걸 의미한다고 설명한다.

양념으로 daylight가 사용된 알쏭달쏭한 표현 한 가지를 소개한다. 1987년 티머시 달턴Timothy Dalton이 주연한 007시리즈 15탄 *The Living Daylights*라는 영화가 있었다. 이게 뜻을 파악하기가 조금 어렵다.

아주 간단히 정리하면 007제임스 본드는 소련지금의 러시아을 탈출하는 KGB 요원의 안전한 망명을 위해 이 요원을 사살하려는 소련 측 sniper저격수를 해치우는 이른바 counter-sniper의 임무를 부여받았다. 그런데 소련 측 저격수가 공교롭게도 너무나 예쁜 female여자이었고, 우리의 바람둥이 본드는 그녀를 사살하지 않은 채 겁만 주고 말았던 것이다. 이때 '그녀에게 겁을 주다'라는 표현이 scare the living daylights out of her이고, 여기서 living daylights만 떼내 영화의 title제목로 사용하게 됐다.

그럼 daylight의 대칭적 개념인 moonlight에는 달빛말고 다른 뜻이 있을까, 없을까? 정답은 "있다."이다. 동사로 사용될 때 요즘 말로 '투잡'을 뛴다는 의미가 된다. 낮에는 자신의 본업을 하고, 저녁 때 extra job과외 돈벌이을 하는 것을 뜻한다.

Ex

✔ John Boehner said "There is no daylight between the Tea Party and me." 존 베이너는 "나와 티파티 운동하는 사람들과는 아무런 의견차도 없다."라고 말했다.

✔ Michele Bachmann argued "there is very little daylight between Governor Pawlenty's past positions and Barack Obama's positions on several critical issues facing Americans." 미셸 바크만은 "미국이 당면하고 있는 몇가지 중요한 이슈를 놓고 버락 오바마 대통령의 입장이나 폴렌티 지사 사이에는 거의 차이점이 없다."라고 주장했다.

Hillary: 힐러리 클린턴 국무장관은 퍼스트레이디 시절이던 1995년 자신의 어머니가 Everest 산에 최초로 오른 뉴질랜드 산악인 Sir Edmund Hillary에드먼드 힐러리 경의 이름에 영감을 받아 자신의 이름을 지었다고 주장한 바 있다. 하지만 Hillary 경이 에베레스트 등정에 성공해 세계적인 명성을 얻기 시작한 때는 1953년이다. 그 이전에 힐러리 경은 평범한 beekeeper양봉업자였기 때문에 1947년에 힐러리 장관을 낳은 그의 어머니가 이 위대한 산악인의 존재 자체를 알았을 리 만무하다는 지적이 많다. 고로 이 주장은 거짓말일 가능성이 크다는 얘기가 된다.

Think Tank: 정치, 외교, 안보, 국방, 경제 등 여러 분야의 전문가들을 모아서 국가 정책과 현안에 대한 조사 및 분석작업을 벌이고, 이를 통해 얻어진 성과를 알리는 연구집단이다. 워싱턴D.C.에만 수십 개의 싱크탱크가 있으며, 이 가운데 진보진영 쪽에는 Brookings Institute브루킹스연구소와 Center for American Progress미국 진보센터 등이 유명하다. 보수진영 쪽에는 Heritage Foundation헤리티지 재단과 American Enterprise Institute미국 기업연구소 등이 잘 알려져 있다. 정권이 바뀌게 되면 싱크탱크의 연구원들이 대거 정부에 들어가거나, 물러나는 정부에서 관료를 지냈던 사람들이 싱크탱크로 되돌아오는 현상이 두드러진다.

last hurrah 마지막 만세는 은퇴

2010년 캐나다 밴쿠버 동계올림픽은 미국에 살고 있던 한국인들의 자긍심을 한껏 높여준 '사건'이었다. 김연아 선수가 일본의 아사다 마오 등 쟁쟁한 경쟁자들을 물리치고 여자 개인 피겨 부문에서 세계정상에 우뚝 섰고, 모태범 선수 등 젊은 선수들이 예상을 깨고 스피드 스케이팅에서도 금메달을 따냈기 때문이다.

다만 미국에 살고 있던 한국인들에게 아쉬웠던 점은 한국방송의 **live coverage**실황 중계방송를 볼 수 없고, 올림픽 주관 방송사인 미국 **NBC**방송이 자국 선수들을 중심으로 내보내 주는 경기 장면만 봐야 하는 선택을 강요받은 것이었다. 특히 **NBC**방송은 일본계 미국인 아폴로 안톤 오노Apolo Anton Ohno 선수가 뛰는 모습을 놓치지 않고 생중계했다.

그는 미국의 기대대로 밴쿠버 올림픽에서 역대 미국 선수 가운데 **most decorated Olympian**최다 메달리스트으로 등극했다. 오노는 2002년 미국 **Salt Lake City**솔트레이크시티 올림픽에 처녀 출전한 이래 밴쿠버 대회까지 금메달 2개, 은메달 2개, 동메달 4개 등 총 8개의 메달을 따내는 금자탑을 쌓은 것이다.

그런데 미국인들에게는 이처럼 보배 같은 존재였던 오노가 많은 한국 사람들과 마찬가지로 내 눈에도 주는 것 없이 밉게 보였다.

특히 오노가 자신이 출전한 경기 때마다 출발에 앞서 입을 쩍쩍 벌린 채 연방 **yawning**하품을 해대는 모습은 정말 밉상이었다. 나중에 그는 **TV** 인터뷰에서 '긴장을 풀기 위해 일부러 하품을 한 것'이라고 해명했지만, 시청자 입장에서 **indecently**품위 없이하게 하품을 해대는 모습을 보는 것은 아무리 선수의 습관이라고 해도 결단코 유쾌한 일은 아니었다.

밴쿠버 올림픽이 폐막할 무렵, 미국 언론의 관심은 온통 오노가 2014년 러시아 Sochi소치 동계올림픽에 또다시 출전할 것이냐에 모아졌다. "오노 선수, 이번 밴쿠버 대회가 last hurrah가 되는 건가요?" 방송 진행자들은 오노 선수에게 이런 질문을 던지기에 바빴다. hurrah라는 단어의 뜻은 승리의 환호나 포효를 뜻하는데, 이걸 마지막으로 외치게 되면 은퇴를 하게 된다는 뜻으로 나는 해석했다.

■ Apolo Anton Ohno, 2010 Vancouver Winter Olympics

마지막 출연, 고별사, 최후의 작품 등을 뜻하는 표현으로는 Swan Song이라는 말도 있다. 고대 그리스에서 mute swan벙어리 백조이 살아있는 동안에는 아무 소리도 내지 않다가 죽기 전에 아름다운 노래를 불렀다고 해서 지금까지 전해져 내려오는 표현이라고 한다.

예를 들어 다음 선거에 출마를 하지 않겠다고 선언한 상원의원이 임기 종료를 앞두고 의정단상에서 동료 의원들을 상대로 행하는 고별연설을 swan song이라고 부른다.

미국에서 a cappella아카펠라 단체진 서바이벌 프로그램인 *Sing-off*라는 프로그램이 NBC방송을 통해 선을 보인 적이 있다. 10개 팀이 출전해 매주 한 팀씩 탈락하는 방식으로 최종 승자를 결정하는 프로그램이다. 경연이 끝나고 심사위원들의 결정에 따라 탈락하는 팀이 무대를 떠나게 되면 사회자는 "탈락한 팀의 swan song을 듣겠습니다."라며 마지막 노래를 청해 듣는다. 노래로 작별을 고하는 이 프로그램처럼 **swan song**이라는 단어의 쓰임새가 딱 들어맞는 경우도 없어 보인다.

영국 왕위계승 서열 제2위인 윌리엄 왕자Prince William와 그의 오랜 친구이자 연인 케이트 미들턴Kate Middleton은 2011년 4월 27일 **wedding of the century**세기의 결혼 전야를 각기 가족들과 보냈다. 미국 **ABC**방송은 이런 소식을 전하면서 다음 제목을 단 기사를 인터넷 홈페이지에 실었다. **Royal Wedding Eve: Will and Kate's Swan Song**. 로열 웨딩 전야: 윌리엄과 케이트, 가족들에게 고별.

Ex

✔ It's called the "Last Hurrah," and it really is. This week in Winnipeg, the Korean Veterans Association of Canada will hold its final national veterans' reunion. 그 모임의 이름은 '라스트 후라'였고, 진짜로 그랬다. 이번 주 위니페그에서는 캐나다의 '한국전쟁 참전용사회'가 전국 단위의 마지막 재회행사를 열었다.

✔ The NFL star Tony Romo had a last hurrah as an unmarried man at his bachelor party in West Virginia. 미국 프로풋볼 스타 토니 로모는 웨스트 버지니아에서 열린 총각 파티를 통해 미혼으로서 마지막을 고했다.

---

live coverage: 방송에서 말하는 실황중계다. 다 아는 사실이지만, live는 '리브'가 아니라 '라이브'로 발음해야 한다. 사전에 녹화한 것이면 **earlier recorded** 또는 **pre-recorded**라는 표현을 쓴다.

Salt Lake City: 미국 Utah주의 **capital**주도이자 가장 인구가 많은 도시다. 브리검 영Brigham Young이 이끄는 **Mormons**몰몬교도가 1847년에 세운 도시로, 지금은 Mormon교의 다른 이름인 The Church of Jesus Christ Of Latter-day Saints예수 그리스도 후기 성도 교회의 **headquarters**본부가 이곳에 있다. 아침 일찍 일어나 시내를 조깅해봤더니 도시 어느 곳에서도 쓰레기 한 점을 찾을 수가 없었다. 내가 다녀본 도시 중 가장 깨끗한 도시였다.

yawning: 하품. 인간의 생리적인 현상을 뜻하는 영어 단어를 알기가 쉽지 않은데 어린 아이를 두고 있으면 얘들이 이와 관련된 말을 쓰면서 온종일 히히덕거리기 때문에 쉽게 파악할 수 있다. 방귀를 뀌는 건 **fart**, 트림을 하는 건 **burp**다.

SECTION 2.

이니셜에
담긴 세상

NABISCO

아름다운 발음, 확 깨는 회사 이름

한국 여자프로 골프의 신기원을 열었던 박세리 선수가 LPGA미국 여자 프로골프 Hall of Fame명예의 전당에 inducted헌액 되고도 Kraft NABISCO크래프트 나비스코 대회 우승이 없는 점을 옥에 티로 여기고 있다는 보도를 접한 적이 있다. LPGA Championship, US Open, British Open과 함께 NABISCO Championship을 거머쥐어야 비로소 메이저 대회 grand slam그랜드슬램 달성을 통해 명실상부한 명예의 전당 inductee헌액자가 될 수 있다는 주변의 평가를 의식해서다.

나비스코는 어감이 무척 아름답다. 왠지 프랑스어 같기도 한 것이 우아한 느낌을 준다. 그런데 이 말은 NAtional BIScuit COmpany에서 따온 말이라고 한다. 이 회사는 미국 어린이들이 가장 좋아하는 과자인 Oreo를 만드는 회사로 널리 알려져 있다. 이처럼 영어에는 여러 개의 단어에서 대표 consonants자음와 vowels모음

■ LPGA 말레이시아 골프 토너먼트에서의 박세리 선수

를 떼어내 하나의 새로운 단어로 만든 사례가 적지 않다.

보통 initials두문자만 모아서 알파벳 한자 한자씩을 읽는다면 abbreviation축약어이 된다. 예를 들어 미국에서 파티를 열 때 "술은 각자 가져와."라고 하는 경우에는 BYOB라는 abbreviation을 사용한다. 이 말은 Bring Your Own Booze.로 통상 알려져 있는데, 마지막 B를 놓고는 Beer, Bottle 등 여러 가지 버전이 있다. 최근 스스로 가구를 조립해서 만드는 게 하나의 유행으로 굳어졌는데, DIY는 '직접 가구를 조립한다'라는 뜻의 Do It Yourself.에서 나온 말이다.

abbreviation 중에서도 이니셜을 모아놨더니 하나의 단어처럼 읽히는 것은 acronym두음문자이라고 부른다. 예를 들어 우리가 그냥 하나의 단어이겠거니 생각하는 RADAR레이더도 이런 과정을 거쳐서 만들어진 acronym이다. 즉, RAdio Detecting And Ranging무선 탐지 및 거리 측정에서 비롯된 말이다. LASER레이저도 비슷한 탄생과정을 거쳤다. Light Amplification by Stimulated Emission of Radiation에서 대문자로 표기한 단어를 따와서 하나의 다른 단어가 됐다.

현대인들의 취미 여가활동으로 각광을 받는 SCUBA diving스쿠버 다이빙은 '수중 자기 제어 호흡장치'라는 뜻의 Self Contained Underwater Breathing Apparatus에서 나왔다고 한다. 또 미국 최대의 정유사 중 하나인 SUNOCO는 SUN Oil CO.에서 따온 게 브랜드로 굳어졌다.

이런저런 사정 때문에 가족보다 먼저 보름 정도 일찍 워싱턴에 부임했던 나는 혼자 생활하는 동안 취식이 가능한 호텔에 머물렀다. 거기서 허기가 질 때는 가장 간편한 SPAM을 지져 먹곤 했다. 이 SPAM도 SPiced hAM을 결합해서 만들었다고 한다. 근데 정말 가족도 없이 혼자 이국땅에서 '눈물 젖은 스팸'을 먹어보지 않은 사람은 외로움이 뭔지를 잘 모를 것이다.

여기까지는 공식적인 얘기였고, 인터넷을 서핑하다 보면 자동차 이름을 acronym 취급하며 독설을 곁들여 자동차 브랜드의 의미를 해학적으로 풀어낸 미국 네티즌들의 '작품'들을 만날 수 있다.

먼저 최근 몇 년 사이 잦은 급발진 사고 논란으로 미국 자동차 시장에서 경계대상 0순위였던 **TOYOTA** 자동차는 **The One You Ought To Avoid** 당신이 반드시 피해야 할 차라는 풍자에 시달려야 했다.

미국산 자동차도 네티즌들의 화살을 피해갈 수는 없다. **GM**은 **Great Mistake** 엄청난 실수 또는 **Garbage Motors** 쓰레기 차라는 모욕을 감수해야 했다. **FORD**는 **Fix Or Repair Daily** 만날 수리 아니면 정비라는 얘기를 들어야 했고, **Chrysler** 크라이슬러에서 생산되는 자동차인 **DODGE**는 **Damn Old Dirty Gas Eater** 휘발유만 먹는 망할 놈의 낡고 더러운 차로 표현되고 있다. 명품 자동차로 꼽히는 **PORSCHE**는 **Proof of Rich Spoiled Children Having Everything** 돈 많고 막돼먹은 2세들은 뭐든지 가질 수 있다는 증거이라는 그럴듯한 해석이 붙어 웃음을 주고 있다.

Ex

✔ Morgan Pressel won the 2007 Kraft Nabisco Championship at Mission Hills to become, at 18 years and 313 days, the youngest winner of a modern LPGA major. 모건 프레셀은 열여덟 번째 해의 313일째 되던 날, 미션 힐에서 열린 2007년도 크라프트 나비스코 챔피언십에서 우승하여 미국 여자 프로골프 메이저 대회 사상 최연소 우승자가 됐다.

Oreo: 오레오는 한때 미국의 보수진영 사람들 사이에서는 오바마 대통령을 빗대는 말로 회자되기도 했다. 오바마 대통령이 겉피부는 검정인데 속생각은 백인처럼 하얗다는 뜻에서다.

Hall of Fame: 야구, 골프 등에서 활약한 전설적인 프로선수들을 기리는 기념관. 명예의 전당이라고 한다. 할리우드에는 **Walk of Fame**이라는 유명한 거리가 있어서 스타들이 자신의 손바닥 모양을 보도블록에 새겨서 남겨놓는다.

grand slam: 골프나 테니스에서 한 해에 메이저 대회 4개를 석권하는 것을 의미한다. 테니스에서는 호주 오픈, 프랑스 오픈, 윔블던, 유에스 오픈을 한 해에 내리 우승하면 그랜드슬램을 달성하는 것이다. 야구에서는 **home run hit with all three bases loaded** 만루 홈런를 뜻한다. 미국인들이 좋아하는 경마에서는 **Triple Crown**이 그랜드슬램에 해당한다.

DUI 음주운전, 그 치명적 유혹

미국에 살면서 각별히 조심해야 할 일 중 하나는 바로 **drunk driving**음주운전이다. 물론 한국에서도 음주운전은 절대로 해서는 안 되는 일이지만, 미국에서 음주음전은 그야말로 단속에 걸렸다 하면 치명적이다. 운전면허가 **revoked**취소 또는 **suspended**정지되기만 해도 매일 자동차로 출퇴근해야 하는 직장인들은 일상생활이 거의 불가능한 지경에 빠진다.

미국에서 음주운전이라는 '치명적 유혹'에 빠지기 쉬운 이유는 음주운전 단속 방법이 한국과 비교해 상대적으로 느슨하기 때문이다. 한국처럼 퇴로를 차단한 채 도로를 막아놓고 일일이 운전자의 음주 여부를 확인하는 투망식 단속이 미국에는 거의 없다. 경찰이 음주운전으로 **suspected**의심되다 되는 차량을 일정 시간 동안 따라가다가 **run a red light**빨간 신호를 무시하고 달리는 하거나 **speeding**과속, **drive over the median**중앙선을 침범하는 등을 저질렀을 경우에 한해 정차를 시킨 뒤에야 비로소 음주 위반 여부를 확인할 수 있게 돼 있다.

'추추 트레인' 추신수 선수가 경찰의 단속에 걸린 과정을 자세히 살펴보면 추 선수가 차선을 이탈해서 달린 뒤 경찰이 정차를 요구했음을 알 수 있다. 앞서 경찰은 추 선수가 길을 물어왔을 때는 일단 운전하도록 내버려뒀다가 추 선수 차량을 정차시킬 수 있는 명분 확보에 나섰던 것으로 보인다.

DUI는 Driving Under the Influence, **DWI**는 Driving While Intoxicated의 줄임말이다. 즉, **drinking alcohol**음주을 포함해 **drug or narcotics**마약 등에 취한 상태로 운전대를 잡는 것을 말한다. 술과 약물에 취해 정신이 온전하지 못한 상태에서 운전을 하는 일은 자살행위에 그치지 않고, 살인행위에 준하는 **felony**중죄에 해당한다는 게 미국 사법당국의 판단이다. 그래서 음주·약물 운전에 대한 법의 잣대는 매우 **strict**엄격하다.

음주운전의 판단 여부는 운전자의 **blood-alcohol concentration**혈중 알콜 농도이 **legal limit**법정 한계치를 넘었는지에 의해 결정된다. 미국 경찰은 음주운전 **repeat offenders**재범자에 대해선 처벌을 강화하고 있는 추세라고 한다.

요즘은 음주·약물만큼 무서운 게 하나 더 늘었다. 운전 중 휴대전화로 메시지를 날리는 **texting**텍스팅이 바로 그것이다. 단문 메시지는 160자 이내의 짧은 메시지여서 운전자들이 운전 중임에도 불구하고 이를 읽거나, 답장을 보내고 싶은 유혹에 쉽게 빠지게 된다는 것이다.

이처럼 운전 중에 다른 일에 한눈파는 걸 줄임말로 **DWD**Driving While Distracted라고 한다. **NHTSA**미국 도로교통안전국 통계에 따르면 2008년 미국에서 발생한 교통사고 가운데 16퍼센트가 **DWD**에서 비롯됐다고 한다.

Ex

- ✔ A North Dakota woman is facing DUI charges after an accident in her own driveway. 노스다코타 주에 살고 있는 한 여성이 자신의 집 진입로에서 자동차 사고를 일으켜 음주운전 혐의로 기소받을 처지에 놓였다.

- ✔ Driving Under the Influence is a serious crime best addressed by a qualified DUI or DWI defense attorney. DUI는 자격증을 갖춘 DUI 또는 DWI 변호사만이 가장 잘 해결할 수 있는 심각한 범죄다.

narcotics: psychotropic drugs향정신성 의약품를 포함해 사람의 정신활동, 지각능력, 행동 등에 영향을 줄 수 있는 illicit drugs불법 의약품를 의미한다. Morphine모르핀, heroin헤로인, marijuana마리화나, cocaine코카인, amphetamine앰페타민 등을 들 수 있다. 미국 국무부는 매년 International narcotics control strategy국제 마약 통제 전략와 관련한 보고서를 내고 있다.

NHTSA: National Highway Traffic Safety Administration의 줄임말로, 미국 도로교통안전국을 뜻하는 말이다. 자동차에서 결함이 발견됐을 때 실시하는 recall리콜 업무를 담당하는 곳도 여기다.

 성적 소수자들이 뭉쳤다

미국에서 **sexual minorities**성적 소수자들은 자신들의 권익을 확보하기 위해 치열하게 투쟁한다. 백악관 앞 시위에서부터 주 및 연방 대법원을 상대로 한 법정투쟁에 이르기까지 다양한 방법을 통해 자신들의 성적권리를 쟁취하기 위해 뛰고 있는 것이다. 한국계인 대니얼 최Daniel Choi 중령 같은 사람은 자신이 동성애자임을 공개했다가 육군 뉴욕 주 **national guard**방위군에서 강제 전역을 당하자 오바마 대통령에게 서한을 보내 제도개선을 요구한 것은 물론 백악관 앞에서 시위를 벌여 언론의 주목을 받기도 했다.

그가 **coming-out**커밍아웃에 따른 불이익을 감수하면서까지 주장했던 것은 지난 1993년 도입된 **Don't ask, don't tell**묻지도 말하지도 말라법의 철폐였다. 군 내에서는 개인의 **sexual orientation**성적 지향성에 대해 묻지도 말하지도 말라는 '침묵 강요법'을 없애야 한다는 것이었다. 결국 우여곡절 끝에 미 의회는 2010년 12월 18일 이 법의 **repeal**폐지을 의결했다. 미국의 모든 성적 소수자들은 이런 조치에 쌍수를 들어 환영했다.

미국의 성적 소수자들은 주로 **LBGT**로 표현된다. **Lesbian**여성 동성애자, **Bisexual**양성애자, **Gay**남성 동성애자, **Transgender**성전환자의 이니셜을 모아서 만든 **abbreviation**약자이다.

Lesbian

Bisexual

Gay

Transgender

미국에서 동성애자들에 대한 인식이 개선되면서 정치권 등 사회 전반에도 과거의 부정 일변도 시각에 미세하게나마 조정이 이뤄지고 있다. 동성애는 삶의 방식처럼 선택하는 것이 아니라, **DNA**처럼 태어날 때부터 인간의 몸속에 지니고 있는 것이라는 주장이 힘을 얻고 있다. 생래적, 태생적인 것은 **prejudice**편견를 갖고 바라볼 일이 아니기 때문에 매우 더디기는 하지만 과거보다는 훨씬 자연스럽게 동성애를 인정하는 사회 분위기가 조성되기 시작했다.

이런 분위기 속에서 자신들이 맞닥뜨리게 될 온갖 편견과 역경에도 불구하고, 과감히 커밍아웃을 선택하는 연예인도 하나둘씩 늘고 있다. 자신의 이름을 내건 쇼를 진행하고 있는 여성 코미디언 엘렌 디제너러스Ellen DeGeneres가 대표적인 인물이다. 그는 2007년 2월에 열린 제79회 아카데미상 시상식을 단독 진행할 정도로 대중적 인기가 높다. 뉴스전문 채널인 **MSNBC**방송에서 저녁 시간대 1시간짜리 뉴스를 진행하는 레이첼 매도Rachel Maddow도 자신의 성적 지향성을 공개적으로 밝힌 경우다. 미국 스탠포드 대학교 학사, 영국 옥스퍼드 대학교 박사 출신인 그는 미국에서 **prime time**황금 시간대에 뉴스를 진행하는 유일한 동성애자 앵커다.

정계에서는 바니 프랭크Barney Frank 전 하원 금융위원장이 스스로 **gay**임을 시인했다.

CNN방송의 유명 앵커이자 재난 전문기자인 앤더슨 쿠퍼Anderson Cooper 는 일부 언론들에 의해 '동성애자'로 지목됐지만, 정작 본인은 아직까지 한 번도 동성애자인지 아닌지 공개적으로 밝힌 적이 없다. 미국 사교계의 여류명사이자 밴더빌트 가문의 직계인 어머니 글로리아 밴더빌트Gloria Vanderbilt를 인생의 반면교사로 삼아 자신의 사생활에 대해서는 외부에 공개하지 않는 것을 원칙으로 지켜오고 있기 때문이라고 한다.

동성애자가 아닌 **heterosexual**이성애자을 가리키는 말로는 **straight**스트레이트가 사용된다. 요즘은 동성애자들을 완곡한 표현으로 **same-sex**라고 부르는 경향도 두드러진다. 예를 들어 동성애자들이 결혼하는 경우에는 **same-sex marriage**라고 흔히 표현한다. 동성애자 인구가 상당히 많은 뉴욕 주는 2011년 6월, 미국 50개 주 가운데 여섯 번째로 동성결혼을 합법화하는 법안을 가결한 바 있다.

> **Ex**

✔ **Despite enormous strides made in the past decade for LGBT rights, male bisexuality remains a unique taboo.** LGBT 권리가 지난 10년간 괄목하게 신장됐음에도 불구하고, 남성 양성애자는 여전히 독특한 타부로 남아 있다.

✔ **We are now a couple of days away from the 20th Anniversary of the Honolulu LGBT Pride Parade and Celebration!** 제20회 호놀룰루 LGBT 프라이드 행진과 축하 기념일이 이제 이틀 앞으로 다가왔다

---

national guard: 미국의 50개 주마다 active현역와 inactive비현역 병력으로 구성된 일종의 reserve military force예비 군사전력이다. 일반 군대와는 달리 대원들이 part time으로 복무하면서 민간인 직업을 가질 수 있기 때문에 militia시민군의 성격을 띠고 있다. 법적으로는 미국 본토가 공격을 받았을 때 최전선에 투입되는 병력 가운데 하나이지만, 미국 본토에 대한 공격 가능성이 낮기 때문에 주로 hurricanes허리케인나 earthquakes지진 등 국가 재난사태 때 동원되는 일이 많다.

gay: 동성애자. 참고로 남성 동성애자를 경멸하는 slang속어으로는 fag 또는 faggot이라는 말이 자주 쓰인다. 스탠딩 코미디언들은 청중 앞에서 이 표현을 거침없이 쏟아낸다.

coming out: 자신의 sexual orientation성적 지향성 또는 gender identity성적 정체성를 스스로 밝히고 나서는 행위를 말한다. 숨어 있던 벽장에서 나온다는 의미인 coming out of the closet이라는 표현에서 유래했다고 한다. 자신은 원치 않았는데 타의에 의해 자신의 성적 지향성이 공개된 경우에는 outing이라는 말을 쓴다.

prime time: 미국의 방송가에서 말하는 황금 시간대라고 하면 동부 시각EST(Eastern Standard Time) 기준으로 19~22시 또는 20~23시를 말한다. 통상 미국 대통령은 전 국민을 상대로 생중계 연설을 할 때는 이 prime time을 이용한다. 새해 국정연설은 EST로 저녁 9시에 하는 게 관례이다.

RIP 편히 잠드소서

한국에서는 나라 전체 또는 마을 전체가 참여해서 **festive mood**축제 분위기를 즐길 수 있는 기회가 거의 없는 것 같다. **national holidays**국경일는 관(官)이 주도하고, 명절은 가족과 친척 등 혈연 단위의 재회가 전국에 걸쳐서 집중적으로 이뤄지는 수준을 벗어나지 못하는 느낌이다. 굳이 그런 케이스를 꼽으라고 한다면 4년마다 열리는 축구 월드컵 때 전국이 거대한 응원의 용광로로 변해 좌우의 **ideological difference**이념 차이를 뛰어넘어 모처럼 일체감을 느끼는 것 정도일 것이다. 하지만 월드컵 자체가 우리나라만의 자생적인 행사가 아니라는 점과 한국 대표팀의 승리가 멈추는 순간 축제의 한마당은 포말처럼 부서져 사라진다는 점에서 지속성과 연속성이 보장되는 축제라고 볼 수는 없다.

일본에서는 마쓰리라는 축제가 자주 열려서 지역사회를 하나로 묶어주는 촉매제이자 연결고리 역할을 한다. 개인적인 생각으로 미국에서는 **Halloween**할로윈이 여기에 해당하는 것 같다.

해거름이 오면 어린이들은 물론 어른들도 온갖 기괴한 **Halloween costumes**할로윈 복장을 하고 동네를 집집마다 돌아다닌다. 이들은 여러 집을 돌며 현관 앞에서 **Trick or treat!**을 외쳐서 사탕이나 과자를 받아낸 뒤 호박 모양의 바구니인 **Jack-O'lantern**에 수북이 담아 돌아간다. 동네뿐만 아니라 시내 곳곳에서도 재미있는 복장을 한 사람들을 쉽게 발견할 수 있다.

할로윈에는 집집마다 앞마당에 해골 또는 묘비를 설치하는 등 최대한 으씨년스러운 분위기를 연출하기 위해 지나치다 싶을 정도의 공을 들이는 집들이 많다. 특히 이들이 세워놓은 묘비에는 거의 예외 없이 **RIP**라는 말이 적혀 있다. "편안히 쉬세요."라는 의미의 **Rest in peace**를 줄인 말이다.

   2008년 7월, 말기 암과 사투를 벌이면서도 긍정적인 삶의 태도를 보여줘 전 세계인들에게 진한 감동을 선사했던 미국 **Carnegie Mellon University** 컴퓨터공학과의 랜디 포쉬Randy Pausch 교수가 47세를 일기로 짧은 생을 마감해 화제가 된 적이 있다. 그가 암 투병 중에 행한 강연 내용은 유튜브에 동영상으로 올려져, 전 세계의 시한부 환자들은 물론 일반인들에게도 깊은 감동을 주었다. 그의 책 *The Last Lecture*마지막 강연 는 순식간에 베스트셀러가 되기도 했다.

   그가 암과의 사투를 마감하고 세상을 뜨던 날 나는 마침 근무 중이었다. 그의 타계 소식을 기사로 작성하면서 미국인들의 반응을 알아보기 위해 워싱턴포스트 기사에 달린 댓글을 쭉 훑어봤다. "당신을 위해 늘 기도할게요.", "정치인들이 당신의 10분의 1만이라도 됐으면⋯⋯.", "당신을 만난 적은 없지만, 당신이 전해준 영감에 감사합니다."라는 **tribute**애도 의 글이 넘쳐나고 있었다.

   그래도 그중에 가장 많았던 댓글은 단연 **RIP**였다.

■ Apple의 창업자 고(故) 스티브 잡스

> **Ex**
> ✔ RIP Steve Jobs. Thank you for everything you invented.
>
> 편히 쉬어요. 스티브 잡스. 당신이 발명한 모든 것들에 감사해요.

U.S. federal holidays: 미국에서는 연방정부 공무원들이 쉴 수 있는 날, 즉 공휴일을 법으로 정해놓고 있다. 미국은 보통 어느 달 몇 번째 월요일 식으로 공휴일을 지정하기 때문에 날짜는 해마다 유동적이다. Birthday of Martin Luther King Jr.마틴 루서 킹 목사 탄생일. 1월 셋째 주 월요일, President Day or George Washington's Birthday프레지던트 데이 또는 조지 워싱턴 탄생일. 2월 셋째 주 월요일, Memorial Day한국식 현충일. 5월 마지막 주 월요일, Independence Day미국 독립기념일. 7월 4일, Labor Day노동절. 9월 첫째 주 월요일, Columbus Day콜럼버스 데이. 10월 둘째 주 월요일, Veterans Day재향군인의 날. 11월 11일, Thanksgiving Day추수감사절. 11월 넷째 주 목요일.

Halloween costumes: 할로윈 복장. 해마다 돌아오는 할로윈에 아이들에게 어떤 옷을 입혀야 할지도 고민거리다. 우리는 딸아이에게는 mermaid인어공주 복장, 아들에게는 batman배트맨 복장을 사주었다. 2010년 워싱턴에 근무할 때 썼던 기사 중에 '김정일 인민복, 할로윈 의상으로 인기'라는 기사가 있었다. '기괴한' 콘셉트로 딱 맞아떨어졌는지 의상 한 벌에 49.99달러였는데도 잘 팔려나갔다고 한다.

Trick or treat!: 아이들이 호박 모양으로 된 Jack-O'lantern 바구니를 들고 다니면서 집주인이 현관에 나오면 외치는 말이다. 즉, "사탕을 주시지 않으면 우리들이 장난을 칠 거예요."라는 얘기란다. 한마디로 사탕을 얻어내기 위한 애교스러운 협박이다.

RSVP

올래, 말래? 미리 연락줘

워싱턴 특파원들에게는 일상화 되다시피한 일이 하나 있다. 워싱턴 내에서 일어나는 각종 학술행사와 다양한 이벤트에 참석하고 싶다는 회신을 미리미리 보내는 일이다. 이름 하여 **RSVP**다. 이 단어에는 **vowel**모음이 없으니까 이 표현을 처음 접하는 사람이라고 해도 한글자씩 떼어서 '알 에스 비 피'라고 읽을 것이다.

이 단어는 프랑스어의 **Répondez S'il Vous Plait**의 두음자를 따와 만들어졌다. 참석 여부에 대해 회신을 달라는 취지에서 행사 주최 측이 예상되는 참석자들을 대상으로 미리 참석 가능 여부를 확인하고, 이를 받아본 사람들은 참석 여부를 통지해 주는 절차다.

주최 측은 만일 행사가 아침에 잡혀 있다면 참석자 규모를 따져서 커피나 쿠키 등 적당한 요깃거리를 준비해놔야 한다. 또, 힐러리 클린턴 국무장관처럼 유명 인사가 초청 연사로 나오는 경우에는 **standing room only**입석조차 쇄도하기 때문에 제한된 행사장 좌석 수 등을 감안해 미리미리 참석자 규모를 파악해놔야 하는 것이다.

컴퓨터가 지금처럼 보편화되지 않은 시절에는 **RSVP**를 하기 위해서는 서신이나 전화가 오갔을 테지만, 지금은 이메일로 즉석에서 참석 여부를 통보해 주면 된다. 좌석이 없을 정도의 행사가 아닌 이상 미리 참석 통보를 하지 않았더라도 행사 현장에 가서 이름을 대고 들어갈 수 있는 여지는 있다. 하지만 가급적 미리미리 **RSVP**를 해두는 게 예의상 좋다.

RSVP에서 숨겨져 있는 동사는 **R**이 유일하지만, **RSVP** 전체를 하나의 동사로 취급해 자주 사용하니 알아두면 좋겠다. 행사장에 갔을 때 출입문 앞에서 주최 측 관계자가 Did you RSVP?라고 물으면 당황하지 말고 Yes.라고 답하면 되겠다.

그런데 이런 RSVP 절차를 깡그리 무시하고 다른 곳도 아닌 백악관에서 열린 state dinner국빈 만찬 행사에 버젓이 참석한 부부 한 쌍이 워싱턴 조야를 발칵 뒤집어놨던 사건이 있었다.

워싱턴 사교계에서 명성이 자자했던 미켈Michaele과 타렉 살라히Tareq Salahi 부부는 2009년 11월 오바마 대통령이 미국을 방문한 만모한 싱Manmohan Singh 인도 총리를 위해 취임 후 처음으로 베푼 state dinner에 초청장도 없이 백악관의 security check보안검색 절차를 유유히 통과해 '잠입'했다. 물론 RSVP를 거치지도 않았다. 백악관은 이들 부부를 party crashers파티를 망가뜨리는 불청객라며 Secret Service비밀검찰국를 통해 수사를 벌이는 등 법석을 떨었으나, 이미 물은 엎질러진 뒤였다. 백악관이 만찬에 온 귀빈들과 RSVP 명단을 꼼꼼하게 챙겼다면 발생할 수가 없었던 어처구니없는 사건이었다.

Ex

✔ My younger sister is getting married, and she sent me an RSVP card to her wedding. 내 여동생은 곧 결혼하는데, 결혼식 참석 여부를 묻는 RSVP를 나한테 보내왔다.

Standing Room Only: 입장객이 너무 많아서 좌석은 없고, 계단 통로나 좌석 뒤편에서 서서 봐야하는 공간을 말한다. 인기 스포츠 경기에는 SRO 티켓이라고 해서 할인된 가격에 표를 파는 경우가 있다.

Secret Service(SS): 미국의 비밀검찰국이다. 소속은 뜻밖에도 Treasury Department재무부다. 대통령의 경호를 책임지는 일을 맡고 있다. 비밀검찰국은 통신과정에서 보안이 새나가는 것을 막기 위해 대통령을 code names암호명로 부른다. 한때 오바마 대통령의 암호명은 역설적이게도 '반역자'라는 뜻을 지닌 Renegade레너게이드였다. 오바마의 가족들은 모두 R자 돌림의 암호명이 있었다. 미셸 오바마는 Renaissance르네상스, 맏딸 말리아는 Radiance빛, 둘째 딸 사샤는 Rosebud장미꽃봉오리였다. 비밀검찰국은 100달러 짜리 위폐를 의미하는 supernote슈퍼노트를 추적, 단속하는 업무도 맡고 있다. 북한이 가장 경계해야 하는 조직인지도 모른다.

HOV '출혈'을 각오해야 하는 나홀로 운전 길

"아 참, 깜빡하고 오다가 경찰한테 붙잡혔네요."
"아니 무슨 소리야, 아침부터 왜 경찰한테 붙잡혀?"
"글쎄, 차에 혼자 타고 오다가 그만……."

워싱턴에 연수를 왔던 회사 후배가 우리 집에서 저녁을 먹고 돌아갔는데 중요한 서류가 들어 있는 가방을 놓고 간 것을 뒤늦게 알았다. 이튿날 일찌감치 우리 집으로 가방을 찾으러 오다가 경찰에 붙잡힌 무용담을 이렇게 늘어놓는다.

버지니아 주에서 워싱턴으로 출퇴근하기 위해서는 **I-66**이나 **GW**George Washington **Parkway**를 타야만 한다. 그런데 출근시간대에 차량이 많이 몰리다 보니 교통당국은 고속도로인 **I-66**에 대해서는 **single-occupant vehicles**나홀로 차량가 특정 시간대에 운행할 수 없도록 통제를 가하고 있다.

버지니아에서 워싱턴으로 가려면 서쪽에서 동쪽으로 진행해야 하므로 출근길 교통 혼잡을 억제하기 위해 **eastbound**동쪽행 차량에 대해서는 이른바 **HOV**High-Occupancy Vehicle **lane**이라고 해서 나 홀로 차량의 진입을 막는 차로가 있다.

우리 집보다 더 서쪽인 **Vienna**라는 곳에 살고 있던 후배는 미국에 갓 도착한 탓에 이런 지식도 없이 동쪽으로 신나게 운전을 하다가 그만 **cops**경찰에게 걸리고 만 것이다.

More than two passengers두 명 이상의 승객가 타야 **HOV** 범칙금을 물지 않는데, 혼자 타고 오다가 걸려서 벌금으로 돈만 날리게 됐던 셈이다. 워낙 성격이 좋은 후배여서 훌훌 털어내는 것 같기는 해도, 그 문제로 **court**법원까지 가야 한다고 하니 안색이 별로 좋지는 않아 보였다.

주중에 워싱턴 시내와 집을 출퇴근하는 입장에서는 오전 5시 30분~9시 30분 사이, 오후 3시에서 7시 사이는 늘 HOV에 걸리지 않게 신경을 써야 한다. 무심코 나 홀로 차량 운행 제한 시간에 I-66에 진입했다가는 딱지를 각오해야 한다.

HOV가 적용되는 시간에 I-66을 타야 하는 절박한 일이 생길 때는 mannequin마 네킹을 운전석 뒷자리에 그럴듯하게 앉혀놓고 달리면 어떨까 하는 말도 안 되는 유혹을 느낄 때도 있었다.

하지만 미국에서는 "경찰을 시험하려 들지 말라."라는 말이 있다. 운이 좋으면 잡히지 않을 것이라는 환상은 일찌감치 깨는 게 좋다. 미국의 공권력에 도전하려는 순간 반드시 잡힌다는 교훈만 얻게 되기 때문이다.

HOV는 한자씩 떼어서 '에이치 오 비'라고 읽는데, 워싱턴의 일부 주재원들과 한인들은 굳이 '호브'라고 발음하는 사람들도 있다. 우리끼리는 통할지 모르지만, 미국인들과 그런 발음으로 소통하려 한다면 애로를 겪을 게 불을 보듯 뻔하다.

■ HOV lane에서는 승객이 둘 이상이어야 함.

Ex

✔ CNG-powered Honda Civic gains HOV access in California until 2015.

압축천연가스로 구동하는 혼다 시빅 승용차는 2015년까지 캘리포니아에서 HOV 차선을 이용할 수 있는 허가를 얻었다.

✔ The current fine for driving in the HOV lane illegally is $101. 현재 HOV 차선을 불법 주행하면 범칙금으로 101달러를 내야 한다.

> **I-66**: 66번 고속도로. 여기서 I는 **Interstate**를 뜻한다. 엄밀히 말해서 **Washington D.C.**는 **state**주에 해당하지 않지만, 버지니아 주와 워싱턴 D.C.를 거치는 도로여서 I가 붙었다.
> **Vienna**: 오스트리아의 빈Vienna과 철자는 같지만 발음은 비엔나로 한다. 우리 가족이 처음 일 년간 살았던 동네다. 빈이 들어간 표현 중에는 나폴레옹의 **If you start to take Vienna – take Vienna.** 라는 말이 유명하다. "빈을 함락할 참이라면 빈을 공격하라."는 이 말은 어떤 목표가 있다면 곁가지 일에 신경 쓰지 말고 그 목표를 달성하는 데 집중해야 한다는 뜻이다.

LOL 음 소거된 박장대소

40대 중반을 넘어서면서 이른바 '채팅'이라는 걸 더는 하지 않을 줄 알았다. 그런데 미국 생활을 마치고 귀국하니 '카카오톡'이라는 희한한 채팅 app이 있을 줄이야. 덕분에 일본에 살고 있는 친구와도 real-time실시간 채팅을 할 수 있게 됐다. 참으로 좋은 세상이다.

미국에서 특파원 생활을 하면서 미국인들과 채팅을 한 적은 없지만, 안부를 묻는 이메일을 주고받다 보면 미국인들이 가끔 LOL이라는 암호 같은 capital letters대문자 석 자를 적어 보낼 때가 있다. 모르면 찾아봐야지 어쩌겠는가. 온라인 사전으로 검색을 해보니 LOL은 '크게 웃다'라는 뜻의 Laughing Out Loud를 줄인 말이라고 한다. 우리들이 채팅이나 이메일에 가끔씩 사용하는 emoticons이모티콘 '^_^'에 해당하는 말이라고 보면 될 것 같다.

미국 CBS방송의 인터넷 홈페이지를 검색해 보면 오른쪽에 most popular articles가장 인기 있는 기사를 소개하는 코너가 있다. 이 코너의 상위 랭킹에는 늘 LOL이라는 타이틀을 앞에 달아놓은 gossip성 기사들이 들어가 있다. 역시 재미있는 기사가 대중에게 널리 읽힌다는 평범한 진리를 일깨워준다.

조금 과장된 표현이기는 하지만, LOL보다 한 단계 더 높은 '포복절도' 수준의 웃음은 ROFL로 쓴다. Rolling on Floor Laughing바닥을 뒹굴면서 배꼽을 잡는다이라는 표현이란다. BWL Bursting With Laughter은 '웃음보가 터지다'라는 정도로 이해하면 될 것 같다.

LOL처럼 채팅이나 이메일을 쓸 때 단어를 다 적어야 하는 수고를 덜어주는 이른바 Internet slang인터넷 은어은 이밖에도 많다. 예를 들어 미국 포커게임 사이트에서

게임을 하다가 화장실에 다녀오는 등 잠시 자리를 비울 일이 있으면 **AFK**라고 하면 된다. '키보드에서 잠시 떠나 있겠다'라는 뜻으로 **Away From Keyboard**를 줄인 말이다. '곧 돌아올게'라는 뜻의 **BBS**Be Back Soon도 사용할 수 있다.

TTYL은 **Talk To You Later**나중에 얘기하자, **TSF**는 **That's So Funny**참 재밌는데, **FYI**는 **For Your Information**참고하시게, **LTNS**는 **Long Time No See**오랜만이야, **KIT**는 **Keep In Touch**계속 연락하자가 되겠다. 너무도 유명한 **OMG**는 **Oh My God**오마이갓이다.

최대한 경제적으로 자신의 의사를 전달해야 하는 **text message**에도 줄임말은 넘쳐난다. **BTW**By The Way(그런데 말이야), **HSIK**How Should I Know(내가 어떻게 알겠어), **IMO**In My Opinion(내 생각엔), **IOW**In Other Words(다시 말해서), **NBD**No Big Deal(별거 아니야), **TIC**Tongue In Cheek(농담인데) 등이 미국인들의 단문 메시지에 자주 등장하는 표현들이라고 한다.

점잖지 못한 은어로 치부돼 왔던 **LOL**, **OMG**, **FYI**는 2011년 3월, 세계 최고의 권위를 자랑하는 **OED**옥스퍼드 영어사전에 정식으로 등재됐다. 그래서 새롭게 등장한 단어, 젊은 애들이 쓰는 단어라고 얕봤다가는 큰코 다치기 딱 좋다.

✔ The Internet slang term "LOL" has been added to the Oxford English Dictionary, to the mild dismay of language purists. 언어 순결주의자들에게는 조금 실망스럽겠지만 인터넷 은어인 LOL이 옥스포드 영어사전에 추가됐다.

BBS: Be Back Soon. 즉 곧 돌아온다는 뜻이다. 프로그램 사이사이에 중간광고가 허용되고 있는 미국 방송에서는 이와 유사한 We'll be right back.이라는 표현이 자주 쓰인다. 그 앞에 Stay tuned. 채널 고정이라는 말도 곁들일 때가 많다. Commercials선전가 나가는 동안 zapping채널 돌리기하지 말라는 얘기다.

Tongue In Cheek: 글자 그대로 혀를 내밀어 볼에 갖다대는 행동을 표현한 것이다. 옛날에는 경멸적인 의미가 담겨 있었다고 하지만, 지금은 장난스러운 농담을 한 정도로 해석하면 된다고 한다.

OED: 세계 최고의 권위를 자랑하는 옥스퍼드 영어사전. 영국 옥스퍼드대 출판부는 초판 당시에는 12권을 펴냈으나 증보판을 만들면서 총 20권으로 부피를 늘렸다. 그만큼 단어가 늘어났다는 얘기다. 모두 60만 개의 단어가 수록돼 있으며, 새로운 단어의 수록이 필요하게 됨에 따라 현재 **the third editions**제3차 증보판 제작 작업이 진행 중이라고 한다.

 토요일 밤의 코미디 권력

지난 2008년 11월, 미국의 대통령 선거와 동시에 치러진 상원의원 선거에서 미네소타Minnesota 주는 피 말리는 **neck and neck**초 경합 지역이었다. 민주당과 공화당 후보의 득표차가 겨우 200여 표여서 선거 직후 재검표와 선거소송이 계속됐다. 결국 선거 실시 8개월 만인 2009년 6월 말이 되서야 미국 연방 대법원의 판결로 승자와 패자를 가릴 수 있었다.

그 힘겨운 싸움에서 살아 돌아온 민주당 후보는 앨 프랑켄Al Franken이라는 정치인이었다. 그는 선거 전부터 코미디언 출신이라는 점 때문에 당락 여부에 큰 관심이 모아졌었다. 그가 상원의원 선거에 출마할 수 있도록 지명도를 키워준 프로그램은 다름 아닌 **NBC**방송의 주말 코미디 쇼 **SNL**, 즉 *Saturday Night Live*였다.

SNL은 3억 인구의 미국에 단 100명밖에 없는 상원의원을 배출할 정도로 미국에서는 절대적인 영향력을 행사하는 방송 프로그램이다. 지난 1975년 10월 첫 전파를 탄 이래 올해까지 무려 **36 seasons in a row**36시즌 연속로 방영되고 있는 장수 프로그램이기도 하다.

매주 토요일 celebrities 유명인사들 가 출연해 프로그램의 재미를 한껏 돋운다. 신세대 팝 아이콘 레이디 가가Lady Gaga, 청순미의 대명사였던 기네스 펠트로Gwyneth Paltrow, 영화 *Social Network* 소셜 네트워크 의 주인공 제시 아이젠버그Jesse Eisenberg 등 유명 연예인은 물론이고, 상원의원 시절의 버락 오바마 현 대통령, 존 매케인 상원의원, 세라 페일린 전 알래스카 주지사 등 내로라하는 정치인들도 엄청나게 망가질 수 있는 위험을 감수하면서까지 기를 쓰고 **SNL**에 얼굴을 내민다.

SNL의 정치풍자는 곧바로 이튿날 주요 방송 뉴스로 취급되기도 하며, 온라인

포탈뉴스에는 비중 있는 단골 뉴스로 장식된다. 티나 페이Tina Fey라는 comedienne여자 코미디언은 2008년 대선 당시 공화당의 vice presidential candidate부통령 후보였던 페일린을 판박이로 흉내 내 엄청난 인기를 끌어모았다.

■ NBC방송의 코미디 쇼 SNL의 로고 화면

SNL이 배출한 스타는 엄청나게 많다. 이 가운데 SNL 현역시절 You're so marvelous!당신 정말 멋져!라는 유행어를 크게 히트시킨 영화 *When Harry met Sally*해리가 샐리를 만났을 때의 남자 주인공 빌리 크리스탈Billy Crystal은 대표적인 인물이다.

이외에도 체비 체이스Chevy Chase, 존 벨루시John Belushi, 데니스 밀러Dennis Miller, 에디 머피Eddie Murphy, 마틴 숏Martin Short, 지미 팰런Jimmy Fallon에 이르기까지 쟁쟁한 코미디 스타들이 즐비하다. **SNL alumni**동문 가운데 에디 머피는 2012년 제84회 아카데미 영화상 시상식의 사회를 맡기로 했으나 갑자기 중도하차했고, 그 바람에 빌리 크리스탈이 대타로 투입됐다.

Ex

✔ **Alec Baldwin to Open SNL's 37th Season.** 알렉 볼드윈이 SNL의 37번째 시즌 첫 방송의 호스트가 된다.

✔ **Miley Cyrus makes first appearance as host of SNL.** 마일리 사이러스가 SNL 호스트로 처음 등장한다.

neck and neck: 우열을 가리기 힘들게 경합을 벌이고 있는 모습을 표현할 때 쓴다. Horse racing경마에서 경주마들이 누가 앞섰다고 할 수 없을 정도로 고개와 목을 나란히 하고 달리는 모습에서 유래했다고 한다. 선거 때는 후보들만 말처럼 달리는 게 아니다. 언론도 이른바 horse race journalism경마식 보도이라는 말을 타고 줄달음친다. 경마식 보도란 후보자들의 정책이나 정견과는 상관없이 여론조사 결과 추이나 득표상황 등에만 초점을 맞춰 후보들이 앞서거니 뒤쳐지거니 하는 경쟁의 흥미에만 초점을 맞춘 보도를 뜻한다. 그런데 경마식 보도에서 아무도 주목하지 않았던 검정색 말이 앞으로 치고 나왔으니, 이게 바로 **dark horse**다크호스다.

alumni: 졸업생, 동문을 뜻한다. News articles기사에서는 비단 학교뿐만 아니라 SNL처럼 장수 프로그램을 거쳐 간 스타들에 대해서도 비유적으로 alumni라는 표현을 자주 쓴다. 통상 **alumnus**는 남자 졸업생 단수, **alumni**는 남자 졸업생 복수, **alumna**는 여자 졸업생 단수, **alumnae**는 여자 졸업생 복수로 사용된다. SNL 스타들은 결국 SNL이 **alma mater**모교가 되는 셈이다.

WMD 세계 평화를 위해 없어져야 할 무기들

한국의 영화팬들에게도 잘 알려진 할리우드의 배우 가운데 로빈 윌리엄스Robin Williams는 다재다능한 **entertainer**연예인으로 꼽힌다. 그는 *Good Morning Vietnam*굿모닝 베트남을 비롯해 *Fisher King*피셔 킹, *Good Will Hunting*굿 윌 헌팅, *Mrs. Doubtfire*미시즈 다웃파이어, *August Rush*오거스트 러시 같은 작품에서 화려하지는 않지만 개성이 철철 넘치는 연기를 선보였다.

그러나 로빈 윌리엄스의 활동영역은 비단 은막에만 제한된 것은 아니다. 그는 팬들과 직접 호흡할 수 있는 공연무대에 올라 영화에서는 보여줄 수 없었던 걸쭉한 입담과 무한 '끼'를 발산한다. 그는 2009년 9월부터 1년여 동안 미국 26개 도시를 순회하는 **solo stand-up**단독 스탠딩 코미디을 *Weapons of Self Destruction*자기살상무기이라는 이름으로 무대에 올렸다. 이 제목에는 외견상 익살스러운 몸짓과 **self-disparaging**자기를 망가뜨리는하는 유머를 통해 청중에게는 커다란 웃음을 선사한다는 뜻이 담겨 있다. 그러나 그 이면에는 있지도 않은 **WMD**대량살상무기가 이라크에 숨겨져 있다는 확인되지 않은 정보를 토대로 이라크 침공을 밀어붙였던 조지 부시 행정부에 대한 풍자가 담겨 있다.

이처럼 **WMD**, 즉 Weapons of Mass Destruction은 부시 행정부 내내 진보진영으로부터 비판을 받은 화두였다. **WMD**란 인명과 재산에 대해 대규모의 살상과 파괴를 가할 수 있는 **nuclear weapons**핵무기를 비롯해 **chemical**화학, **biological**생물학, **radiological**방사성 무기를 포괄적으로 의미한다.

이라크 전쟁을 수행한 뒤 미국 입장에서 **WMD** 문제와 관련해 손을 봐야 할 대상으로 북한과 이란, 시리아 등이 떠올랐다. 특히 북한은 핵무기의 자체 개발은 물론 핵 관련 물질을 외부로 수출할 수 있는 요주의 국가로 미국의 집중적인 견제를 받고 있는 상태다. 미국은 **nuclear proliferation**핵 확산을 **contain**억지하는 정책을 외교·안보 분야의 중요한 정책으로 삼고 있기 때문에 북한의 노골적인 핵 활동을 그대로 방치할 수 없다는 입장을 갖고 있다.

특히 미국은 북한이 개발 중인 장거리 탄도미사일에 핵무기를 소형화해서 탑재하는 데 성공한다면, 알래스카를 비롯한 미국 본토를 타격할 수 있는 능력을 갖추게 될 가능성에 크게 경계심을 보이고 있다. 미국의 전문가 사이에서는 북한이 그렇게 되기까지는 **five years or a decade away**5년 내지 10년 정도가 걸릴 것이라는 얘기가 나오고 있지만, 어쨌든 미래의 위협에 대한 미국의 전략적 판단은 북한의 **WMD** 개발 및 수출 중단에 방점을 찍고 있는 것만은 분명해 보인다.

참고로 **WMD**의 한국어 설명은 모처럼 일본어 설명과 차별화를 이뤄낸 사례로 꼽을 수 있을 것 같다. 과거에는 전문적인 학문 분야의 영어식 표현은 일본에서 번역한 것을 그대로 갖다가 썼는데 **WMD**만큼은 한국의 독자성이 발휘된 느낌이다. 일본은 **WMD**를 대량파괴병기라고 쓰지만, 우리는 거의 대량살상무기라고 표현하고 있다.

> **Ex**

✔ **North Korea's programs to develop WMD and ballistic missiles pose serious risks to security.** WMD와 탄도미사일을 개발할 수 있는 북한의 프로그램은 안보에 심각한 위험요소를 안겨주고 있다.

---

stand-up: 코미디언이 무대에 혼자 선 채로 여러 가지 주제를 놓고 30분 정도 유머를 쏟아놓는 형식의 공연을 말한다. 미국의 대표적인 유료 영화 및 오락 전문 채널인 HBO에서는 *One-Night Stand*라는 stand-up 코미디 프로그램이 유명하다.

남들은 '이케아' 해도 너는 '아이키아' 해라

우리 집사람은 할인쿠폰을 평소에 잘 모아놨다가 식당에서 식사할 때 쿠폰을 이용해 제값보다 싸게 먹는 일에서 대단한 성취감을 느끼는 것 같다. 또 각종 생활필수품이나 옷가지를 구입할 때도 할인쿠폰을 이용해 **discount**할인를 받으려고 온갖 노력을 다한다. 내 입장에서는 단돈 한 푼이라도 아끼려는 그 정성과 노력이 눈물겹도록 가상하지만, 할인쿠폰을 사용하기 위해 상품이나 서비스를 구매하는 것은 본말이 전도된 일이라고 생각된다. 결국 할인을 미끼로 더 많은 매상을 올리려는 업자들의 상술에 넘어가고 마는 것이라는 게 내 판단이다. 그래서 나는 늘 집사람을 '쿠폰녀'라고 놀리지만, 오늘도 아랑곳하지 않고 우리 '문여사'는 쿠폰 모으기에 여념이 없다.

근데 우리가 쿠폰이라고 쓰고 말하는 **coupon**을 사실 미국에서는 '큐폰'에 가깝게 발음한다. 이런 현상은 **Cuba**, **Uruguay** 같은 단어를 발음할 때도 마찬가지여서 미국인들은 '큐바', '유루과이'에 가깝게 발음하고 있다. 북한의 제2차 **nuclear crisis**핵 위기를 촉발한 **Uranium Enrichment Program**(UEP)우라늄 농축 프로그램에서 나오는 '우라늄'의 미국 발음도 '유레니엄'이 근사치다.

우리나라는 외래어 표기가 너무도 제각각이다. **family**를 '훼밀리', '패밀리' 등 완전히 다르게 표기하는 경우가 흔하다. 이런 마이웨이식 표기는 워싱턴에서도 예외는 아니었다. 미국 체류기간에 우리 가족이 다녔던 교회는 '와싱톤 중앙장로교회'였다. 직업병인지는 모르겠으나, 기사 작성 때마다 늘 기사 머리에 '워싱턴=연합뉴스'라는 **dateline**을 3년간 써왔던 입장에서는 한 글자도 아니고 두 글자나 다른 '와싱톤'을 심리적으로 받아들이기가 매우 힘들었다. 아마도 와싱톤이 미국인들의 현지 발음에 가장 가까운 표기일 수도 있겠지만, 한국에서 통용되는 표기와 동떨어져 있는 표기를 주일마다 접할 때면 마음 한구석에서 아쉬움이 느껴졌다. 워싱턴 일원에는 '워싱톤' 또는 '와싱턴'이라는 한글 이름을 내건 교회들도 있다. 고색창연한 '화성돈華盛頓'이라는 표기를 본 적이 없는 게 그나마 다행이었다.

여담으로 미국에 정착한 분들 가운데는 몇 가지 단어를 신기할 정도로 공통되게 통상의 발음과 달리 발음하는 사례를 경험했다. 숫자 30을 의미하는 단어인 **thirty**를 대부분의 1.5세 한인들은 '써티'보다는 물건을 '떨이'할 때 외치는 '떠리'에 가깝게 발음한다. 솔직히 개인적으로는 이렇게 발음하는 것을 듣고 있으면 왠지 모르게 거부감이 느껴졌다.

또 미국에선 **rent**월세를 얻을 때 임대계약서에 해당하는 **deed of lease**라는 서류를 작성하는데, 많은 재미 동포분들이 **lease**를 '리스'가 아니라 '리즈'라고 발음한다. 한국에서도 '리스'라고 제대로 발음하는데 왜 동포사회에는 '리즈'라는 발음이 널리 퍼져있는지 알다가도 모를 일이다.

또 하나 재미있는 단어가 있다. 차고를 의미하는 **garage**다. 역시 미국에 정착해 있는 많은 분들이 이 단어를 '개라지'에 가깝게 발음한다. 대부분의 미국인들이 두 번째 음절인 '라'에 액센트를 넣어 '거라지'라고 발음하는 것과는 달리 영국식으로 첫 음절에 **accent**액센트를 넣어서 '개라지'로 발음하는 것이다. 왜일까? 이 또한 지금도 궁금한 일이다.

마지막으로 조립식 가구 전문점 **IKEA**의 발음이다. 미국 사람들이라면 거의 대부분 이 상호를 '아이키아'로 발음할 것이다. 하지만 이 가구회사가 설립된 **Sweden**에서는 이를 '이케아'라고 발음한다고 한다. 따라서 미국에 유학을 오거나 주재원으로 오는 분들은 '이케아'가 정통 유럽식 발음이라

는 사실을 알고 있더라도 정착 초기에 책상, 의자, 조명 등을 구입하러 **IKEA**에 갈 일이 있으면, "이케아 간다."라는 말로 미국사람들을 혼란스럽게 하지 말고 "나 아이키아 간다."라고 말하는 게 원활한 의사소통에 도움이 될 것 같다는 게 나의 주제넘은 **a piece of advice**훈수다.

Ex

✔ First there were the fake Chinese Apple stores, now there's a counterfeit IKEA. 중국에 처음 가짜 애플 영업점이 생겼는데, 이제는 가짜 IKEA가 등장했다.

✔ Shopping online for IKEA kitchen cabinets is a great way to make sure that the cabinets that you do end up buying will look great in your home. 온라인 쇼핑으로 IKEA 찬장을 구입하는 것은 당신의 집에 보기 좋게 어울리는 찬장을 사게 될 것이라는 확신을 갖게 하는 좋은 방법이다.

---

dateline: 기자가 쓰는 기사가 어디에서 생산된 것인지를 밝히는 표시다. 저자가 속해 있는 연합뉴스와 같은 통신사에서는 기사 발생 장소 이외에도 **distributing organization**배포사, 즉 연합뉴스를 뒤에다 쓰게 돼 있다. **dateline**이지만 날짜를 생략하는 경우가 많다. 어떤 기자에 의해 기사가 작성됐는지를 알리기 위해 기자 이름을 적는 것은 **byline**이 된다. 기사의 마감시간은 **deadline**이다.

Ct · Dr 주소를 보면 동네가 보인다

해외에 파견된 주재원들이 체류기간에 이사를 하는 일은 흔치 않다. 체류기간이 3년 정도에 불과한데다 이사를 하게 되면 깨지는 비용도 만만치 않고 이사 후 주소변경 등 번거로운 작업을 거쳐야 하기 때문에 웬만하면 눌러 사는 경우가 대부분이다.

그런데 우리 가족은 첫 거처에서 1년만 산 뒤, 다른 동네로 이사하는 작은 '모험'을 감행했다. 워낙 일을 벌이기 싫어하는 스타일인 나는 그냥 살자는 입장이었으나, 집사람이 아이들을 위해 좀 더 좋은 학군으로 옮겨야겠다며 '맹모孟母 정신'을 발휘하는 바람에 그만 집을 옮기게 된 것이다. 돌이켜보면 두 번째 집이 위치한 동네는 이웃도 좋고 학군도 만족스러운 편이어서 이사하길 잘했다는 생각이 든다.

미국에서는 집 주소를 보면 대충 그 집이 위치한 동네의 모습이 머릿속에 그려진다. 우리의 첫 번째 집 주소는 **Oakton Crest Ct, Vienna, Virginia**였고, 두 번째 집 주소는 **Hopewood Dr, Falls Church, Virginia**였다. 이들 주소에서 동네의 지형을 파악할 수 있는 '키워드'는 **Ct**와 **Dr**이다. **Ct**는 **court**를 줄인 것인데, 이런 주소를 가지고 있는 집을 찾아가면 진입로를 제외하고 동네가 마치 테니스 코트처럼 사각형으로 막혀 있는 것을 알 수 있다. **Circle**을 축약한 형태의 **Cir**이 들어있는 주소도 대체로 길이 둥그런 형태로 막혀 있다. 미국에서는 **Ct**와 **Cir** 처럼 진입로 이외에 다른 곳으로 연결되는 도로가 없는 곳을 **Cul-De-Sac**컬드색으로 부르기도 한다.

DrDrive이 붙은 우리의 두 번째 집은 **townhouse community**연립주택 단지 안에 나 있는 공용도로 좌우편에 늘어서 있는 집들 가운데 하나였다. 즉, **Dr**이 있는 주소는 차량 흐름이 있는 도로 옆에 위치한 집으로 파악하면 된다. 참고로 미국의 주소는 크든 작든 도로를 기준으로 한쪽은 **even number**짝수, 그 반대쪽은 **odd number**홀수로 나뉘어 매겨져 있다. 예를 들어 우리 옆집은 2012와 2016이었고, 도로의 맞은편은 2015, 2017 하는 식으로 홀수 번지 집들이 위치해 있다.

평화로운 주택가를 벗어나 워싱턴의 도심으로 차를 몰고 들어가면 수많은 **AVE.**Avenue를 접하게 된다. 워싱턴에서 가장 유명한 도로는 **White House**백악관와 **Congress**의회를 직선으로 잇는 **Pennsylvania AVE.**펜실베이니아 애비뉴다. 미국의 신임 대통령이 의회에서 취임식을 마친 뒤 백악관을 접수하기 위해 승용차로 퍼레이드를 할 때 이용하는 도로가 바로 이것이다.

AVE.는 **densely populated**인구밀도가 높은한 지역에 뚫려 있으며, 도로 옆에 가로수들이 늘어서 있는 게 일반적이다. 워싱턴에는 캘리포니아California주와 오하이오Ohio주를 제외하고 나머지 48개 주의 이름을 따서 **AVE.** 이름으로 사용하고 있다. 주미한국대사관과 영사관은 흔히 대사관 거리로 불리는 **Massachusetts AVE.**매사추세츠 애비뉴 선상에 위치해 있다.

BLVD. Boulevard는 **AVE.**보다는 조금 규모가 큰 도로를 말한다. 역시 가로수가 도로 옆 또는 도로의 중간 분리대에 있는 도로들인데, 워싱턴 시내에는 **AVE.**가 압도적으로 많다. 캘리포니아 주 일원에서 **AVE.**는 **east to west**동-서, **BLVD.**는 **south to north**남-북를 잇는 도로로 규정하고 있지만, 워싱턴의 **AVE.**는 주로 **diagonal**대각선 모양으로 주요 도로를 연결해 주고 있다.

townhouse: 독립된 공간을 확보하고 있는 비슷한 집들이 몇 채씩 붙어서 하나의 **units**단위를 이루고 있는 주거공간을 말한다. 우리나라의 연립주택과 비슷한 **townhouse**는 지하, 거실1층, 침실2층 구조로 돼 있다. 바로 옆집들과 붙어 있어서 이웃과 친교를 하기에 좋다. 작은 규모의 **back yard**와 **deck**을 갖춘 집들이 많다. 나란히 붙어 있는 **townhouses**의 양쪽 맨끝에 위치한 집은 **end unit**이라고 하는데, 옆집들에 비해서 상대적으로 면적이 크다. 타운하우스 단지의 관리는 주로 **HOA**Homeowner Association가 한다. 미국까지 가서 다닥다닥 붙어 있는 집에 살기 싫은 사람들은 집과 집 사이가 완전히 떨어져 있는 **single house**에 살면 된다. 타운하우스에 비해 상대적으로 **rent**는 비싼 편이며, **front yard**의 잔디를 깎아야 하는 수고를 감내해야 하는 경우가 많다.

FDR · JFK · LBJ

알파벳 세 자로 기억되는 대통령

220년 남짓한 기간 동안 제44대 대통령까지 배출한 미국의 역사에서 **formal name**정식 이름보다 이니셜 석자로 더 많이 기억되는 대통령은 오직 세 명으로 제한돼 있다. 적어도 내가 아는 한은 그렇다.

Great Depression대공황을 극복하고 미국 역대 대통령으로는 처음이자 마지막으로 **elected four-times**4연임에 성공했던 프랭클린 들러노 루스벨트FDR, Franklin Delano Roosevelt, 사상 첫 **TV** 대선 토론의 **halo effect**후광효과를 업고 40대에 대권을 거머쥐었던 첫 가톨릭 대통령 존 피츠제럴드 케네디JFK, John Fitzgerald Kennedy, 케네디가 암살되는 바람에 졸지에 비행기 기내에서 대통령 **Oaths of Office**취임선서를 했던 린든 베인즈 존슨LBJ, Lyndon Baines Johnson이 그들이다.

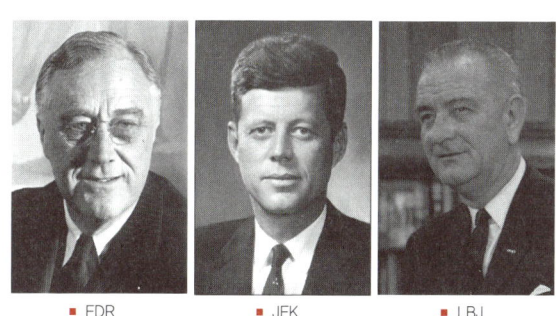

■ FDR   ■ JFK   ■ LBJ

이들의 공통점은 공교롭게도 모두 민주당 출신이라는 것과 함께 **last name**과 **middle name**이 길다는 것이다. **Roosevelt**만 해도 알파벳이 아홉 자나 들어가 있고, **Kennedy**는 알파벳 일곱 개로 구성돼 있다. 미들네임도 만만치 않게 길다. 그래서 이들을 이니셜 석자로 부르게 된 데는 제한된 **headlines**헤드라인에다 이름을 모두 넣기 어려운 신문사들이 이런 기술적인 문제를 해소하기 위해 사용하기 시작했다는 해석이 설득력을 얻는다.

공화당 출신 대통령 가운데는 드와이트 아이젠하워Dwight Eisenhower 대통령이 **IKE**아이크로 불리기는 하지만, 이는 이니셜 3개를 모아놓은 게 아니라 아이젠하워를 줄여서 부르는 애칭이다. 또 **George W. Bush**제43대 대통령를 **Senior Bush**제41대 대통령와 구별하기 위해 **W**로 부르는 사람들도 있지만, 아직까지 보편화된 표현은 아닌 것 같다.

최근에는 흑인 **civil rights activist**민권운동가였던 마틴 루서 킹 주니어Martin Luther King Jr. 목사의 이름이 **MLK**라는 이니셜로 사용되는 빈도가 잦아졌다. 참고로 목사를 부를 때는 **the reverend**목사라는 말을 앞에 다는 경우가 많다. 왕년에 찍힌 **MLK**의 사진을 보면 그 옆에 제시 잭슨Jesse Jackson이라는 인물이 서 있는 장면을 볼 수 있다. 1984년과 1988년 미국 민주당의 대선 후보 경선에 나섰던 잭슨도 흑인 민권운동을 했던 목사로, 그를 부르거나 기사에 소개할 때도 **The Rev.**라는 경칭을 앞에다 놓는다.

MLK는 그 유명한 **I have a dream.**이라는 연설을 남겼다. 나는 가끔 집에서 *The Greatest American Speeches* 위대한 미국 연설라는 책을 소리 내서 읽곤 하는데, **MLK**의 이 연설은 울림이 커서 아주 좋아한다. 너무 좋아해서 **MLK**를 **impersonate**성대모사하면서 낭송하기도 하는데, 그때 이 장면을 본 우리 집사람이 "오 비슷해, 비슷해……." 하며 거짓말 좀 보태서 방바닥에 넘어지신다. 장기자랑을 할 기회가 있으면 한번 시도해 보고 싶었는데, 미국에서 그럴 기회는 없었던 게 조금은 아쉽다. 혹시 그의 육성 연설을 듣지 못한 사람들 앞에서 성대모사를 한다면 "쟤 뭐니?"라고 할 것 같아 그냥 폐기처분하기로 했다.

Ex

✔ Jacqueline Kennedy Onassis believed Vice President LBJ was behind the assassination of her husband JFK. 재클린 케네디 오나시스는 자신의 남편 JFK 암살의 배후에 부통령 LBJ가 있다고 믿고 있었다.

✔ Right after the 2008 election, I expressed the wish that President Obama would bring back and technologically update the FDR Fireside Chat. 2008년 대선 직후 나는 오바마 대통령에게 FDR식으로 벽난로 옆에서 행해지는 국민과의 대화를 부활하고, 기술적으로 업그레이드해야 한다는 바람을 밝힌 바 있다.

Oath of Office: 미국의 대통령이 취임식에서 통상 성경에 손을 얹고 하는 선서다. 정교가 분리된 나라이지만, 이런 의미에서 미국은 매우 기독교적인 국가임에 틀림없다. 다음은 2009년 1월 20일 행해진 오바마 대통령의 선서내용이다.

I, Barack Hussein Obama, do solemnly swear (or affirm) that I will faithfully execute the Office of President of the United States, and will to the best of my ability, preserve, protect and defend the Constitution of the United States. 나, 버락 후세인 오바마는 나의 최선의 능력을 다해 성실하게 미국 대통령직을 수행하고 미국 헌법을 보전, 보호, 수호할 것임을 엄숙히 다짐합니다.

그런데 해프닝이 있었다. 취임선서를 주관한 John Roberts 대법원장이 그만 I will faithfully execute……,하고 선창해 줘야 할 부분에서 faithfully를 맨 뒤인 United States 다음에 갖다 붙였던 것이다. 그래서 오바마 대통령은 취임 후 백악관에서 취임선서를 다시 해야 했다.

F-word  다중이 모인 자리에선 피해야 할 언어폭탄

요즘 한국 영화를 보면 **curse**욕가 넘쳐난다. 영화 속 등장인물들이 욕을 하도 자연스럽게 많이 해서 이제는 양념이 아니라 영화에서는 빠져선 안 될 필수요소처럼 느껴지기까지 한다. 한국 영화에 욕설이 넘쳐나게 했던 효시는 '세상 밖으로'라는 영화가 아닌가 싶다. 그때 그 영화의 욕을 들으면서 역설적이게도 무언가 가슴 속이 뻥 뚫리는 **catharsis**카타르시스를 느꼈던 경험이 있다. 하지만 그건 그 영화만이 가질 수 있는 장점이었고, 모든 영화가 질펀한 욕설이 담긴 대사를 일종의 '덕목'인 양 경쟁적으로 채택할 필요와 이유는 없다고 생각한다.

미국의 욕설은 **F**와 **A**로 시작하는 말이 대표적인데, 이런 말이 **TV** 출연자의 입 밖으로 나오면 방송사 측은 어김없이 "삑, 삑" 하는 **bleep**전자음을 사용해 시청자들에게 욕설이 전달되지 못하도록 차단한다. 그래도 방송은 욕설에 효과음을 넣어서 차단하면 되지만, 말을 글로 옮겨 써야 하는 인쇄 매체의 경우에는 이를 **word for word**글자 그대로 옮길 수가 없기 때문에 곤혹스러운 처지에 놓이는 경우가 많다. 그래서 **F-word**, **A-word**라는 말이 등장했다. **F-word**는 '에프 유 씨 케이', **A-word**는 '에이 에스 에스'와 관련된 말들이다.

gaffe machine실수 기계로 불리는 조 바이든 Joe Biden 부통령은 2010년 5월, 오바마 대통령이 **Healthcare Reform Bill**건강보험개혁법에 마침내 서명을 하게 되자 마이크가 켜져 있는 줄도 모르고 **President, this is a big f***ing deal.**대통령, 이거 완전 대단한 일인데요. 라고 했다가 여론의 따가운 지적을 받았다.

2011년 아카데미 시상식에서는 *The Fighter*라는 영화에서 열연한 멀리사 리오Melissa Leo라는 여배우가 50세에 여우조연상을 늦깎이 수상했다. 한마디로 **late bloomer**대기만성였던 셈이다. 흥분이 지나쳤던 그녀는 수상소감을 말하던 도중 난데없이 **F-word**를 입에 올렸으나, 방송주관사인 **ABC**방송은 이를 잽싸게 걸러냈다. **ABC**방송은 생방송 중에 이런 돌발 상황이 발생할 것에 대비, 20~30초 정도 **delayed-airing**지연 중계 방식을 채택하고 있었던 것이다.

이런 실례에서 볼 수 있듯이 미국에서는 적어도 **F-word**는 다중이 모인 장소에서 입 밖에 꺼내기 어려운 말이다. 오죽하면 미국이 제2차 세계대전 당시 일본의 히로시마와 나가사키에 떨어뜨렸던 **A-bomb**원자폭탄에 빗대어 공개 장소에서 **F-word**를 사용하는 걸 **drop a F-bomb**이라고 하겠는가. 그만큼 이런 표현이 주는 심리적인 충격파가 크다는 얘기일 것이다.

욕설은 아니지만, 입 밖에 냈다가는 단단히 홍역을 치를 각오를 해야 하는 금기의 단어들이 또 있다. 흑백 **racial conflicts**인종갈등를 겪으며 지금에 이른 미국에서는 흑인을 **derogatorily**경멸적하게 지칭하는 **N-word**사용이 금기시되고 있다. 이 말은 '검둥이nigger 또는 negro'라는 표현을 피하기 위해 **euphemistically**에둘러하게 사용하는 말로, 흑인 스탠딩 코미디언들의 자학적 개그의 소재가 아니고서는 일상생활에서는 거의 들을 수 없는 **archaic words**사어가 된 말이다.

한때 미국의 문호 마크 트웨인Mark Twain의 대표작 *Adventures of Huckleberry Finn*허클베리핀의 모험에서 **N-word**를 삭제하자는 주장이 제기돼 논란이 인 적도 있다. 어니스트 헤밍웨이Ernest Hemingway가 미국 문학사에서 최고봉으로 꼽은 '허클베리핀의 모험'에서 **N-word**를 뺀다면 당시의 시대상을 제대로 살리지 못하는 것은 물론 전체적으로 문학적인 감칠맛이 떨어질 것이라는 반론에 밀려 삭제론자들의 주장이 관철되지는 못했다. 많은 비평가들은 허클베리핀에서 **nigger**를 삭제하는 것은 **Shakespeare**셰익스피어의 *Merchant of Venice*베니스의 상인에 나오는 **Jews**유대인라는 단어를 빼는 것과 마찬가지라고 불만을 표시했다.

사회적으로 민감한 **R-word**는 **retarded**저능한 혹은 정신 지체가 있는를 뜻하는 말로,

지적 발달에 문제가 있는 많은 사람들에게 깊은 상처를 주는 말이다. 또 미국의 대통령 impeachment탄핵라는 직설적인 표현을 피하기 위해 I-word란 표현도 종종 등장하는 것도 잊지 말자.

Ex

✔ Melissa Leo seemed overwhelmed when she stepped up to receive her Oscar and let a rare "F-word" slip out on the movie industry's biggest night. 멜리사 리오는 흥분을 주체할 수 없었던 듯 오스카상을 받기 위해 무대에 올라와서 좀체 듣기 어려운 F-Word를 영화계의 가장 큰 이벤트가 열리는 날에 입 밖에 내고 말았다

✔ Today Jennifer Aniston used the word retard to describe herself, and media all over are lamenting her use of the R word. 오늘 제니퍼 애니스턴은 자신을 묘사하면서 retard라는 단어를 사용했는데, 언론은 모두 그녀의 R-word 사용에 유감을 표시했다.

Hemingway's Quote: All modern American literature comes from one book by Mark Twain called Huckleberry Finn. American writing comes from that. There was nothing before. There has been nothing as good since. 미국 현대문학은 마크 트웨인이 쓴 허클베리핀이라는 단 한 권의 책에서 기원한다. 미국 문학은 그 책에서 시작되는 것이다. 그 이전에 (진정한 문학은) 없었으며, (허클베리핀) 이후에 그만큼 좋은 작품은 나오지 않았다.

word for word: 내뱉은 말을 글자 그대로 옮기는 일이다. Verbatim이라는 말을 동의어로 추천한다.

gaffe: 정치·사회적인 실수를 뜻한다. 비슷한 말로는 프랑스어에서 온 faux pas(false step), blunder, bloomer 등이 있다.

late bloomer: 늦게 피는 꽃이니까 우리말로 하자면 대기만성형의 사람이 되겠다. 어릴 때부터 유난히 총명해서 주위의 시선을 한몸에 받는 사람인 whiz kid와는 반대되는 표현이다.

Jews: 유대인. 이 유대인과 관련해 꼭 기억해둬야 할 단어가 있다. 먼저 Gentile이라는 단어는 '비유대인' 또는 '비유대교의'non-Jewish faith라는 뜻을 지니고 있다. 유대인과 비교해서 Christian크리스천을 일컫는 말로도 사용된다. Anti-Semitism은 반유대주의, 유대인 배척주의를 뜻하는 말이다. 구약성서에 나오는 Semitic races셈 족, 즉 유대인이 Aryan races아리안 족에 비해 열등하다는 데서 이 말이 나왔다고 한다. 나치 독일의 히틀러가 유대인 대학살의 광기를 보였던 심리적 기저에는 이 Anti-Semitism이 자리 잡고 있다.

SECTION 3.

낯선 영어, 생활 속에서 만나다

estate auction 남의 고물도 내겐 보물

봄과 가을 사이 미국에서는 따뜻한 햇살이 내리쬐는 주말과 휴일이면 많은 집들이 **yard sale**야드 세일이라는 행사를 연다. 자신들이 사용해온 살림살이와 가재도구 등을 인근 지역 주민들에게 싼값에 파는 행사다.

미국에 갓 부임한 특파원이나 단기 주재원들은 서울에서 이삿짐이 도착하기 전에 제값을 주고 장만하기에는 부담이 되는 물건을 싼값에 손쉽게 구입할 요량으로 야드 세일을 자주 찾는다. 최근에는 경제적으로 어려운 **Hispanics**중남미계 미국인계의 주민들이 이른 아침부터 야드 세일을 훑고 지나가기 때문에 늦은 아침에 여유 있게 야드 세일 장에 갔다가는 쓸만한 물건을 건지기 힘들 정도다.

야드 세일은 주로 집주인이 **front yard**앞뜰에 팔고 싶은 물건을 내다 놓고 판다고 해서 붙여진 이름이다. 형식은 같지만 판매 장소가 집안의 창고격인 **garage**차고로 옮겨지거나, 차고 안의 물품을 정리하면서 실시하게 되면 **garage sale**로 이름이 바뀐다.

moving sale무빙 세일은 말 그대로 이사를 갈 때 살림살이를 왕창 정리하면서 하는 세일이다. 미국은 동부에서 서부, 또는 서부에서 동부로 원거리 이사를 하는 경우가 적지 않기 때문에 심지어 중고 자동차까지 매물로 나오는 경우도 더러 있다.

estate sale에스테이트 세일은 집 안에 있는 가재도구에서 서적에 이르기까지 부동산을 몽땅 파는 세일이다. 주로 혼자 사는 이들이 사망했을 때 유산을 처분하기 위해 하는 경우가 많은데, 세일의 **account**회계를 전문 위탁관리인들에게 맡기는 사례가 많아서인지 즉석 에누리가 잘 안 되는 단점이 있다. 하지만 집 안에 있는 거의 모든 물건들이 매물로 나오기 때문에 뜻하지 않게 '월척'을 낚을 수도 있어 미국에 오래 체류한 사람들일수록 에스테이트 세일에 매력을 느끼게 된다. 에스테이트 세일은 auction경매 방식으로 이뤄지기도 한다. 말 그대로 현장에서 여러 사람들이 참여해 직접 경매를 통해 가장 비싼 가격을 제시한 사람이 원하는 물건을 낙찰받는 방식이다.

어떤 이름의 세일이 됐든 별다른 약속이 없는 주말에 야드 세일을 하는 집 몇 군데를 찾아가 한 권의 중고서적이 됐든, 액자가 됐든 필요한 물건을 싼값에 사가지고 오는 날이면 왠지 기분이 뿌듯하고 좋아진다. **Somebody's junk can be your treasure.**누군가의 쓸모없는 물건이 당신의 보물이 될 수도 있습니다. 그렇다. 나한테 꼭 필요한 물건이라면 그것을 고급 백화점에서 구입하든, 야드 세일에서 사들이든 만족감에는 큰 차이가 없어 보인다. 아니 그렇게 위안하면서 미국에서 자주 야드 세일을 갔고, 괜찮은 물건을 모을 수 있었다.

■ Yard Sale을 구경 중인 저자

✔ Grand Estates Auction Company specializes in luxury real estate auctions throughout North America and the Caribbean. 그랜드 에스테이스 옥션 컴퍼니는 북미와 카리브 해 일대에 걸쳐 고급 부동산 경매를 전문으로 다루고 있습니다.

✔ Recently, a group of 1858 Indian Head cents was reportedly purchased at an estate auction near Asheville, NC. 최근 인디언 추장의 얼굴이 새겨진 1센트짜리 동전 묶음이 노스캐롤라이나 주 애쉬빌 부근의 에스테이트 경매에서 팔린 것으로 알려졌다

Hispanics: 인종에 관계없이 스페인어를 사용하는 중남미 국가 출신 사람들을 통칭해서 일컫는 말이라고 보면 된다. 주로 Mexico멕시코, Costa Rica코스타리카, Brazil브라질, Cuba쿠바, Puerto Rico푸에르토리코 등지에서 온 사람들이 이에 해당한다. 미국에서는 Latino라는 말과 혼용해서 사용된다. 재미 동포 사이에서는 Hispanics를 Spanish로 부르는 경우도 종종 있는데, Spanish는 Spain 출신인 사람들에게만 제한적으로 사용된다는 점에서 잘못된 표현이라고 볼 수 있다. 미국에서는 잔디 깎기, 낙엽 치우기, 이삿짐 나르기, 건물 청소 등에 이르기까지 힘을 써야 하는 일은 대부분 Hispanics가 떠맡고 있다. 그들이 집단 태업이나 파업을 하게 되면 미국의 일상에 엄청난 차질이 빚어질 것이다. 미국에서 잘 정돈된 가로수와 깨끗한 거리, 청결한 실내 환경을 접하게 된다면 그 이면에는 Hispanics의 눈물과 땀이 배어 있음을 알아야 할 것이다.

dog days
푹푹 찌는 '개 같은 날'

"그 추웠던 겨울은 지나고 따뜻한 봄이 오면……"
가수 장미화가 불렀던 노래의 한 소절이다. 워싱턴 D.C.의 latitude 위도는 서울의 37.53도보다 조금 높은 38.53도지만 날씨는 한국의 부산 정도로 여름엔 서울보다 덥고, 겨울에 덜 춥다.

내가 부임한 2008년 첫해 워싱턴의 겨울은 비교적 mild 온화한 날씨를 보였지만, 2009년과 2010년에는 추위가 그야말로 맹위를 떨쳤다. Fahrenheit 화씨로 10도 대에 들어가는 날이 제법 많았다. weather forecast 일기예보에서 Tomorrow's weather is still in teens 라고 전한다면 화씨로 10도 대를 기록할 것이라는 얘기다. 화씨 30도 정도가 섭씨 0도 정도에 해당하니까, 화씨 10도 대는 제법 추운 날이 된다.

반면 2010년의 여름은 너무도 더웠다. 그래서 화씨로 100도를 넘는 세 자릿수 기온을 보인 날이 최근 여름 가운데는 가장 많았다고 한다. weathermen 기상캐스터들은 날씨가 100도를 넘어가면 three digit weather 라고 경고음을 내면서 건강에 유의할 것을 당부한다. 미국의 heat wave 폭염는 2011년에도 계속돼 세 자릿수를 넘기는 날이 전년보다 훨씬 많았다.

한국에서 '개 같은 날의 오후'라는 영화가 인기리에 상영된 적이 있다. 영화 제목에서 느껴지는 한국식 어감은 '재수가 더럽게 없는 오후'이지만, 실제는 '아주 더운 날 오후'로 해석하는 게 맞을 것 같다. 영어 표현으로 dog days는 푹푹 찌는 더운 날을 의미하기 때문이다. 실제 영화도 후텁지근한 여름날을 배경으로 하고 있다.

영어에서 dog days는 여름철에 계속되는 땡볕 더위를 뜻한다. 일명 dog star로 알려진 **Sirius**큰개자리가 태양에 근접했을 때 날씨가 더워진다는 게 고대부터 하나의 믿음으로 굳어진 것이 이 말의 유래가 된 것으로 알려지고 있다.

우리나라에는 초복, 중복, 말복이라고 해서 **three dog days**가 있다. 우연의 일치인지는 모르겠으나, 보신탕을 좋아하시는 분들이 이날 유독 **dog**을 많이 드시는 이유가 혹시 영어의 **dog day**와 무슨 연결고리가 있는 건 아닌지 모르겠다.

한편 섭씨, 화씨라는 말은 이 온도측정법을 발명한 사람들의 이름을 한자식으로 표기한 결과다. 섭씨는 **Celsius**라는 사람의 '셀'을 따와서 한자로 '섭'이라고 했고, 화씨는 **Fahrenheit**의 '해'를 '화'로 쓰면서 지금처럼 사용하게 됐다는 것이다.

미국에 3년간 있었지만 여전히 화씨에는 적응이 안 된다. 다만 40도 이하는 조깅이 쉽지 않은 날씨, 70~80도가 조깅하기에 가장 좋은 날씨, 100도 이상이면 조깅이 아니라 극기 훈련이 된다는 식으로 화씨 온도의 기준을 내 나름대로 정리해 놨었다. 재미있는 점은 워싱턴과 버지니아 일원의 방송은 일기예보 시간에 늘 공항의 기온을 소개한다. 그 이유를 지인에게 물어봤더니 이들 공항에 기온 관측시설이 있기 때문이라고 한다.

> **Ex**

✔ **The so-called dog days of summer ended Aug. 11 with the return of the dog star Sirius to the predawn sky.** 이른바 여름철의 dog days는 큰개자리가 새벽하늘로 돌아온 8월 11일에 끝났다.

latitude: 지구 표면에서 남북으로 **equator**적도에 평행하게 그은 선으로, 위도라고 한다. 적도가 0도가 되며, 남극과 북극은 각각 90도이다. 경도는 **longitude**다. 위도와 경도의 영어 단어가 조금 헷갈려서 나는 '경-**long**'처럼 받침이 있는 말끼리 묶어서 외워뒀다.
in teens: 화씨로 10도 대의 기온을 뜻한다. 사람의 경우, 10대는 **teenager**다. 20대와 30대를 특별히 꼬집어서 표현하는 말은 없는 것 같다. 그러나 40대는 **quadragenerian**, 50대는 **pentagenerian**, 60대는 **hexagenerian**, 70대는 **septuagenarian**, 80대는 **octogenarian**, 90대는 **nonagenerian**이다.

 상식이 돼버린 집단적 오해

어렸을 적이었다. 약속에 지각하는 사람이 있으면 먼저 와있던 사람들이 '코리안 타임'이라고 가벼운 면박을 주고, 지적을 받은 사람은 잠시 머리를 긁적이는 것으로 미안함을 표시한 뒤에 그러려니 하고 넘어가던 시절이 있었다. '코리안 타임'이 마치 진실이나 '팩트'처럼 당연하게 받아들여지던 시절의 얘기다. 나중에 두 차례 외국, 그것도 선진국인 미국과 일본에 나가서 생활해 보니 한국인은 약속시간에 늦는다는 '코리안 타임'은 그야말로 **groundless**근거 없는한 집단적 믿음에 불과했다. 외국인들에 의해 강제된 한국인에 대한 '조작된' 이미지는 아닐까 하는 생각마저 들 정도였다.

일본과 미국에서 3년씩 살아봤지만 일본에서도 미국에서도 늦는 사람은 늦는다. 약속 하루 전에 갑작스럽게 약속을 깨는 무례한 '미국인'과 '일본인'도 많지는 않지만 더러 있다. 이런 행동은 지극히 개인적인 차원의 문제이지 상징화된 집단적 문화로 거론될 일은 아니라는 게 경험을 통해 얻어진 나의 판단이다. 이처럼 대중에게 부지불식간에 입력된 잘못된 상식을 영어에서는 **myth**라고 부른다. 비슷한 말로 **misconception**오해을 꼽을 수 있다.

또 다른 예를 들어보자. 미국 사람들은 지하철이나 버스 안에서 타인을 배려해 정숙할 것이라는 생각도 **myth**에 불과하다. 부분적으로 맞을지는 몰라도, 전체적으로는 그렇지 않다. 어떨 때는 혼을 빼놓을 정도로 시끄럽게 대화를 나누는 사람, 기분이 나쁠 정도로 주의를 의식하지 않은 채 전화통화를 하는 사람, 다리를 쭉 뻗어 빈 좌석에 걸쳐 놓는 사람, 아이가 하염없이 울어도 아무런 제지도 않는 부모 등 동양, 특히 한국의 전통적 예의범절이라는 관점에서 보면 빵점에 가까운 사람들을 어렵지 않게 만날 수 있다.

　한국에서 오래 전에 차선을 잘 지키는 운전자들을 몰래 지켜보다가 '짠~~'하고 나타나서 '양심 냉장고'를 선물하는 프로그램이 인기리에 방영된 적이 있었다. 방송 당시에는 나도 재미있게 시청했지만, 돌이켜 생각해 보면 교통사고 발생률이 유난히 높은 우리나라의 운전문화를 개선하기 위해 '세련되게' 기획된 계도성 오락 프로그램이라는 생각을 지울 수 없다.

　이 프로그램에서는 진행자들이 미국 등 교통법규를 잘 준수하는 나라들을 방문, 현지의 **exemplary case** 모범적인 사례를 소개하기도 했다. 예를 들어 미국의 운전자들은 주변에서 누가 보지 않아도 차선과 신호등을 엄격히 지킨다는 식의 선진사례를 카메라에 담아 국내 시청자들에게 보여준 것이었다.

　하지만 미국에 살면서 깨닫게 된 '불편한 진실'은 카메라가 보여주는 내용이 전부가 아니라는 것이었다. 즉, 미국은 신호 위반 등에 대해 많은 범칙금을 부과하기 때문에 위반을 하고 싶어도 할 수 없는 강력한 제도적 억지장치를 두고 있다. 게다가 운전자의 시야에서 벗어난 골목길에 경찰이 대기해 있다가 위반차량을 곧바로 단속하는 이른바 '함정 단속'도 적지 않기 때문에 운전자 입장에서는 한시도 마음을 놓을 수 없는 곳이 미국이다. 결론적으로 이런 숨겨진 요인을 간과한 채 미국인들이 한국인들보다 공중도덕을 잘 준수한다고 평면적으로 얘기하는 것 또한 넓은 범위에서 하나의 **myth**가 되는 셈이다.

　myth와는 의미가 조금 차이가 나는 **conventional wisdom** 통념이라는 표현도 미국인들의 입에 자주 오르내린다. **conventional wisdom**은 주로 '과학적으로 검증이 안된 채 사회적으로 통용되는 개념'으로 해석할 수 있다. 즉, 사실인지 아닌지는 분명하지 않지만 다중이 그렇게 생각하고 있다는 점에서 사실관계가 잘못된 **myth**와는 차이가 있다.

　예를 들어 **Conventional wisdom holds that wintertime is the worst season to sell your house.** 겨울은 집을 팔기에 가장 나쁜 계절이라는 게 사회적 통념이다. 라는 표현이 있다

고 하자. 이는 날씨가 추워서 집을 보러 오는 사람들이 적을 것이라는 비교적 합리적인 추론에 근거하고 있다고 봐야 할 것 같다. 이 표현은 맞을 수도 있고 맞지 않을 수도 있는데, 대체로 사람들 사이에서 "그럴 것이다"라는 인식이 뿌리 깊게 자리 잡고 있는 것이다.

어떤 일이 conventional wisdom이라고 포장되면 새로운 생각이나 아이디어, 이론이 발붙일 공간은 자연스럽게 좁아질 수밖에 없다. 오랫동안 축적돼 온 다중의 지혜에 도전하는 것으로 비쳐질 수 있기 때문이다. 2011년 9월, 안철수 서울대 융합과학기술대학원 원장이 박원순 씨에게 서울시장 후보 자리를 양보하고 선뜻 단일화에 합의해 준 것은 conventional wisdom을 보기 좋게 깨버린 유쾌한 반란이었다. 우리가 생각하는 conventional wisdom은 approval rate지지율가 높은 사람이 단일화의 승자가 되는 공식이기 때문이다.

Ex

- ✔ It is one of the common medical myths that you should drink at least eight glasses of water a day. 하루에 최소한 8잔의 물을 마셔야만 한다는 것은 잘못된 의학 상식이다.
- ✔ Such a myth as "Tornadoes never strike big cities" should be debunked. "토네이도는 큰 도시를 때리지 않는다."라는 잘못된 믿음은 틀렸음을 인식해야 한다.

 분실하면 큰일 나는 운전면허증

2010년 가을, 집사람은 나와 아이들을 남겨둔 채 어려운 귀국길에 올랐다. 장모님이 많이 편찮으셔서 맏딸 입장에서 아이들을 남겨두고서라도 꼭 다녀와야 했던 것이다. 집사람은 **Thanksgiving holidays**추수감사절 연휴를 골라서 2년여 만에 처음 한국으로 갔다. 대부분의 관공서가 추수감사절 기간에는 문을 닫기 때문에 워싱턴에서는 뉴스거리가 크게 줄어드는 만큼 특파원인 남편을 배려해서 그 기간을 고른 것이다. 워싱턴 지사의 선배와 후배들은 고맙게도 나에게 '재택근무'를 허락해주면서 아이들을 돌볼 수 있도록 배려를 아끼지 않았다.

그런데 갑자기 **housewife**주부 신세가 돼버린 나에게는 아이들 밥을 차려주고 목욕을 시키고, 잠자리에 들게 해야 하는 녹록지 않은 **house chores**집안일가 기다리고 있었다. 다행히 주변의 지인들이 반찬도 해다 주고, 빵과 우유도 사다 주어서 적어도 심정적으로는 어렵지 않게 일주일을 견딜 수 있었다.

하지만 모든 게 평화롭지는 않았다. 아이들과 함께 모처럼 점심 외식도 할 겸 식용품도 살 겸 대형마트에 갔다가 그만 '사고'를 치고 말았다. **Target**이라는 대형마트에 갔다가 카운터에서 계산을 하려고 하는데 동양계의 젊은 직원이 포인트 카드를 만들라고 즉석에서 권유한 데서 일이 꼬였다.

그러면서 직원은 **phot ID**를 달라고 했다. 보통 미국에서 **photo ID**라 함은 **photo identification**을 줄여 말하는 것으로, **passport**여권 또는 **driver's license**운전면허증를 의미하기 때문에 나는 운전면허증을 건네줬다. 그런 다음 직원이 **SSN**Social Security Number을 요구하는데 공교롭게도 지갑에 **SSN**을 복사해놓은 종이가 없었다.

한참 동안 지갑 속을 뒤지다가 뒤에 서 있는 사람들의 따가운 시선이 신경 쓰여 나중에 만들겠다고 하고 허둥지둥 마트를 빠져나왔다.

아뿔싸! 이튿날 지갑을 확인해 보니 운전면허증이 없었다. 부랴부랴 애들을 차에 태우고 타깃으로 다시 달려갔다. 카운터에 그 직원의 모습은 보이지 않았고, 결국 조금 소란을 피운 나한테 매니저라는 젊은 여자가 나와서 자초지종을 물었다.

이만저만해서 왔으니 동양계 젊은 여성을 찾아봐 달라고 나는 다그쳤다. 헌데 그렇게 인상착의로만 얘기를 해서는 찾을 수가 없단다. 하지만 내가 어떻게 직원의 이름을 외우겠는가. 힐끔 봤던 명찰의 이름이 알파벳 석자로 돼 있는 것 같았다며 인상착의와 짧은 이름이 맞아떨어지는 직원에게 전화로라도 사실관계를 알아봐 주던가, 아니면 roster직원 명부를 가져다 달라고 요구했다.

하지만 여자 매니저는 "우리 회사에는 직원 명부 같은 것은 없다."라고 잘라 말했다. 직원 채용 때 **gender**성별, **race**인종, **age**연령, **appearance**외모 등이 판단에 영향을 미칠 수 있기 때문에 이력서에는 처음부터 사진을 첨부하지 못하게 돼 있다는 설명이었다.

달리 뾰족한 수가 없었다. 부족한 영어로 계속 싸울 자신도 없었고, 물러서지 않는다면 자칫 업무를 방해했다는 이유로 경찰에 신고를 당할 수도 있다는 두려움이 앞섰다. 결국 나는 발길을 돌려 동네 **DMV**Department of Motor Vehicle에 가서 운전면허증을 재발급받는 엉뚱한 수고를 감수해야 했다.

미국에는 우리나라처럼 주민등록증이 없기 때문에 이와 비슷한 기능을 하는 **photo ID**는 운전면허증이라고 보면 된다. 사진이 붙어 있는 신분증이 없으면 관공서 출입은 물론 항공기를 이용한 국내 여행 등에 지장이 있기 때문에 서둘러 재발급을 받지 않으면 안 된다.

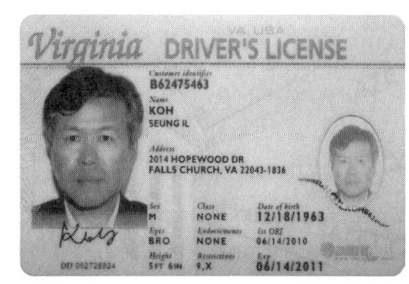

■ photo ID로 사용하는 운전면허증

물론 passport도 photo ID에 해당하지만, 평소에 이를 소지하고 다니는 미국인은 거의 없다고 봐도 된다. 특히 국무부의 2011년 1월 통계를 보면 미국인들의 **passport ownership**여권 보유율은 37퍼센트에 그쳐 50퍼센트를 웃도는 한국에 크게 못미친다. 미국 전체 인구 3억 700만 명 가운데 1억 1천400만 명 정도만 **passport**를 지니고 있는 것으로 파악됐다.

나머지 한 가지 **photo ID**로 **birth certificate**출생증명서가 꼽히기는 하지만, 사진이 갓난아기 때 찍은 것이어서 성인이 된 사람을 입증할 유용한 수단은 되지 못한다. 따라서 이 증명서는 대체로 운전면허증을 딸 수 있는 나이 이전까지로 사용이 제한된다.

결국 미국에서 운전면허증이 없다거나 분실하는 것은 자신의 신분을 증명할 길이 막히는 것이나 다름없다. 운전면허증을 소중히 다뤄야만 하는 이유다. 여담으로 워싱턴에 부임할 때 사진을 많이 준비해 갔는데 정작 쓸일은 별로 없었다. 운전면허증 발급을 하는 **DMV**, 출입증이 필요한 의회 같은 곳은 즉석에서 **applicants**신청자들의 사진을 찍어서 증명서에 붙이기 때문이다.

그런데 한 번 문제가 생겼다. 오바마 대통령의 한국, 인도, 인도네시아, 일본 4개국 순방에 맞춰 출장을 가야 하는데, 그만 비자발급을 위해 필요한 여권 크기의 사진이 없었던 것이다. 서울 본사의 출장 결재가 늦게 이뤄지는 바람에 밤늦은 시간에 사진을 찍지 않으면 이튿날까지였던 서류접수 마감 시간에 댈 수 없는 절박한 상황이었다.

문제는 한국처럼 동네에 사진관이 널려 있는 게 아니라는 점이었다. 주변 사람들에게 즉석 사진 찍는 곳을 물어봤지만 아는 사람이 없었다. 결국 구글을 통해 이리저리 검색해 봤다. **Bingo! CVS**Convenience Store(편의점)에서 즉석 사진을 찍는단다. 한걸음에 동네 **CVS**로 달려가 여권 크기의 사진을 손에 쥘 수 있었다.

Ex

✔ Beginning in January, a change in Tennessee's voting laws will require that registered voters present photo ID when casting their votes. 내년 1월부터 테네시 주의 변경된 선거법에 따라 등록 유권자는 투표할 때 photo ID를 반드시 제시해야 한다.

✔ Book borrowers simply provide a valid photo ID with their current address to get a library card. 책을 빌리는 사람들은 현주소가 적혀 있는 유효한 photo ID를 제시하면 간단하게 도서 대출 카드를 발급받을 수 있다

DMV: 자동차와 관련해서는 운전면허증 따기에서부터 신차, 중고차 등록에 이르기까지 모든 것을 담당하는 곳이다. 불친절이 일상화된 곳이라는 악명을 떨치고 있다. 미국 내에서 **terrorist suspects**테러용의자들에 대한 **torture**고문 논란이 한창이었을 때, 미국 신문의 한 **cartoon**만평에는 "우리 미국인들은 매일 DMV에서 고문을 받고 있는데……"라는 웃지 못할 그림이 실린 적도 있을 정도다. 버지니아 주는 9·11 테러 이후 비시민권자들에게는 **valid period**유효기간가 불과 1년짜리인 운전면허증을 발급하고 있어 매년 **renewal**갱신해야 하는 번거로움을 감수해야 한다.

ownership: 보유하고 있는 상태, 즉 의역을 하면 보유율이 된다. -ship이 뒤에 붙어서 비슷한 뜻이 되는 말로는 **ridership**대중교통수단 이용률, **newspaper readership**신문 구독률 등이 있다.

back off 미국 공권력의 위세가 '팍팍'

미국에 살면서 자주 느꼈던 일은 미국이야말로 지독한 경찰국가로구나 하는 점이었다. 공권력, 특히 일상생활에서 접하게 되는 경찰의 힘은 그야말로 장난이 아니다. 경찰의 지시에 불복종했다가는 바로 **handcuffs**수갑요, 여차하면 구금이 되는 모습을 뉴스나 리얼리티 **TV**를 통해 수없이 간접 체험할 수 있다. 경찰의 힘을 가장 함축적으로 드러내는 외마디 명령어가 있다. 바로 "물러서!"라는 뜻의 **back off**다.

경찰관의 **back off** 지시에 불응했다고 가정해 보자. 미국 판 '경찰청 사람들'인 *COPS*라는 프로그램에서 익히 봐왔던 장면을 토대로 유추한다면 먼저 나한테 경찰관의 **taser**전기충격 총 공격이 가해질 게 뻔하다. 이어 일시 감전된 나를 바닥에 쓰러뜨린 후 양팔을 등 뒤로 틀어서 신속하게 손목에 수갑을 채울 것이다. 그러고는 고개를 굽히게 한 뒤 경찰차 뒤쪽 좌석에 밀어 넣는 방법으로 현장 상황을 깔끔하게 정리할 확률이 99퍼센트다.

그런 끔찍한 상상을 해서인지 나는 도로 갓길에 경광등을 켜놓은 채 정차해 있는 경찰차만 봐도 나 자신도 모르게 가슴이 철렁 내려앉기 일쑤였다. 소심한 성격 탓도 있겠지만, 아무런 잘못을 하지 않았는데도 왠지 경찰관과 경찰차의 모습만 보여도 자세를 바로 잡고 긴장 모드로 전환하는 게 습관처럼 되고 말았다.

이처럼 미국의 공권력은 참으로 강해 보인다. 아니 실제로 강하다. 파출소에서 술에 취한 채 집기를 마구 부수고 경찰관에게 입에 담지 못할 갖은 욕설을 해대면서 공무집행을 방해하는 우리네 용감한 아저씨 또는 드물게는 아줌마, 처녀님들을 보고 있노라면 한국은 참으로 **lenient**관대한 나라구나 하는 생각이 든다. 미국에

■ 미국 경찰들의 위세 있는 행렬

서 만약에 어떤 사람이 한순간이라도 공권력을 능멸하는 행동을 한다면 그런 자유는 오랫동안 국가에 저당 잡힐 것이 분명하다.

   미국의 경찰차, 구급차, 소방차들의 사이렌 소리 또한 한국과 비교하면 무척 요란하고 권위주의적이다. 정말 공권력의 force힘이나 능력가 소리에 그대로 녹아들어 있는 듯한 느낌을 받는다. 일반 운전자들이 이들 차량의 사이렌 소리를 듣는다면 길을 비켜주지 않고는 못 배겨날 정도로 그 소리가 위압적이며, 짜증스럽도록 반복적이다. 만일 이런 차량에 부딪힌다면 주변의 동정은 아예 기대조차 하지 않는 게 좋다. 오히려 공무수행을 방해했다는 핀잔을 들을 가능성이 더 크기 때문이다. 그래서인지 미국 언론도 공권력의 공무수행 과정에서 숨진 민간인 victim희생자에게는 많은 관심과 배려를 하지 않는 듯하다.

   2010년 4월, 콘스탄트 홀든Constant Holden이라는 68살의 여성이 워싱턴 시내에서 자전거를 타고 가다가 시 방위군 차량에 치여 현장에서 숨지는 안타까운 사고가 발생했다. 시 방위군은 마침 워싱턴에서 열린 제1차 Nuclear Security Summit핵 안보 정상회의 회의장 주변의 경비를 위해 차량을 이동하던 중 기자이자 화가로 활동하던 이 여성을 치어 숨지게 한 것이다. 한국 같았으면 상당히 크게 취급됐을 법한 이 소식은 주로 워싱턴 D.C. 일원의 로컬 방송에서 간단하게 다뤄졌을 뿐 커다란 사회 문제는 되지 못했다. **In the line of duty**공무수행 중였다는 당국의 해명으로 모든 것이 사실상 마무리됐던 것이다.

> **Ex**

✔ **Back off** or I'm calling 911! 뒤로 물러서. 그렇지 않으면 911에 신고할 거야!

✔ A woman ran up to the police, screaming, "What the hell are you doing, you pigs?". The police told the woman to **back off**. 여자가 경찰들에게 달려가 "도대체 뭣들 하는 거야, 이 짭새들아!" 하고 절규하듯 소리쳤다. 경찰은 여자에게 물러서라고 말했다.

*pig는 영어로 경찰을 경멸적으로 표현하는 말이다.

---

taser: 미국의 **law-enforcement officers**사법 경찰관들이 무기를 소지하지 않은 용의자들을 제압할 때 우선적으로 사용하는 전기충격 총이다. 제조사 **Taser International**의 상호를 따온 게 지금은 보통명사화돼 보편적으로 쓰인다. **Taser**는 동사로도 사용된다.

Nuclear Security Summit: 핵 안보 정상회의. 취임 직후부터 '핵 없는 세상'을 주창해온 버락 오바마 대통령이 주도해서 만든 다자 정상협의체. 주로 세계적으로 취약한 상태에 노출돼 있는 핵물질이 테러리스트 집단의 수중으로 흘러들어가지 않도록 하는 문제를 집중 논의하는 자리다. 제2차 핵 안보 정상회의는 2012년 3월에 서울에서 열린다.

playdate

타이거 맘이 펄쩍 뛴 유년의 우정 쌓기

중·고교 시절 '빨간 책'으로 통하던 도색잡지를 보면 가슴이 턱턱 막혔던 일이 지금도 아련하게 기억 속에 떠오른다. 단 한 번만이라도 책을 빌려보기 위해 이런 책을 소장하고 있는 친구들 비위를 맞추려고 얼마나 애를 썼던지……. 되돌아보면 웃음만 나온다.

지금은 인터넷의 발달로 성인인증 절차만 거치면 쉽게 **pornography**음란물에 접근할 수 있지만, 당시 '빨간 책'의 양대 산맥인 *Playboy*와 *Penthouse*는 참으로 범접하기 힘든 희귀 품목이었다. 친구들은 플레이보이에 대해 '쓸데없는' 유명 인사들의 인터뷰나 정치 **gossip**가십으로 아까운 지면을 축낸다는 불만을 늘어놓았지만, 사진 하나만은 최고라는 찬사를 보내는 데 인색하지 않았다. 지금도 그렇지만 플레이보이는 매달 **Playmate** 모델을 선정, 표지와 브로마이드를 장식했다.

여성에 대한 나의 '개취'를 드러내는 것 같아서 조금 창피한 얘기지만, 개인적으로 최고의 **playmate**를 들라면 지금은 고인이 된 애나 니콜 스미스Anna Nicole Smith를 꼽겠다. 그는 데뷔 당시 제2의 매릴린 먼로Marylin Monroe가 되겠다는 야심찬 포부를 밝혔지만 2007년 2월, 39살의 나이에 **drug overdose**약물 과다 복용로 요절했다. 슈퍼모델 클라우디아 쉬퍼Claudia Schiffer의 뒤를 이어 **Guess jean**게스 청바지 모델로 기용돼 화제를 모으기도 했다.

각설하고, 사춘기 시절의 **playmate**라는 단어가 너무 머리 깊숙이 박혀 있는 탓일까? 가끔 비슷한 발음의 **playdate**와 혼동을 일으켜 미국에 살면서 말이 헛나갔던 일이 몇 번 있었다.

playdate란 대개 유치원이나 초등학교에 다니는 어린이들이 친구 집을 방문해

■ 친구 집에서 playdate 중인 저자의 딸(가운데)

몇 시간 동안 함께 어울려 노는 것을 말한다. 호스트 쪽 부모 입장에서는 집안에서 아이들이 노는 시간을 활용해 밀린 가사를 처리할 수 있고, 자식을 보낸 쪽 부모는 외출이나 쇼핑할 시간을 확보할 수 있기 때문에 부모 좋고 자식 좋은 일이 된다. playdate가 발전하면 친구 집에서 하룻밤을 자고 오는 단계까지 허용된다. 이를 sleepover라고 한다.

우리 부부는 딸이 종종 Miranda라는 중국계 미국인 친구 집에 놀러 가서 잠을 자고 오는 걸 허락했다. 물론 Miranda도 in a reciprocal manner상호주의에 따라로 여러 번 우리 집에 와서 잠을 자고 가면서 우정을 쌓아나갔다. 그런데 우리 부부가 당연하게 생각했던 이런 우리의 교육방식에 대해 잠시 고민을 하게 만드는 변수가 하나 생겼다. Yale law school예일대 법학대학원의 에이미 추아Amy Chua 교수가 *Battle Hymn of the Tiger Mom*호랑이 엄마의 군가라는 책에서 자신은 두 딸에게 sleepover는 고사하고, playdate, TV 시청, 컴퓨터 사용을 모두 금지했다고 주장했기 때문이다.

중국계 '호랑이 엄마'의 strict엄격한 자녀교육 방식은 미국 내에서 많은 논란을 낳았지만, 어쨌든 이런 교육방식으로 딸들을 영재로 키워냈다고 하니 우리 부부 입장에서는 잠시나마 신경이 쓰이지 않을 수 없었다. 그러나 가정마다 아이들을 키우는 방식은 모두 다르기 때문에 추아 교수의 교육방식이 절대적일 수는 없다는 게 우리 부부의 결론이었다. 그래서 추아 교수의 방식은 참고만 하기로 정리했고, 그 이후에도 우리는 딸을 친구 집에 자주 보내 우정의 깊이를 더해나갈 수 있도록 했다.

Ex

✔ **In order to make those first-day jitters a little more tolerable, elementary schools hold "playdates" so kids and parents can meet each other.** 등교 첫날의 긴장을 풀어주기 위해 초등학교들은 아이들과 부모들이 서로 만날 수 있는 '플레이데이트'를 개최한다.

✔ **When attending playdates at other people's homes, teach your child to think in someone else's shoes.** 다른 사람의 집에서 플레이데이트를 할 때는 당신의 아이에게 남의 입장에서 생각하는 방법을 가르치세요.

---

in a reciprocal manner: '상호주의에 따라' 정도로 옮기면 되겠다. 이명박 정부 들어서 대북 상호주의가 강조되고 있는데, 그 상호주의 또는 호혜주의는 reciprocity다. manner 대신에 fashion을 써도 뜻은 같다. 고상한 단어인 manner와 fashion은 뭔가 통하는 게 있는가 보다.

Yale law school: 예일대 법학대학원이다. 저자와는 아무런 인연도 없지만, 한국계로 저자와 종씨인 Harold Koh해럴드 고(고홍주)가 이 대학원의 Dean학장을 지내서 그냥 친숙하게 느껴지는 곳이다. 고홍주는 2009년 3월, 차관보급인 legal adviser of the Department of State국무부 법률고문에 임명됐다.

now hiring
고용과 해고는 H와 F차이

일본에서 생활할 때 아무리 생각해도 이해가 되지 않는 표현이 하나 있었다. 화장실 변기 또는 공중전화기에 '고장 중'이라는 안내표시가 적혀 있는 것을 봤을 때다. 일본어는 우리 한국어와 닮은 점이 매우 많지만, 유독 이 표현만큼은 지극히 일본적으로 느껴졌다.

우리의 언어 감각대로라면 '휴가 중', '출장 중', '수리 중'. 이런 식으로 주어인 인칭대명사가 앞에 생략된 형태로 '중'이라는 말을 사용해야 한다. 그런데 '고장 중'은 이런 식의 논리가 성립하지 않기 때문에 우리의 어감과는 상당한 거리감을 느끼게 했던 것이다.

영어에도 한자의 '중中'에 해당하는 현재진행형의 관용적인 표현이 있다. **now hiring** 같은 표현이 그런 범주에 든다. 한국어로 옮기자면 '직원 모집 중'이라고 하면 될 것 같다. 2011년 1월에 동네 스타벅스 커피숍으로 커피를 사러 가서 주문한 커피를 기다리는데 카운터에 이 표현이 적힌 직원 모집 광고가 붙어 있었다.

스타벅스는 2008년 금융위기 직후에는 미국 전역에서 점포수를 대폭 줄이는 등 감량경영에 돌입해야 했다. **layoff**감원도 병행됐음은 물론이다. 그러기를 2년 반. 마침내 소비가 점차 활성화되면서 일자리 시장에도 온기가 돌기 시작했다는 신호를 스타벅스의 구인광고에서 감지할 수 있었다.

Hire고용와 **Fire**해고. 영어 단어로는 단순히 H와 F라는 차이에 지나지 않지만, 사용자가 어느 쪽 카드를 뽑아드느냐에 따라서 **employees**피고용자들의 삶은 180도 변할 수밖에 없다. 싫으나 좋으나 세계 경제를 견인해 온 미국에서 **fire** 같은 **hire**의 붐이 일어나길 기대하는 것이 나만의 생각은 아닐 것이다. 하지만 경기침체에서 회복할 때 고용지표가 가장 더디게 개선된다고 한다. 10퍼센트 대까지 치솟았던 미국의 **unemployment rate**실업률가 9퍼센트대 박스권에 오랫동안 갇혀 헤어나지 못하는 것도 이런 연유에서다.

now hiring 말고도 현재진행형이 관용어처럼 굳어진 표현은 몇 가지 더 있다. 예를 들어 미국에서는 여름방학 기간에 열리는 **summer camp**여름 캠프를 앞두고 3월과 4월부터는 수강생 모집광고가 나온다. 이때 **now enrolling**모집 중이라는 표현을 쓰는 것도 잊지 말자. 건물의 임대 안내문에는 **now leasing**임대 중이라는 문구가 적혀 있을 것이다.

Ex

✔ **Businesses now hiring at fastest pace since 2006.** 2006년 이래 가장 빠른 속도의 증가를 보이는 업체들의 인력 고용.

✔ **The following companies are now hiring. To learn more about a job listing, please click on the "job title".** 다음 회사들이 직원을 모집 중입니다. 모집 대상 직업에 대해 좀 더 알고 싶으면, "job title"을 클릭하세요.

wonk  한우물만 판다! 미국 판 오타쿠

생기발랄하기 그지없는 미국의 남녀 대학생들이 티셔츠 차림으로 워싱턴 거리를 걷고 있다. 워싱턴의 관광명소를 찾아오는 수많은 젊은이들 가운데 한 무리겠거니 하면서 무심코 눈길을 줬다가 그들 티셔츠에 적혀 있는 문구가 눈에 확 꽂힌다. "American Wonk." 그리고 며칠 뒤 워싱턴 D.C.와 버지니아 주 일원을 시청권으로 하는 ABC 로컬방송에서 "American University가 우수한 신입생 모집을 위해 발 벗고 나섰다."라고 하는 뉴스가 나왔다. 뉴스 화면에는 American Wonk가 적힌 티셔츠를 입은 남녀 대학생들이 등장했다.

내용인 즉, 아메리칸 대학이 미국 대학들의 신입생 유치 경쟁에서 유리한 고지를 확보하기 위해 American Wonk라는 구호를 고안해낸 뒤 3,500벌의 티셔츠를 나눠주고 있다는 것이었다.

아메리칸 대학이 만들어낸 구호는 "미국의 인재들은 우리 대학에 보내서 키워라."라는 뜻을 담고 있다. 즉 '말馬은 제주도로, 인재는 서울로'라는 말이 있듯이 "Wonk공부벌레들을 아메리칸 대학으로 보내주십시오."라는 메시지를 전달하려는 일종의 캠페인이었다.

wonk라는 말은 '어떤 분야에 대해 지나칠 정도로 깊이 공부를 한 전문가'라는 뜻을 지니고 있다. 이 말의 어원과 관련해서는 '박식하다'는 뜻에서 know를 거꾸로 배열해서 만들었다는 설이 있으나, 입증된 적은 없다고 한다.

워싱턴의 정치권에서는 policy wonk라는 말이 자주 사용되는데, 이는 정책의 세세한 부분까지 꿰뚫고 있는 serious politician진지한 정치인, 정책통을 뜻하는 말이다. 워싱턴 특파원으로 활동하면서 가장 신경을 써야 하는 취재영역은 북한과 관련한 분야였다. 취재 장벽이 높은 워싱턴에서 직접 취재의 한계에 부딪히면 전문 블로거들의 글을 추적, 확인하는 방식의 간접 취재로 보완할 수밖에 없는 경우도 많았다.

북한의 핵, 미사일과 관련된 정보를 얻기 위해 내가 자주 찾았던 전문 블로거 사이트 가운데 **Arms Control Wonk**군축 전문가라는 게 있었다. 헤리티지 재단이나 브루킹스 연구소 같은 싱크탱크의 연구원들이 공개적으로 밝히지 못하는 내용도 이 사이트의 블로거들은 과감히 공개하는 경우가 더러 있어 유용한 기사 소스의 가치가 있었다.

wonk는 우리나라 말에서는 근사치를 찾기가 조금 쉽지 않고, 일본어에서는 특정 분야를 깊이 파고들어 해박한 지식을 지니고 있다는 뜻을 가진 '오타쿠御宅'와 아주 비슷한 어감을 준다. 우리나라에서도 점차 자기가 일하는 분야가 아니면서도 '보통 이상의 지식을 지닌 사람'들이 늘어나고 있는 추세다. 취미를 본업처럼 수준 높게 하는 **wonk**들의 출현이 더 많아진다는 것은 분명 바람직한 일일 것이다.

Ex

✔ For two decades as an intelligence analyst and policy wonk at the Pentagon, Larry Franklin built his career tracking security threats. 래리 프랭클린은 미국 국방부에서 20여 년간 정보분석가와 정책통으로 활동하면서 안보 위협을 추적하는 데 잔뼈가 굵다.

American University: 워싱턴 D.C. 시내에 있는 대학으로, 한국과 남다른 인연을 맺고 있다. 올해 4월, 이 학교 교정에서는 **Korean Garden**한국 정원 조성 기념식이 열렸다. 교내 정원에 왕벚나무, 단풍나무, 박달나무 등 한국산 토종 수목과 야생식물 500여 점을 심는다는 것이다. 이 학교에는 일제강점기인 1943년에 이승만 전 대통령이 기증한 제주도 왕벚나무 4그루 가운데 3그루가 아직까지 남아 있다.

aficionado
마지막 철자 'o'에서 사람냄새가 난다

좀 전에 소개한 **wonk**를 '광표'으로 해석하는 경우도 종종 있는데, 광에 좀더 가까운 영어단어를 찾는다면 **aficionado**가 있겠다. 무언가를 무척 좋아하는 '애호가'를 뜻할 때 이 말이 자주 쓰인다. 보통 **fan**이라는 단어가 가벼워 보이거나 너무 흔하게 느껴질 때 이 표현을 쓰면 그럴듯해 보일 것이다.

물론 **cigar buff**, **basketball maniac**, **movie freak**처럼 어떤 일에 몰두해 있는 사람들을 일컫는 단어는 많다. 하지만 개인적으로 영어의 **affection**애정이라는 의미가 녹아 있는 **aficionado**는 유려한 발음을 가지고 있어서 기억해 둘 만한 단어로 추천하고 싶다.

여기서 우리들이 자주 사용하는 **mania**실제 발음은 메이니아라는 단어는 **maniac**의 잘못된 표현이 굳어진 것이다. 대학교에 다니던 시절 *Flash Dance*라는 유명한 영화가 상영된 적이 있는데, 거기에 들어간 삽입곡 중 마이클 셈벨로Michael Sembello의 *Maniac*이라는 노래가 있었다. 아마도 우리나라에서 매니악이라는 말이 본격적으로 대중의 입에 오르내리게 된 시기도 이때부터였던 것으로 기억된다. 그런데 어찌된 영문인지 정작 발음은 c를 빠뜨린 '마니아'가 되고 말았다.

다시 **aficionado**로 돌아와서, 영어에서는 흔히 동사에 **-er**을 붙이면 '무엇을 하는 사람'이라는 뜻을 지니는 명사로 바뀌게 된다. 그런데 **aficionado**처럼 o로 끝나는 단어를 만나게 되면 이 또한 사람을 의미하는 단어가 아닌지 추정해 보는 것도 아주 무의미한 일은 아니다. 예를 들어 **politico**는 **politician**정치인을 비공식적으로 일컬을 때 얘기하는 말이다. 미국의 정치전문 온오프라인 매체인 **Politico**는 2007년 1월 출범한 후발매체임에도 불구하고 빠른 시간 내에 워싱턴의 영향력 있는 매체 가운데 하나로 자리매김한 상태다.

미국 사람들이 일상생활에서 자주 사용하는 weirdo와 wacko도 사람과 관련된 말이다. 먼저 weirdo란 weird기묘한, 이상한라는 형용사에 o를 보태 파생된 말로, '괴짜' 또는 odd person별난 사람이라는 부정적인 뜻을 품고 있다. '형편없고 이상하다'는 뜻의 wack이라는 단어도 맨 끝에 o가 붙어 wacko가 되면, '정신 나간 사람' 또는 '미친 사람' 정도의 의미를 지니게 된다. 이것보다 훨씬 더 나쁜 표현은 우리말이 되다시피 한 psycho가 있다.

하지만 o로 끝나는 단어가 모두 나쁜 뉘앙스를 지니고 있는 것만은 아니다. 몇 년 전 TV 드라마 중에 '베토벤 바이러스'가 있었다. 그 드라마에 나온 주인공의 별명이 '강마에'였는데, 여기서 '마에'라는 말은 maestro거장에서 따온 말이다. 좋은 뜻을 지닌 단어든, 나쁜 어감을 가진 단어든 영어를 잘하기 위해서는 외우는 일밖에 뚜렷한 방도가 없다. 오늘도 영어공부에 여념이 없는 많은 여러분들을 위해 Bravo!다.

> Ex

✔ He is a coffee aficionado and an avid moviegoer. 그는 커피 애호가이자 대단한 영화광이다.

> mania: 어떤 일에 깊이 빠져들며 열광하는 모습을 보이는 증세 정도로 보면 되겠다. -a 로 끝나면서 어떤 심리적 현상이나 증세를 나타내는 말로는 phobia공포증를 들 수 있다. 섬나라 일본은 옛날부터 외국인들이 별로 없어서 xenophobia외국인 혐오증가 심한 편이다. 비행기를 타기 싫어하는 사람들은 자신들이 acrophobia고소공포증가 있는 것으로 알고 있는데, 실은 claustrophobia폐소 또는 협소공포증 때문이라고 한다. -a로 끝나는 또 다른 말인 paranoia는 피해망상증 또는 편집증이다.

You guys 젠틀맨이라고 해주면 안 되겠니

워싱턴에서 3년 내내 좀처럼 적응이 안 되던 표현이 더러 있었다. 먼저 **You guys**. 40대 중반의 나이에 워싱턴에 배치된 나는 워싱턴의 각종 **think tank** 행사를 찾아다니면서 새파랗게 젊은 미국 사람들로부터 이 말을 들을 때마다 속으로 언짢은 감정을 꾹꾹 눌러야 했다. 미국인들 사이에서는 아무렇지도 않게 사용되는 표현임이 분명했으나, **hierarchy**위계가 유독 강한 한국의 '기자 조직'에서 커온 되먹지 못한 타성 때문인지 내 입장에서는 이 표현이 왠지 나를 **look down on**하대하다 하는 듯해서 듣기에 매우 거북했다.

내심 **You Gentleman.**이라고 불러주었으면 하는 마음이 굴뚝같았지만, 그건 고사하고 **You.**라고만 했어도 감지덕지했을 것이다. 특히 아주 젊은 여자가 그렇게 부를 때는 더욱 듣기가 거북했던 것이 솔직한 심정이다. 나는 지나친 **male chauvinist**남성우월주의자는 아니지만, 어쨌든 그렇게 불리는 것은 왠지 모르게 불편했다.

또 한 가지 싫었던 말은 **What's that?**이었다. 내 말을 제대로 알아듣지 못한 상대방이 곧바로 카운터펀치 날리듯 되물을 때 흔히 사용되는 표현이다. 이 표현도 진짜로 주는 것 없이 기분 나쁘기는 마찬가지였다. 중학교, 고등학교 영어시간에 배웠던 **I beg your pardon?**이니 **Run that by me again.**이니 하는 고상한 표현을 듣는 건 거의 가뭄에 콩 나기 수준이고, 심하게 말해서 열 중 여덟이나 아홉은 이런 짧고 거칠게 느껴지는 **What's that?**으로 응수하는 게 다반사다. 머릿속에서 발음 신경 쓰랴, 문법 따져보랴 가뜩이나 주눅이 든 사람에게 상대방이 이렇게 쏘아붙이면 순간적으로 머릿속이 하얗게 되면서 되돌려줄 말이 생각이 나지 않는다.

하지만 미국인들 사이에서는 이런 표현이 워낙 자주 쓰이고 있는 만큼 여러분이 미국인과 대화할 때 이 표현들을 사용한다고 해도 무례하다는 인상은 전혀 주지 않을 것으로 여겨진다. 이들 표현에 대한 나의 체감적 거부감은 지극히 개인적인 감상에 지나지 않기 때문이다.

그런데 이런 미국인들도 예기치 않은 친절을 베풀 때는 엄청 깍듯해진다. 예를 들어 무거운 짐을 들고 가는 아주머니에게 "짐을 들어드릴까요?" 하면서 실제로 들어주면 이 콧대 높은 미국 백인 아줌마들이 **Sir, sir.** 하면서 그렇게 정중할 수가 없다. 역시 나를 낮추면 남도 낮춰지기 마련이다. 단, 상대가 일정 정도의 교양을 갖추고 있다면 말이다.

Ex

✔ Gee, you guys are spending an awful lot of money. 에이, 당신들 돈 무지하게 썼구먼.

✔ I don't even know why I hang out with you guys! 내가 왜 당신들하고 이렇게 어울리고 있는지조차 모르겠어!

---

male chauvinist: 남성이 여성보다 능력면에서 우수하다고 믿는 부류의 남자들을 말한다. 빌 클린턴 행정부에서는 재무장관, 오바마 행정부에선 백악관의 국가경제위원장까지 지냈던 래리 서머스 Larry Summers는 2005년 **President of Harvard**하버드 총장 시절 '여성 비하 논란'에 휩싸였다. "왜 여성들은 유명 대학이나 연구기관에서 **tenured positions**정년이 보장된 자리에 있는 사례가 적은가"라는 주제로 여성의 분발을 촉구하는 문제제기를 했던 것이 여성 비하 발언으로 비화하면서 결국 이듬해 총장자리에서 물러나고 말았다. 당시 서머스에 대해 여성계에서는 **male chauvinist**라고 공격했다. **Feminist**남녀 평등주의자까지는 되지 못하더라도 **male chauvinist**는 반드시 피해야 할 선택이다.

adoptee 한국의 유아 수출국 오명은 언제까지

2010년 4월 미국 테네시 주에서는 미국인 양어머니가 러시아에서 입양한 7살 난 아들을 러시아로 되돌려보내는 흔치않은 사건이 발생했다. 입양된 아들이 폭력적인 성향을 보여 더는 가정에서 키우기 어렵게 되자 러시아로 돌려보냈다는 게 미국 언론의 보도 내용이었으나, 양어머니는 '아들이 러시아 생모를 보고 싶다고 해서 돌려보냈을 뿐'이라고 납득하기 어려운 변명을 늘어놨다.

민간 차원에서 일어난 이 사건은 예기치 않게 미국과 러시아 사이의 외교 문제로 **flare up**비화될 정도로 파장이 컸다. 러시아 정부는 이 사건을 계기로 미국으로 자국 아이들을 입양시키지 못하도록 일시 제동을 걸고 나서는 등 강경한 입장을 취했다.

미국에는 세계 각국에서 입양돼 오는 아이들이 많다. 미국에서는 이들 어린이를 **adoptee**입양아라고 부른다. 사실상 부부관계를 유지하고 있는 앤젤리나 졸리Angelina Jolie와 브래드 피트Brad Pitt는 캄보디아 등지에서 아이를 입양했고, 마돈나Madonna는 아프리카의 **Malawi**에서 두 아이를 입양해 화제를 모으기도 했다. 그런데 경제규모로 세계 제14위인 한국이 아직도 미국에 많은 입양아를 보내고 있는 나라 가운데 다섯 손가락 안에 꼽히고 있는 현실은 서글픈 일이 아닐 수 없다.

미국 국무부의 '2010년 국제입양 보고서'에 따르면 한국은 한 해 동안에만 863명의 아이들을 미국으로 입양 보냈다. 중국, 에티오피아, 러시아 다음으로 많은 숫자다. 세계 경제 선진국 반열에 오른 한국에 짙게 드리워진 그늘이 아닐 수 없다.

한번은 캐나다 출신의 세계적인 팝디바 셀린 디옹Celine Dion의 2008년 월드 투어 콘서트를 비디오로 본 적이 있다. 당시 그가 공연을 위해 방문했던 수많은 나라 가

■ 자녀들과 나들이를 하는 Angelina Jolie와 Brad Pitt 가족

운데 한국 공연 부분에는 디옹이 노래하는 장면은 전혀 없고, 오로지 '입양 관련' 에피소드가 담긴 화면으로만 채워져 씁쓸함을 줬다.

한국 투어로 편집된 부분의 영상은 이랬다. 공연이 모두 끝난 후 무대 인사를 하는 디옹이 자신의 여성 백댄서를 소개한다. 한눈에 봐도 한국인의 **DNA**를 지닌 젊은 여성이 눈물을 펑펑 쏟으며 한국인 관객들에게 인사를 한다. 이 댄서는 '한국에서 태어나 입양된 후 처음으로 다시 와보는 고국'이라며 감격에 겨워 눈물을 흘린다.

이 장면을 보는 것만으로도 짠했는데, 이번에는 디옹이 자신의 코러스를 담당하는 중년의 백인 여성을 소개한다. 이 여성은 유치원생 정도 돼 보이는 동양계 남자 아이를 안고 있었다. 무슨 일이 일어나고 있는지도 모른 채 천진난만한 표정을 짓고 있던 아이는 한국인 입양아 출신이었다. 양아들의 조국에 왔다며 역시 눈물을 쏟는 벽안의 여성을 보면서 또 한 번 가슴이 먹먹해졌다. 수출입국의 목표 아래 그야말로 앞만 바라보고 달려온 코리아지만, 21세기 들어서도 '고아 수출국'의 **disgrace**오명를 계속해서 뒤집어쓰고 갈 생각인지 답답하기만 하다.

조금 다른 얘기지만 미국의 마을을 돌아다니다 보면 **adopt a stream**이라는 문구가 적혀 있는 안내문을 종종 볼 수 있다. 지역사회 주민들이 하천을 '입양'해서 보호·관리하는 개념으로, 지역민들이 스스로 나서서 자식 키우듯 하천을 관리하는 제도다. 외국의 어린이들은 물론 자연까지 '입양'해서 보살피는 미국인들의 마음가짐을 헤아려 볼 도리는 없으나, 어떤 의미로든 '참 대단한 사람들'이라는 생각이 든다.

> Ex

✔ Male Korean adoptees in the West have more difficulty finding a female partner. 서양에 살고 있는 한국인 출신 남자 입양아들은 여성 파트너를 구하는 데 더 어려움을 겪는다.

✔ When an adoptee has just discovered a way to contact their birth mom the question always is, how to make that first contact. 입양아가 생모와 접촉하기 위한 방법을 알아냈을 때의 문제는 언제나 그렇지만 어떻게 첫 접촉을 이뤄내느냐에 있다.

adoptee: 피입양자. 이 단어처럼 영어에서는 -ee로 끝나는 단어는 '피동적인 입장에 있는 사람'을 나타내는 경우가 많다. Abductee피랍자, amputee절단수술을 받은 사람, appointee내정자, 피지명자, awardee수상자, detainee구금자, employee피고용자, interviewee인터뷰 대상자, invitee초청받은 사람, murderee피살자, nominee지명을 받은 사람 등이 있다.

Angelina Jolie & Brad Pitt: 브래드 피트는 집사람이 가장 좋아하는 남자배우다. Yellow Stone으로 가는 길에 피트가 출연한 영화 *A River Runs through It*흐르는 강물처럼의 배경이었던 Montana 주를 경유했는데 그 영화를 떠올리면서 눈물을 짓는 '오버'도 서슴지 않는다. 절대로 있을 수 없는 피트와의 '사랑'때문인지 우리 딸아이의 영어 이름을 Angelina라고 지어 대리만족을 하고 있는 듯하다. 두 사람의 이름을 조합해 Brangelica라는 표현도 있으며, 일본에서는 브래드 피트를 '브래피'라고 줄여 부른다.

trailblazer 아무도 안 간 곳에 길을 내는 선구자

2008년 미국 대선 당시 동료와 함께 콜로라도 주 덴버 시의 **Democratic national convention**민주당 전당대회에 취재를 간 적이 있었다. 덴버 시는 지표로부터 1마일 위에 위치해 있다고 해서 **mile high**마일 하이라는 별명을 지닌 곳이다. 공기 저항이 적어서 아마추어 골퍼라도 드라이버를 치면 비거리가 최소 10야드는 더 늘어난다는 얘기가 있지만, 당시 취재시간에 쫓겨 직접 확인해 보지 못한 것이 지금도 아쉬움으로 남아 있다.

미국에 부임한 지 고작 4개월 남짓했던 나는 1년 정도 먼저 와 있던 동료에게 출장지에서 렌터카 임대 등의 일을 맡겼다. 그가 빌린 차의 이름은 **trailblazer**였다. 누구도 가지 않은 곳에 길을 내면서 달려나가는 선구자라는 뜻이다.

마침 민주당 전당대회도 이런 선각적인 사람들의 싸움이어서 나에게는 단순한 렌터카 이상의 의미가 있었다. 첫 흑인 대통령이라는 담대한 열매를 따기 직전의 오바마와 첫 여성 대통령의 꿈을 마지막까지 놓지 않았던 클린턴 사이의 빅 매치였기 때문이다. 두 사람 중 누가 되든 그는 미국 정치사의 **trailblazer**가 될 운명을 지니고 있었던 것이다. 이 단어와 비슷한 느낌을 지닌 **pathfinder**는 화성탐사선 이름으로 유명하지만, 트레일블레이저와 마찬가지로 일본 자동차 닛산의 **SUV**Sports Utility Vehicle 이름으로도 사용되고 있다.

나는 이 단어들을 참 좋아한다. 사람은 자기에게 부족한 것에 대한 호감 또는 동경 같은 것이 있게 마련이다. 내가 지금까지 살아오면서 남을 위해 길을 닦아놓은 게 무엇 하나라도 있었는지 자문해 보면, 늘 남이 닦아놨던 길을 따라왔다는 자괴감과 부끄러움이 앞선다.

조금 늦었지만 **trailblaze**하는 삶을 살아보도록 노력하겠다고 다짐했는데, 마침 몸담고 있는 회사가 **cable news network**뉴스전문 채널를 개국하는 데 맞춰 나는 새로운 매체의 정치팀장으로 옮기게 됐다. 뉴스통신 기자로 20여 년을 보낸 **old dog**이 **new tricks**를 쉽게 배울 수 있을지 걱정이 되기는 하지만, 입사 이후 모처럼 '차려진 밥상에 숟가락을 올리는 게 아니라 밥상을 차려야 하는' 운명의 순간을 맞았다. 시청자들의 신뢰와 사랑을 듬뿍 받을 수 있는 뉴스채널이 될 수 있도록 길닦이에 최선을 다하겠다고 다짐해 본다.

Ex

✔ Barack Obama's grandmother was a **trailblazer** of her own – becoming one of the first female vice presidents of a Hawaii bank. 버락 오바마의 조모는 하와이 은행의 첫 여성 부행장이 되는 등 그녀 나름대로 선구적인 사람이었다.

✔ Political **trailblazer** Geraldine Ferraro dies. Former Congresswoman, attorney and schoolteacher was first female major party candidate for vice president in 1984. 정치의 선구자인 제랄딘 페라로 잠들다. 전직 하원의원, 변호사, 학교 교사를 거쳐 1984년 주요 정당 최초의 여성 부통령 후보를 지냈다.

---

trailblazer: 아들 조지 부시 대통령제43대 경호를 위해 비밀검찰국이 사용했던 **code name**으로도 유명하다. 부시에게는 **tumbler**라는 암호명도 사용됐다고 하는데, 이는 술 또는 음료를 담는 용기라고 한다. 아마도 술을 잘 마시는 부시 대통령에게 안성맞춤이라고 생각했던 것 같다. 커피를 담아서 가지고 다닐 수 있게 만든 길죽한 잔도 **tumbler**다. 한국의 일부 언론에서는 **tumbler**를 곡예사라고 잘못 번역해 놓은 실수도 발견된다. 아마도 체조 같은 경기에서 **tumbling**을 하는 사람으로 잘못 생각하고 번역해 놓은 듯 하다.

old dog: 영어에는 You can't teach an old dog new tricks.란 말이 있다. 어떤 일을 줄곧 해온 사람에게 새로운 기술이나 방법을 가르치기 어렵다는 얘기다. 그러나 It's never too late to learn new tricks.새로운 기술을 배우기에 너무 늦은 거란 없다. 하는 각오로 임해야 되지 않겠는가.

pull over 목적지에서 택시를 세우는 말

뉴욕 **Manhattan**만큼은 아니겠지만, 수도인 워싱턴 **D.C.**도 미국의 대도시치고는 **public transportation**대중교통이 비교적 잘 갖춰진 곳이다. 지하철인 **Metro**와 함께 택시도 많이 다니기 때문에 도심에서 이동을 하는 데 큰 불편이 없다.

이때 택시를 이용해 목적지에 내리고 싶을 때 정확한 지점을 지목해 세워달라고 할 필요가 있다. **Stop at the traffic light there.**라고 해도 큰 문제는 없다. 하지만 **stop** 대신 **pull over**라는 어휘를 쓰면 훨씬 맛깔나는 표현이 된다.

운전기사들은 대부분 **colored people**유색 인종이다. **White cabbie**백인 택시기사라는 말이 코미디언들의 소재로 활용될 정도로 백인이 택시 운전대를 잡는 것은 '우스운 일'로 여겨진다. 내 경험으로는 워싱턴 택시 기사들은 대부분 **Pakistan**, **Afghanistan**, **Ethiopia**, **Sudan** 등지에서 건너온 **immigrants**이민자들였다. 한국에서 건너와 택시 운전하는 분을 만난 건 3년 동안 딱 한 명이었다.

워싱턴의 택시 기사들은 주로 미개발국가 또는 독재국가에서 이민온 사람들이지만 이들의 출신 국가만 생각하고 얕봤다가는 큰코 다친다. 영어 발음이 시원치 않아서 그렇지, 이들이 지니고 있는 상식과 식견은 예상을 뛰어넘는다. 택시를 타보면 **NPR**뉴스를 듣는 기사는 기본이고, 심지어 러시아의 문호 도스토예프스키Dostoyevsky의 *The Brothers Karamazov*카라마조프의 형제들 오디오북을 듣는 택시 기사를 본 적도 있다. 남한과 북한을 정확히 구분해내고, 한반도 통일 전망에 대한 내 견해를 묻는 '한국통' 운전 기사도 있을 정도다.

물론 모든 워싱턴의 택시 기사들이 그렇지는 않겠지만, 대부분이 '노력파'들이

■ 지하철과 함께 미국의 대중교통 수단으로 많이 이용되는 Yellow cab

다. 왜 그럴까? 여러 가지 이유가 있겠지만, 나는 그 해답을 그들이 태우는 고객들에게서 찾았다.

한 번은 싱크탱크 세미나에 참석한 후 회사로 돌아오기 위해 택시를 잡으려다가 길가에 서 있던 도널드 럼즈펠드Donald Rumsfeld 전 국방장관을 우연히 보게 됐다. 그 역시 택시를 잡으려던 참이었다. 마침 자전거를 타고 길을 지나던 한 청년은 럼즈펠드를 발견하고는 "오 마이……"를 외쳤다. 나도 같은 심정이었다. 한마디로 많이 놀랐다는 얘기다.

럼즈펠드는 바로 택시에 올라타고 사라졌지만, 여운은 깊게 남았다. 그는 택시에서 분명 기사와 대화를 했을 것이고, 기사는 그동안 열심히 갈고 닦아온 정치, 안보 지식을 밑천으로 럼즈펠드에게 많은 질문을 했을지도 모르겠다는 상상을 해봤다.

이런 경우도 있었다. 월러스 그렉슨Wallace Gregson 국방부 아시아태평양 담당 **assistant secretary**차관보가 시내 한 호텔에서 강연을 했다. 강연이 끝난 후 한국과 일본 특파원들은 북한 문제에 관해 한마디라도 물어보기 위해 그를 따라붙었으나 그렉슨 차관보는 입을 굳게 다문 채 호텔 정문으로 빠져나가 택시를 타고 총총히 사라져 버렸다.

이처럼 '파워맨'들이 운전 기사가 딸린 고급 세단이 아닌 택시로 움직이는 곳이 바로 워싱턴이다. 사정이 이런데, 그들을 고객으로 상대하는 워싱턴의 택시 기사들이 시사문제에 어두워서야 되겠는가? 추측컨대 이런 외부적 자극 때문에 워싱턴의 택시 기사들은 뉴스 듣기, 신문 읽기를 게을리하지 않는 것 같다.

Ex

✔ In front of that car was the car with the deflated tire. He yelled out the window: "Pull over now!" 그 자동차 앞에는 펑크가 난 자동차가 달리고 있었다. 그는 창밖으로 "당장 차 세워!"라고 소리쳤다.

✔ I immediately pull over into a school parking lot and wait for a neighbor to come to my rescue. 나는 즉시 자동차를 학교 주차장에 세운 뒤 이웃들이 나를 도와주러 오기를 기다렸다.

---

cabbie: 택시운전사를 뜻한다. 택시를 흔히 taxicab 또는 cab이라고 부르는 데서 나왔다. 개인 자가용을 몰기 위해 고용된 운전사는 chauffeur라고 부른다.

Assistant Secretary: 차관보. 우리나라에서 가장 유명한 미국의 차관보는 북핵 문제를 주로 담당하는 국무부의 Assistant Secretary for East Asian and Pacific Affairs동아시아태평양 담당 차관보다. 미국 행정부의 직제는 Secretary장관, Deputy Secretary부장관, Undersecretary차관, Assistant Secretary차관보, Deputy Assistant Secretary부차관보 순이다. 다만 국방부는 조금 헷갈리게 돼 있다. 국방장관과 부장관 밑에 Army Secretary육군 장관, Navy Secretary해군 장관, Air Forces Secretary공군 장관가 별도로 있다.

 생활과 여행의 친절한 길잡이

문명의 발달은 과거에는 생각할 수도 없었던 각종 편의를 인류에게 제공한다. 자가용이 보편화돼 있는 미국 생활에서 가장 큰 도움을 받는 문명의 이기는 아무래도 **navigation**일 것이다. 나는 태생적 '길치'라는 조롱을 받아도 마땅히 항변할 구실이 없을 정도로 길눈이 매우 어둡다.

미국 생활 3년간 내비게이션이 없었더라면 나는 회사 출퇴근을 제외하고 다른 곳을 다녀볼 엄두조차 내지 못했을 것이다. 특히 공간지각 능력이 현저히 떨어지기 때문에 **Googlemaps**구글 맵를 프린트해서 목적지를 찾아다니겠다는 도전적인 생각을 해본 적조차 없다. 미국에서 내비게이션 하면 곧바로 통하는 말은 **Garmin**가민이다. 고유명사인 **Garmin**은 이제 내비게이션을 의미하는 보통명사로 널리 사용될 정도로 친숙하다.

간접적인 경험이기는 하지만, **Garmin**의 중요성을 정말 뼈저리게 느꼈던 적이 있다. 2011년 2월, **ABC**방송의 시사프로그램인 *20/20*은 겨울 휴가에 나섰다가 길을 잘못 드는 바람에 일주일 이상 깊은 산속에 갇혀 있었던 일가족 네 명의 이야기를 보도한 적이 있다.

이 에피소드에 등장하는 가족의 가장은 공교롭게도 **Korean-American**한국계 미국인이어서 처음부터 관심을 갖고 시청했다. 미국인 부인과 두 딸을 두고 있었던 제임스 김James Kim은 2006년 11월, 가족과 함께 워싱턴 주의 **Seattle**에서 휴가를 보낸 뒤 거주지인 오리건 주로 가기 위해 귀로에 올랐다. 김 씨는 오리건 주 **Gold beach**의 **tu tut tun lodge**투투툰 산장로 이동하던 중 잠깐 방심한 사이에 산장으로 이어지는 고속도로의 **exit**출구를 놓치고 말았다.

되돌아가기에는 너무 많은 시간이 지체될 것을 걱정한 김 씨는 시간을 단축하기 위해 고속도로의 다음 출구에서 험준한 short cut지름길을 택하는 모험을 감행했다. 하지만 갑자기 산에는 눈이 내리기 시작했고, 시간이 갈수록 눈발은 거세졌다. 김 씨는 결국 평소에는 일반인들의 출입이 통제되는 벌목장으로 연결된 길로 잘못 들어서는 악수를 두고 말았다. 길을 잃은 김 씨 가족은 일주일간 차 안에 갇혀서 구조의 손길을 기다려야 했다. 굶주림과 연료 부족 등으로 더는 희망이 없게 되자, 김 씨는 고립 7일째가 되던 12월 2일에 가족들을 차 안에 남긴 채 인근에 있을 것으로 추정되는 마을을 찾아 나섰다.

그러던 와중에 이들의 행방불명 소식은 오리건 주에서는 이미 큰 화제가 된 상태였다. 벌써 수일째 이들을 찾기 위한 수색 작업이 진행되고 있었다. 김 씨의 자동차는 우여곡절 끝에 자가용 헬리콥터를 이용해 자발적인 수색 작업에 나섰던 사람에 의해 극적으로 발견됐다. 이렇게 해서 김 씨의 아내와 두 딸은 생환할 수 있었다. 조난 7일만의 일이었다. 그러나 남편은 12월 6일 계곡에서 싸늘한 corpse주검로 발견됐다. 마을을 찾는 데 실패한 김 씨는 가족들이 있던 자동차로 되돌아오던 길에 사망한 것이었다.

물론 가정이지만 김 씨 가족이 만일 내비게이션을 이용해 여행을 했다면 이런 비극적인 일은 발생하지 않았을 수도 있다. 이 방송을 보고난 뒤 나는 운전할 때 절대로 나의 감感을 믿지 않기로 재삼 다짐했다. Garmin 속 여자의 목소리가 지시하는 대로 반드시 따라 하기로 한 것이다. 설령 내가 말을 제대로 알아듣지 못하고 잠시 틀리게 주행을 해도 Garmin은 recalculating가는 길 재조정 작업을 거쳐서 제대로 된 길로 나를 다시 인도해 주기 때문이다.

Garmin말고도 고유명사가 보통명사화돼 쓰이는 사례로 Ambien을 소개하고 싶다. 2009년 11월 로버트 게이츠Robert Gates 미국 Secretary of Defense국방장관의 4개국 순방을 동행 취재한 적이 있었다. '공중지휘통제기'로 불리는 미국 국방장관의 전용기를 타고 취재활동을 벌이는 일은 쉽게 오지 않는 기회였다. 워싱턴 D.C.

인근의 **Maryland** 주 **Andrews Airbase**앤드류스 공군기지를 출발해 하와이, 인도네시아, 한국, 일본, 슬로바키아를 찍고 다시 앤드류스 공군기지로 귀환하는 여정은 녹록지 않았지만, 그 기회의 '희소성' 때문에 무척 보람있는 출장이었다.

'5박 7일'간 지구를 한 바퀴 돌다시피한 이 여행은 시차가 매일 바뀌기 때문에 잠을 청하는 게 큰 숙제였다. 이런 점을 배려한 듯 기내에 동승한 국방부 소속 주치의는 국방부 고위관리들은 물론 취재진 20여 명을 일일이 찾아다니며 **sleeping pills**수면제 복용을 권했다. '꼭 먹을 필요는 없지만, 이 앰비언을 먹어두면 잠을 편하게 이룰 것'이라는 자상한 설명을 곁들이면서 말이다. 의사가 건넨 약은 **TV**선전에서 자주 접했던 앰비언이었다. **brand name**상품명인 고유명사가 마치 수면제라는 보통명사처럼 그대로 쓰인 사례를 하나 더 익힐 수 있었다.

> Ex

✔ She reported a Garmin GPS unit, valued at $100, missing from the car. 그녀는 그녀의 차에서 100달러 상당의 Garmin GPS가 사라졌다고 신고했다.

✔ Cyclists will be equipped with GPS sets donated by Garmin. 사이클 선수들에게는 Garmin이 제공한 GPS 세트가 지급된다.

> **lodge**: Yosemite요세미티 공원에 가서 미국인에게 lodge산장가 어디 있느냐고 물었더니 한 번에 알아듣지를 못한다. 내가 '랏지'라고 발음한 것을 제대로 알아듣지 못한 것이다. 미국인 왈, '라지'란다. 이 단어는 r 발음을 제거한 **large**와 흡사하게 발음하면 오히려 미국인들이 쉽게 알아들을 가능성이 더 높다.

snowmageddon
폭설이 만들어낸 눈 지옥

미국은 땅덩어리가 커서 그런지 **Mother Nature**대자연가 한번 화가 났다 하면 한국에서는 여간해서는 볼 수 없는 큰 비와 큰 눈을 내리거나, 엄청난 바람을 일으킨다.

미국에 부임해서 집을 구하지 못하고 호텔에 묵고 있을 때 이런 일이 있었다. 지하철에서 내려 숙소까지 돌아오는 길에 갑자기 비가 퍼붓기 시작했다. 고약한 것이 미국의 거리에는 비를 피할 수 있는 처마라는 게 거의 없다. 어디 갑자기 들어갈 커피숍 같은 것도 우리나라처럼 널려 있는 것도 아니다. 말 그대로 비를 쫄딱 맞을 수밖에 없었는데 그 빗줄기가 장난이 아니었다. 평생 그렇게 거센 비는 없었다.

그리고 2년 가까이 흐른 2010년 2월. 워싱턴 일원에는 하늘이 마치 '눈이 오는 게 뭔지 보여주겠다'고 작심했는지 하염없이 눈을 퍼부었다. 그달 5일과 10일에는 온종일 눈발이 그치지 않았고, 결국 눈은 허벅지 높이까지 쌓였다. 100년만의 폭설로 주민들은 어디를 가지도 못하고 꼼짝없는 **homebound**집에 갇혀있는 신세가 되고 말았다.

평생에 한 번 볼까 말까 한 폭설은 한편으로는 즐거운 추억이 되었지만, 눈을 치우기 위한 **backbreaking**허리가 부러질 듯이 고통스러운 무한 삽질의 공포가 기다리고 있었다. 눈이 와도 손 하나 까딱하지 않아도 되는 한국 '아파트의 추억'이 떠오르는 순간이었다. 현관과 집 앞의 도로까지 길을 내고 앞마당을 치우는 데만 족히 3~4시간은 소요된다. 그나마 **snow shovel**눈 치우는 삽이 있는 집은 다행이다. 삽이 동이 나서 마련해놓지 못한 가정에서는 남들이 눈을 다 치울 때까지 기다렸다가 삽을 빌려서 뒤늦게 눈을 치워야 하는 형편이었다.

그런데 특이한 것은 미국인들은 눈을 치울 때 가장 먼저 자동차부터 한다는 점이었다. 눈이 멈추면 생활필수품을 마련하기 위해 쇼핑을 하러 가야 하기 때문에 차량에 쌓인 눈이 얼어붙기 전에 눈을 치우는 데 여념이 없을 정도다. 자동차가 미국인들에게는 '분신'과도 같은 존재라는 사실을 새삼 실감했다.

워싱턴 일원에 내린 record snow기록적인 폭설 는 뜻하지 않게 portmanteau두 단어를 조합해 만든 합성어 를 생산하는 계기도 됐다. 깜짝 인기를 끈 단어는 오바마 대통령이 폭설을 빗대어 사용한 Snowmageddon으로 snow눈와 armageddon아마겟돈성서에 나오는 인류 최후의 전쟁 을 합성해 만든 단어다.

또 snow와 apocalypse지구의 종말 또는 파멸 를 결합한 snowpocalypse스노포칼립스, 눈과 일본의 괴수영화 *Gozilla*를 엮어서 만든 snowzilla도 등장했다. 폭설이 있고 일년쯤 지난 뒤에는 blizzard baby눈보라 또는 폭설 베이비 라는 말이 언론에 보도되기도 했다. 폭설 당시 집 안에 꼼짝없이 붙잡혔던 부부들이 사랑을 나눠서 얻게 된 아기라는 뜻이다.

2011년 1월 26일, Snowmageddon Redux스노마겟돈의 재연 가 워싱턴에서 또 벌어졌다. 그날은 오후부터 눈 예보가 있어서 워싱턴 시내 회사에서 네 시쯤 일찍감치 퇴근길에 올랐다. 그런데 이건 뭐. 막히지 않을 때는 20분밖에 걸리지 않는 집까지 무려 여섯 시간이나 걸렸다. 마침 gas가 얼마 남지 않은 상태여서 차가 완전히 꼼짝도 하지 않을 때는 엔진을 끄는 등 무진 애를 쓴 끝에 중간에 gas를 넣고 귀가할 수 있었다. 그런데 놀라운 사실은 운전자들이 전혀 동요하지 않고 차분하고도 질서있게 운전을 했다는 점이다. 아마도 조금이라도 먼저 가기 위해 차들이 뒤엉켰다면 도로에서 밤을 지새웠을 수도 있었다. 역시 미국 사람들은 불가항력적인 천재지변 같은 상황에서는 너무 쿨하게 대응한다.

집으로 가는 길에 도로변을 보니 abandoned cars운전을 포기하고 갓길에 내버려둔 차량 가 무척 많았다. 다음날 워싱턴 시와 버지니아 주 당국은 이들 차량을 모두 견인해 갔는데, 차량 소유자들이 군소리 없이 100달러가 넘는 견인비를 내고 차량을 찾는 모습을 TV를 통해 봤다. 글쎄 나의 편견인지는 모르겠지만, 우리나라 사람들 같았으면 "아니 너희들이 제설 작업을 더디 해서 차량을 두고 갈 수밖에 없었는데, 나한테 견인비까지 물리는 건 너무 하는 것 아니냐."라고 항의를 할 듯하다. 어떻게 보면 미국 사람들이 너무 고분고분하다는 생각도 해봤다.

■ 폭설로 눈에 덮인 자동차와 주택

homebound: '집으로 향하여'라는 뜻도 있지만, 행동반경이 집 안으로 갇혀 있는 상황을 표현할 때도 사용된다.
redux: returned 또는 brought back이라는 의미로 사용되는 말이다. 주로 형용사로 사용되는데, 어떤 단어의 앞이 아니라 뒤에 위치해 쓰인다. 예를 들어 Job stimulus redux라고 하면 '고용 부양책 재등장' 정도의 뜻이 된다. 2011년 8월, 워싱턴 인근 버지니아 주에서 예상치 못했던 지진이 일어났을 때 많은 미국인들은 9·11 redux?9·11 사태가 재연되는 건가?라고 잠시 공포에 떨었던 것으로 알려졌다.

good riddance
'시원섭섭'은 없다. 오직 시원할 뿐

사람들은 인생을 살아가면서 만남과 헤어짐을 되풀이한다. 그래서 혹자는 "떠날 사람 잡지 않고, 오는 사람 막지 않는다."라는 말도 한다. 이별이 있어야 만남의 소중함도 알게 되는 것이 세상의 이치인 것 같다. 해외에 나가서 특파원 생활을 하다보면 다른 회사 소속의 기자들과 미운 정, 고운 정을 쌓으며 비슷한 생활공간에서 어울려 살게 된다. 기사 경쟁을 하게 되면 미운 정이 더 많이 들 수도 있지만, 한국에서 생활할 때와는 비교도 안 되게 미운 감정이 약한 편이다.

그렇게 뒤엉켜 생활하다가 '3년의 임기'가 끝나면 헤어짐의 시간이 온다. **farewell party**환송회가 열리고 으레 떠나가는 사람의 고별사가 이어지게 마련이다. "부디 미국에 계시는 동안 골프 많이 치시고, 가족들과 여행 많이 하시고, 비싼 맥주 많이 드시고 오세요."라는 당부성 코멘트는 단골메뉴다. "취재 열심히 하시라."라는 기자 고유의 직업과 관련된 주문은 별로 없다. 나름대로 취재를 열심히 하고 있는데, 거기다 대고 더 분발하라고 주제넘은 주문을 할 수는 없는 노릇이기 때문일 것이다. 어쨌든 다 좋은 얘기다.

그런데 이런 고별사를 듣고 있는 동료 기자들이 그가 떠나는 것을 마음속으로 후련하게 생각하면서 쾌재까지 부른다면 솔직히 떠나는 사람만 불쌍하게 된다. **good riddance**는 이처럼 "이 친구 떠나가서 참으로 속 시원하다."라는 의미를 품고 있다.

사람에 대해서만이 아니라 예를 들어 2011년에 개인적으로 지독히도 힘든 한 해를 보냈다면 "**Good riddance 2011!**"이라고 말할 수 있을 것이다. 앓던 이가 '쏘옥'

하고 빠지듯이 나를 괴롭히던 것이 마침내 눈앞에서 사라진다는 작은 '희열'이 이 표현에 담겨 있는 셈이다.

그런데 우리가 남들에게 이런 말을 듣고 살아서야 되겠는가. 적어도 '시원섭섭'이라는 평가는 받을 수 있도록 평소에도 인간관계에 공을 들여야 하는 이유가 여기에 있다. 나는 특파원 생활을 마치면서 이런 고별사를 했다. "영어 단어 **leave**에는 '떠나다'라는 뜻도 있지만 '남기다'라는 뜻도 있다. 아무쪼록 내가 이곳을 떠나면서 남기고 가는 것들이 아름다운 것이었으면 좋겠다."

그들의 기억 속에 난 '아름답게' 남아 있을까?

Ex

✔ Dealers yelled "good riddance" to August and one of the worst months since October 2008. 딜러들은 2008년 10월 이래 최악의 달 가운데 하나인 8월에 대해 "아이구 잘 갔다."라고 소리를 질렀다.

✔ Good riddance Gadhafi! I thought last night, as I watched the jubilation in Libya. 잘 갔다. 카다피! 어젯밤 리비아의 환호를 보면서 이렇게 생각했다.

farewell party: 한국은 만나고 헤어짐에 많은 의미를 부여한다. 그래서 송별회도 가급적 크게 해주려고 노력한다. 그런 사람들의 애쓰는 모습이 보일 때 감사한 마음이 든다. 워싱턴에서 그래도 친하게 지낸 외국 기자들은 뭐니뭐니해도 그곳에 파견 나온 일본 기자들이었다. 그런데 일본 기자들은 한국 기자들이 단체로 해주는 송별회 같은 행사를 전혀 하지 않는다. 워싱턴 주재 일본 특파원들을 보면 각개전투를 하고 있는 느낌이 강하다.

stay in shape 몸짱 남녀가 오늘도 뛰는 이유

우리나라에서는 추운 겨울이 지나고 봄이 왔구나 하는 신호를 여성의 가벼워진 옷차림에서 느낄 때가 많다. 두툼한 외투를 벗어던지고 산뜻한 재킷에 블라우스를 받쳐 입은 여성들이 하나둘씩 늘어나면 '봄 처녀 제 오시네'가 되는 것이다.

워싱턴을 중심으로 한 미국 동부의 봄 풍경도 그리 다르지는 않지만, 특별하게 다른 게 한 가지 있다. 웃통을 훌러덩 벗은 털복숭이 젊은 남자들이 마치 사슴과도 같이, 어떻게 보면 **stallion**종마과도 같이 여기저기 길가를 뛰어다니는 모습이 눈에 들어오기 시작하면 '이제 봄이로구나' 하는 생각이 드는 것이다. 워싱턴에서 젊은 이들의 거리로 통하는 **Georgetown**에 가면 이기적인 몸매를 한 젊은 미녀 대학생들이 핫팬츠 바람으로 열심히 뜀박질을 하는 모습도 볼 수 있다. 참 이럴 땐 시선 처리가 난감하다.

미국에서 남녀를 불문하고 뛰는 사람들을 쳐다보고 있으면, 정작 뚱뚱한 사람은 뛰지 않고 날씬한 사람들만 뛴다는 인상을 받는다. 체력과 건강미의 '부익부 빈익빈' 현상이 고착화되는 적나라한 현장을 목격하고 있다고 보면 된다. 날씬한 사람들은 계속 날씬한 상태로 남아 있기 위해 몸매 관리를 하지만, 한 번 몸의 비율이 망가진 사람들은 어지간해서 날씬했던 시절로 **resetting**하려는 시도조차 하지 않는 **vicious circle**악순환의 고리가 이어진다.

미국에서 생활하다 보면 거짓말 보태서 엉덩이가 '집채'만큼 큰 사람들이 자주 눈에 띈다. 걷는 것도 부담스러워 보이는 이런 사람들은 엄청난 시간과 노력이 필요한 몸매 관리에 엄두를 못 내고 그냥 현상유지에 급급한 경우가 많다. 미국인들은 현재의 균형 잡힌 건강한 몸매를 유지한다는 뜻에서 **stay in shape**라는 말을 사용한다. 만약에 몸매 관리에 실패했다면 몸은 **out of shape**가 될 것이고 건강도 이에 비례해서 악화될 가능성이 높다.

사실 미국에서 **out of shape**한 몸매로 야외에서 달리기를 한다는 것은 보통 용감해서는 시도할 수 없는 일이다. 워낙 잘 빠진 남녀들이, 특히 남자들은 털이 수북한 웃통을 드러내고 달리는 일이 많기 때문에 나처럼 돌출형 복부와 근육질 없는 몸매, 털 하나 없는 '불모 가슴'을 지닌 사람은 낮 시간을 피하고 주로 밤에 '독립운동'하듯 조깅이나 하는 게 상책이다.

나중에 미국에 다시 갈 기회가 생긴다면 따뜻한 봄날 웃통을 벗은 채 한 번쯤은 동네를 달려보고 싶다. 물론 꽃중년과는 거리가 먼 동양인 남자에게 미국 여자들이 눈길도 주지 않겠지만 말이다.

Ex

✔ I go to a gym two or three times a week to stay in shape. 나는 몸매를 유지하기 위해 일주일에 2~3번 헬스클럽에 간다.

✔ How do you stay in shape on the road when you won't have regular access to a gym, bicycle, pool, even a jogging trail? 체육관, 자전거, 수영장, 심지어 조깅 코스를 정기적으로 이용할 기회가 없다면 여행 중에 어떻게 몸매를 관리하겠습니까?

---

vicious cycle: 악순환이라는 뜻이다. vicious circle이라고도 한다. 반대말은 **virtuous cycle**선순환이다.

stallion: 종마種馬, 즉 씨말이다. 영화 *Rocky*록키의 주인공 실베스터 스탤론Sylvester Stallone은 찌들게 가난하던 시절인 1970년 **soft core pornography**수위가 상대적으로 낮은 포르노 *The Kitty and Stud's*를 찍었다. 그런데 *Rocky*가 대히트를 치자 무명시절 찍었던 이 영화는 *Italian Stallion*이태리 종마라는 새로운 이름을 달고 공개돼 스탤론을 곤혹스럽게 한 적이 있다.

exactly

'예스맨' 탈출을 돕는 멋진 부사

우리는 흔히 직장에서 상사의 말에 "옳습니다.", "그렇고말고요."라고 장단을 맞추는 사람을 '예스맨Yes-man'이라고 부른다. 이 말에는 윗사람의 비위 맞추기에만 급급한 아부꾼이나 무소신주의자라는 부정적인 의미가 내포돼 있다. 적극적으로 '김밥'을 말지는 않아도 윗사람의 뜻을 거스르지는 않는 부류의 사람들이다.

나는 영어회화라는 각도에서 '예스맨'을 색다르게 해석하고 싶다. 미국 사람들과 대화하다 보면 "예스.", "노."라고 답해야 하는 상황이 많은데, 긍정의 답변을 늘 "예스"라고만 표현하는 사람을 '예스맨'으로 명명하고 싶은 것이다. 아마도 영어를 공부하는 많은 사람들이 이런 범주에 들어갈 것으로 여겨진다.

그런데 미국인들이 주고받는 대화를 잘 들어보면 "예스."라고 답할 자리에 적절한 **adverb**부사를 사용해서 예스라는 표현을 대신하는 경우가 많다. 예를 들어보자. **Did they meet at the Internet chatting room?** 그 사람들 인터넷 채팅방에서 만난 게 맞나요? 라고 물었을 때 **Yes**.라고 하면 그만이다. 그런데 미국인들 사이에서는 **Exactly**.라고 답하는 경우도 많다. 상대방의 질문이 정확함을 적극적으로 긍정하는 답변이다.

이런 경우도 있다. **Are you sure you really want this guy as your husband?** 너 정말 이 남자와 결혼하길 원하는 거니? 라고 물었을 때 단순히 "예스."로 응수하기보다는 **Absolutely**.라는 식으로 답하는 게 훨씬 그럴듯하게 들린다. 이 외에도 미국인들은 **positively, affirmatively, definitely** 등을 적절하게 동원해 "예스."의 **substitute**대체재로 일상 대화에서 빈번하게 사용한다.

이런 부사를 요령껏 구사할 수 있다면 당신은 '예스맨'에서 '부사맨'으로 거듭날 수 있는 것이다.

　귀국한 후 한국의 케이블 방송에서 유명한 여자 방송인이 현지까지 직접 날아가서 미국의 명사들을 인터뷰하는 프로그램을 즐겨보게 됐다. 중년에 들어선 이 여자 **MC**는 생각했던 것보다 훨씬 영어를 잘해서 아주 놀랐다. 말이 인터뷰지 사실 모국어인 한국말로 인터뷰하는 일도 쉽지 않은 노릇인데, 세계적으로 유명한 인사들 앞에서 기죽지 않고 영어로 인터뷰한다는 것 자체가 대단한 일이기 때문이다.

　그런데 내가 보기에 '옥에 티'가 하나 있었다. **interviewee**인터뷰에 응하는 상대 의 대답에 너무 자주 **Yes**.라고 맞장구를 친 점이다. **Seriously?**진심이세요? 같은 부사를 던져서 대화를 이끌어갔으면 어땠을까 하는 느낌이 들었다. 아니면 미국인들이 너무 자주 사용해서 식상하기는 하지만 **Wow!**, **Amazing!**, **Can't believe it!**, **Unbelievable!**, **So cool!**처럼 그래도 영어 냄새가 나는 표현을 양념처럼 넣었더라면 더 좋았을 것이다.

　요즘 미국 신세대들에게 크게 유행하고 있는 **Awesome**.대단해. 이나 **Creepy**.뭐 좀 거시기하네. 라는 표현을 사용할 수도 있다. **awesome**은 미국 초등학교 정도의 아이들 사이에선 '아섬'에 가깝게 발음하는데, 좀 그럴듯하게 들리는 말에는 어지간해선 죄다 **awesome**을 연발한다. **creepy**는 부정적인 표현으로 잘 알려진 말로, 조금 무시무시하고 역겨운 얘기를 들었을 때 젊은 애들이 아무 의미 없이 던지는 말이지만 지극히 '영어스럽다'는 장점이 있다.

　부사를 사용해 답하는 것은 아니지만, **wedding vows**결혼 서약 때 주례가 …… **from this day forward, for better, for worse, for richer, for poorer, in sickness and in health, until death do us part**…… 오늘부터 좋을 때나 나쁠 때나, 부유할 때나 가난할 때나, 아플 때나 건강할 때나, 죽음이 두 사람을 갈라놓을 때까지 라는 말과 함께 "이 사람을 남편 혹은 아내로 삼겠습니까?"라고 물어보면, 신랑과 신부는 차례로 **I do**.라고 답하는 게 정석이다.

　이런 **stereotypical**정형화된 한 답변이 싫어서였을까? 어떤 할리우드의 여배우는 당돌하게도 **You bet!** 물론이죠!라고 답해 눈길을 끌었다. 어쨌든 로봇처럼 **yes.**라는 대답만 되풀이하지 않도록 다양한 표현을 부지런히 익혀 둘 필요가 있다.

awesome: '대단해', '멋져' 정도의 뜻을 가진 말이다. 이 표현은 **awful**과는 구별할 필요가 있다. **awful**은 '형편없는'이라는 뜻으로 많이 쓰인다.

mugshot 절대로 찍혀선 안 될 얼굴 사진

가난한 시절을 함께 하며 남편을 섬긴 '조강지처'를 버려서는 안 된다는 옛말이 있다. 요즘 우리나라의 **divorce rate**이혼율가 **OECD**경제협력개발기구 국가 가운데 1위라는 통계가 나온 상태에서 이런 말이 얼마나 유효한 것인지는 모르겠다. 그러나 조강지처를 버려서 패가망신하는 생생한 교훈을 접한다면 **infidelity**불륜와 이혼 문제에 대해 좀 더 진지하게 생각해 볼 기회는 될 것이다.

미국의 차세대 대선주자로 각광을 받아온 존 에드워즈John Edwards 전 상원의원. 그는 2004년 존 케리John Kerry 민주당 대선 후보와 짝을 이뤄 **running mate**부통령 후보로 대선을 치렀던 인물이다.

그로부터 4년 후에는 대권에 도전하겠다며 민주당 경선에 나섰지만, 그의 **campaign office**선거사무실에서 홍보물 제작을 돕던 리엘 헌터Rielle Hunter라는 여성과 **extramarital affair**혼외 정사를 했다는 **scandal**에 휘말려 중도사퇴를 하고 말았다.

문제는 2004년 대선 당시 **breast cancer**유방암에 걸린 사실을 숨겨가며 남편을 지극 정성으로 뒷바라지했던 아내 엘리자베스Elizabeth의 등 뒤에서 이런 불륜 행각을 저질렀던 게 드러나면서 전 국민을 충격에 빠뜨렸고, 존 에드워즈는 점점 정치적 나락으로 빠져들기 시작했다.

급기야 조강지처 엘리자베스는 2007년에 재발한 암을 극복하지 못한 채 2010년 12월 세상을 떠나고 말았다. 미국의 모든 **TV**방송이 대대적인 특집을 내보내며 그녀의 마지막 가는 길을 기렸을 정도로, 미국 국민은 후덕한 현모양처였던 엘리자베스의 죽음에 안타까움을 표시했다.

존 에드워즈의 몰락은 계속됐다. 2011년 6월, 워싱턴포스트 등 미국의 유력지에는 에드워즈의 정면 얼굴과 측면 얼굴을 나란히 찍은 사진이 공개됐다. 그건 그냥 사진이 아니었다. 범죄 용의자가 통상 수감되기 전 찍히는 **mugshot**이었다. **mugshot**이란 말은 얼굴을 뜻하는 영어의 은어에서 유래했다고 한다. 사진 속 에드워즈는 어두운 표정은 아니었지만, **side-view**측면와 **front-view**정면를 향해 찍힌 두 컷의 에드워즈 **mugshot**은 **promising**전도유망했던 정치인의 되돌릴 수 없는 **free fall**자유낙하을 그대로 보여준 것이었다.

> **Ex**

✔ Even celebrities make mistakes and we've got the police mugshots.

심지어 유명 인사들도 실수를 한다. 그래서 우리는 경찰서에서 찍힌 그들의 상반신 사진을 볼 수 있다.

✔ The Framingham Police Department in Massachusetts just released Onyango Obama's mugshot photo. 매사추세츠 주의 프레밍햄 경찰국은 오바마 대통령의 삼촌 오냥고 오바마의 상반신 사진을 공개했다.

---

divorce: 이혼. 이혼한 여성은 **divorcee**라고 부른다. 약혼녀를 **fiancee**처럼 부르듯 말이다. 영어에서 **marital status**결혼 여부는 **single**미혼, **married**결혼, **divorced**이혼, **separated**별거, **widowed**사별 등이 있을 수 있다. 가장 좋은 결혼 상태는 아마도 **happily married**행복한 결혼가 아닐까 싶다.
infidelity: 불륜. **out of wedlock affair**혼외 관계라는 표현도 자주 쓴다.
mug: 손잡이가 있는 큰 잔이다. **mug cup**이라고 쓰지는 않는다.

Bless you
재채기를 했더니 뜻하지 않게 돌아온 '축복'

"God bless you, thank you." (1985년 1월, 로널드 레이건 대통령)

"Thank you, God bless you, God bless the United States of America." (2009년 1월, 버락 오바마 대통령)

위에 소개한 문장은 레이건 대통령과 오바마 대통령의 **inaugural address**취임사 가운데 마지막 문장을 소개한 것이다. 미국 대통령들은 거의 모든 연설의 맨 마지막 부분을 "God bless America." 또는 "God bless you."로 끝낸다. 1961년 **JFK**존 F. 케네디 대통령의 취임사 당시만 해도 없던 이런 표현은 레이건 대통령의 취임사를 계기로 하나의 패턴으로 자리 잡은 듯하다.

굳이 한국말로 옮기자면 "신의 축복이 있기를." 이나 "신의 가호가 있기를."이라는 뜻인 "God bless you."는 그 유명한 '성문종합영어'에 나와 있듯이 **God** 앞에 **may**가 생략된 형태로 사용되고 있다. 즉 **God**이 3인칭이라면 **bless**는 응당 **blesses**가 돼야 하는데, **bless**로 돼 있는 것은 "May God bless you."에서 **may**가 생략된 채로 기원문이 됐기 때문이라는 설명이다.

우리나라 대통령들이 연설을 늘 "고맙습니다.", "감사합니다."라고 끝내는 것과는 뭔가 다른 여운을 미국 대통령의 연설에서 느낄 수 있다. 그런데 미국에 처음 와서 전혀 알지도 못하는 사람이 옆에서 **Bless you.**라는 말을 해주는 것을 듣고 의아했던 적이 있다.

2008년 4월 워싱턴에 부임한 나는 꽃가루 때문에 자주 **sneeze**재채기를 했는데, 주변에 있는 사람들이 난데없이 **Bless you.**라고 나를 '축복'해주는 것이 아닌가. 창피한 얘기지만 솔직히 그들이 중얼거리듯이 하는 말이 **Bless you.**라는 표현인지도 몰랐다가 나중에 지인들에게 물어본 뒤 그 의미를 알게 됐다. 우연인지는 모르겠으나 내가 재채기를 할 때 Bless you.를 외쳐준 사람은 조금 뚱뚱한 흑인여성들이 많았다. 넉넉한 모습만큼이나 상대에 대한 배려가 남달랐던 게 아닌가 생각된다.

그럼 Bless you.란 말은 도대체 왜 쓰이게 됐을까. googling구글 검색을 통해 그 origin유래을 찾아봤더니 몇 가지 설이 나왔다.

먼저, 옛날 사람들은 재채기를 할 때 man's soul사람의 영혼이 몸 밖으로 빠져나온다고 믿었기 때문에 Bless you.라는 표현을 통해 satan사탄이 몸 밖으로 나온 영혼을 낚아채가지 못하도록 방어벽을 쳤다는 설이다.

반대로 재채기는 사람의 몸에 있는 demon악마과 evil spirit악령를 몰아내는 행위인데, 이 악령이 몸속으로 re-enter다시 들어가는 것하는 것을 막기 위해 이런 charm주문 같은 말을 건넸다는 얘기도 있다.

또한 재채기를 할 때는 심장이 일시적으로 멎는다는 미신이 있어서 심장이 다시 뛸 것을 기원하는 마음에서 Bless you.를 사용했다는 분석도 있다.

어디서 이 말이 유래했는지는 알 수 없지만, 적어도 상대를 배려하는 마음이 전해지는 것 같아서 좋은 느낌을 주는 말이다. 서울에 돌아와서 재채기를 하는 동료들이 있어서 Bless you.라고 몇 번 외쳐준 적이 있는데, 상대방이 잘 알아듣지 못했는지 시큰둥한 반응을 보여서 머쓱해지고 말았던 경우가 있었다. 역시 이 표현을 한국에서 사용하는 것은 '오버'로 받아들여지는 것 같다.

> Ex

✔ When you sneeze, you will probably hear other people say something like "Bless you!" 당신이 재채기를 할 때 아마도 주변 사람들로부터 "Bless you." 같은 말을 듣게 될 것이다.

✔ Not being a Christian country, the Chinese do not recognize the term "Bless you" when you sneeze. 중국은 기독교 국가가 아니기 때문에 중국인들은 당신이 재채기를 했을 때 "Bless you."라는 표현을 인정하지 않는다.

God bless America: 미국인들이 애송하는 노래의 제목과 같다. 어빙 베를린 Irving Berlin 이라는 미국의 유명한 작곡가가 1918년에 지은 노래다. 2001년 9·11 테러 이후 미국 프로야구 경기 도중 7회말이 끝나고 장내 정리를 할 때 이 노래를 틀어준다. 가사가 쉽고 멜로디가 편해서 지금의 미국 국가인 *The Star Spangled Banner* 별이 빛나는 깃발을 대신해 국가로 채택해야 한다는 여론도 있다. 지금 국가는 너무 가사가 어렵고 고음이어서 제대로 부르기가 쉽지 않다는 지적이 많다. 미국 국가로 혼동을 자주 일으키는 *The Stars and Strips Forever* 성조기여 영원하라 는 경쾌한 행진곡이다.

colorful words
아는 게 힘! 색깔 있는 단어들

워싱턴 시내에는 많은 사람들이 운집할 수 있는 **National Mall**이라는 공간이 있다. 하늘 높이 치솟아 있는 **Washington Monument**워싱턴 기념탑 주변에 넓게 마련된 잔디 공원이다.

2010년 10월 어느 날인가 가족들과 함께 박물관에 가던 길에 내셔널 몰 푸른 잔디 위에 핑크빛 물결이 넘실대는 광경이 보였다.

운전을 하면서 핑크색 셔츠 차림의 많은 여성들이 모여 있는 걸 보고 조수석에 앉아 있던 아내에게 "저 사람들 왜 저기 모여 있지?"라고 물었다.

적어도 **trivia**잡식에 관해선 아줌마들 가운데는 '동급 최강'을 지향하는 우리 집사람은 "아이, 그것도 몰라? **breast cancer**유방암 앓았던 분들이 마련한 행사 아냐. 저기 **pink**색을 보면 알잖아."

역시 자판기 같은 잡식의 샘물이다. 나중에 알아보니 유방암 극복 홍보를 위해 마련된 **pink ribbons rally**가 열렸던 것이다.

pink는 여성을 상징하는 색이고, 1991년 뉴욕에서 유방암 극복 환자들을 위한 마라톤 대회에서 **Susan Komen Foundation**수전 코멘 재단이 **pink ribbon**을 나눠줬던 게 유방암 인식 제고를 위한 상징으로 자리매김했다고 한다.

저녁 때 집에 돌아와 **TV** 뉴스를 보니까 집회에 참석했던 한 여성이 "최근에 **pink slip**해고통지서을 받았는데, 마음이 아프지만 암을 극복하기 위해 최선을 다하겠다." 하고 다짐하는 장면을 보았다. 가슴이 찡했다.

영어에는 이처럼 **color**가 들어간 유익한 단어와 표현이 많다.

white paper도 무채색이지만 하얀색이 들어간 표현이다. 워싱턴 특파원들에게 아주 귀찮은 존재가 바로 **white paper**, 즉 백서다. 분량이 방대해서 이를 읽고 정리해 기사로 작성하는 데 애를 먹기 일쑤이기 때문이다. 2009년 3월 테러그룹인 **Al-Qaeda**알카에다를 **disrupt**조직을 흔들고, **dismantle**해체하고, **defeat**패퇴시키는하는 것을 목표로 삼아야 한다는 내용의 '아프가니스탄과 이라크에 대한 미국의 정책 백서' 같은 것이 대표적이다. **white paper**는 영국 정부의 공식보고서 표지가 흰색이었던 데서 유래한 표현이라고 한다. 영국 의회의 보고서는 푸른색 표지를 하고 있다.

다음은 **black sheep**. 이 말은 가문에 도움이 되지 않는 말썽꾼이나 골칫덩어리를 뜻한다. 검정색 양은 흰색 양과 달리 털을 염색하기 힘들기 때문에 가치가 없다는 점과, 검정색은 **devil's mark**악마의 표시라는 생각이 널리 퍼져 있어서 이런 표현이 파생됐다고 한다.

에드워드 케네디Edward Kennedy의 아들인 패트릭 케네디Patrick Kennedy는 하원의원까지 지내고 있지만, 여러 가지 말썽을 피워서 명문 케네디가에서는 일종의 **black sheep**으로 꼽힌다.

패트릭은 2006년 4월, 자신의 **Ford Mustang**포드 무스탕을 몰고 의회 **barricade**바리케이드로 돌진하는 어처구니없는 사고를 일으켰다. 그는 수면제 처방이 잘못돼 정신이 혼미한 상태에서 운전을 했다고 주장했지만, 현장에 있던 의회 경찰관들은 그의 입에서 **smell of alcohol**술 냄새이 났다고 증언한 바 있다.

또 우리나라에서도 외래어처럼 쓰이는 **red tape**는 관계당국의 승인을 받기 위해 거쳐야 하는 관료주의적인 복잡한 절차를 뜻한다. **Green jacket**은 미국 **Masters tournament**마스터스 골프대회의 우승자가 우승 후 입는 양복 윗도리를 말한다.

purple heart는 전투 중에 부상을 당한 군인에게 주는 훈장을 말하며, **yellow journalism**은 선정적 보도를 일삼는 보도행위를 뜻한다.

통상 초콜릿 케이크를 뜻하는 **brownie**는 **dark brown**진갈색의 모양을 하고 있는 데서 유래했으며, **Girl Scout**의 **Brownie**는 6~8세초등학교 1~3학년 사이의 여자 어린이들로 구성되는데 갈색 유니폼을 입기 때문에 그런 이름을 갖게 됐다.

National Mall: Mall이라고 하면 상점들이 많이 모여 있는 쇼핑센터를 연상하기 쉬우나, National Mall에 shop들은 없다. 워싱턴 중심가에 있는 Lincoln Memorial링컨기념관과 Capitol Hill의사당 사이의 open-area탁 트인 공간에 잔디밭으로 조성돼 있다. 평소에는 조깅을 하는 사람들과 야구, 축구 등을 하는 시민들로 가득하다. 연간 2,400만 명의 관광객이 이곳을 찾는 것으로 알려져 있다. 7월 4일 독립기념일 불꽃놀이도 National Mall 하늘에서 펼쳐진다.

trivia: 잡다한 지식을 말한다. 퀴즈 프로그램에 출연하기 위해서는 이것에 강해야 한다. '사소한'이라는 뜻의 trivial이라는 단어를 연상하면 되겠다.

kiss & ride
아빠가 모처럼 봉사할 수 있는 기회

　　　　　　　　우리나라도 바야흐로 유명인의 이름을 앞세운 TV 프로그램이 점차 많아지는 것 같다. 이 중에서도 최근 방영된 '김연아의 **Kiss & Cry**'라는 프로그램은 제목이 영어로 돼 있는데, 그 뜻이 알쏭달쏭하다.

　그냥 궁금하기만 하면 영어공부에서 지는 거다. 사전을 뒤져서 정확한 뜻을 알아놓았을 때 마음이 편해져야 영어 단어를 읽히는 데 탄력이 붙게 된다. **Kiss & Cry**는 삼척동자도 알 만한 단어지만, 두 가지가 합쳐졌을 때 뜻을 모른다면 사전을 찾아보는 것 외에 뾰족한 수가 없다.

　사전을 찾아보니 **figure skaters** 피겨 스케이터들가 경기를 마친 뒤 심사위원들의 채점 결과를 보기 위해 **coach**와 함께 벤치에 앉아서 기다리는 공간을 뜻한다고 한다. 점수가 잘 나오면 훈련과정에서 고락을 함께 해온 **coach**와 감사의 키스를 나누고, 점수가 못 나오면 아쉬움에 눈물을 흘릴 수 있는 공간이라는 뜻이다.

　이 정도 수준은 절대 아니지만, 미국에서는 아빠나 엄마가 아들 또는 딸과 정겹게 키스를 건네거나 **hug** 포옹를 할 수 있는 공간이 있다. 그건 다른 곳도 아닌 학교 앞이다.

　미국에 살면서 비로소 많은 한국의 아빠, 특히 기자 아빠들은 매우 낮은 수준이기는 하지만 아빠 구실을 할 기회가 생긴다. 평소 새벽 일찍 나가서 밤 늦게 귀가하는 게 다반사인 한국의 기자 아빠들은 육아과정에서 완전히 **onlooker** 방관자나 **outlier** 국외자가 되기 십상이다. 하지만 **family value** 가족의 가치를 중요하게 여기는 미국에서 생활하다 보면 이야기는 달라진다. **House chores** 집안일에서 **shopping** 장보기에 이르기까지 집사람과 **burden sharing** 고통 분담을 해야 한다.

여기에다 등하굣길에 아이들을 차로 데려다 주는 일도 남편이 부분적으로 **contribute**기여해야 한다. 집사람이 아침에 개인적인 사정이 있는 날에는 초등학교에 다니는 딸과 유치원생인 아들을 차례로 내려주고 와야 하는 수고를 감수해야 한다.

학교 앞에는 늘 선생님과 자원봉사 학생들이 나와서 교통정리를 하는데, 그 공간을 흔히 **kiss & ride** 지역이라고 부른다. 학교까지 데려온 아이에게 차 안에서 키스를 해주고 하루를 잘 보내라고 격려해 주는 공간이다. 집 현관에서 **bye-bye**하고 학교로 달려가는 우리식과는 달리 미국에서는 학교 앞에서 자식들을 격려하고 칭찬할 수 있는 공간이 마련돼 있는 셈이다.

물론 **kiss & ride**라는 공간은 학교에만 제한된 것은 아니다. 지하철역 앞에도 출근길 남편을 데려다 주고, 퇴근길 남편을 마중 나와서 기다릴 수 있는 곳을 **kiss & ride**라고 한다.

✔ We have an established traffic lane called "Kiss & Ride" designated as a safe place for adults in private vehicles to load and unload children. 우리는 개인 차량을 이용하는 어른들이 아이들을 태우고 내리게 할 수 있는 안전한 장소로 지정된 "Kiss & Ride" 도로를 마련했습니다

✔ If your kid can't buckle his/herself, you shouldn't be using "kiss and ride." 당신의 아이가 혼자서 안전벨트를 할 수 없으면, "kiss and ride"를 이용할 수 없습니다.

SECTION 4.

조조할인을 영어로 말해봐!

Safeway vs. harm's way

여성의원, '안전지대'서 총을 맞다

2011년 1월 8일. 새해 두 번째 주말을 맞은 미국은 평온했다. **Arizona**주 **Tucson**에서 수십 발의 총성이 조용했던 마을을 마치 벌집 쑤셔놓은 듯이 뒤집어 놓기 전까지는 적어도 그랬다.

미국에서는 총기사건이 여러 주에서 간헐적으로 발생하지만, 이 사건은 40세의 젊고 야심만만한 **congresswoman** 여성 연방 하원의원이 **broad daylight** 백주대낮에, 그것도 자신의 지역구민들을 위한 만남의 장소에서 난데없이 총격을 받았다는 점에서 미국 국민들에게 엄청난 충격을 안겨줬다. 미국의 눈과 귀가 순식간에 이 사건에 쏠렸음은 물론이다. **Breaking news** 특보를 신속히 알려야겠다는 욕심이 앞섰던 탓인지 **NPR** 방송은 사건 초기 제보자의 전언만 믿고 개브리얼 기퍼즈 **Gabrielle Giffords** 하원의원이 사망했다고 되풀이해서 오보를 낼 정도였다. 실제로는 기퍼즈 의원을 포함해 13명이 부상했고, 6명이 소중한 생명을 잃고 말았다.

잠시 짬을 내서 기퍼즈 의원에게 인사를 건네고 가려던 **federal judge** 연방판사와 이웃집 어른의 손에 이끌려 행사 구경을 나왔던 9살 소녀는 차가운 시신이 돼 유족들에게 돌아갔다. 특히 소녀는 2001년 9·11테러사건이 발생한 날 태어났던 것으로 알려져 안타까움을 더했다.

총격사건의 현장이 대형 슈퍼마켓 체인점인 **Safeway**였다는 사실은 아이러니 그 자체였다. 세이프웨이는 아마도 '쇼핑하기에 안전하고, 좋은 가격에 품질 좋은 상품을 안심하고 살 수 있다'는 뜻에서 붙인 이름일 것이다. 그런데 뜻하지 않게 이런 끔찍한 사건에 체인의 이름을 올리는 불명예를 안게 됐다. 여담이지만 미국의 대형 슈퍼마켓 체인점 가운데는 **Walmart**와 쌍벽을 이루는 **Target**이라는 곳이 있

■ 미국의 대형 슈퍼마켓 체인인 Safeway

는데, 과연 이 체인점 앞에서 유사한 사건이 발생했다면 이는 또 얼마나 공교로운 일이 됐겠는가 하는 생각이 든다.

이 사건은 지역 유권자들과의 접촉이 일상화되다시피한 의원들에게 엄청난 신변의 위협을 안겨줬다. 결국 정치인들은 유권자들과 자주 접촉하면 할수록 자신의 안전을 terrorist테러리스트, assassin암살범, shooter저격범들에게 노출시키는 거나 마찬가지였기 때문이다.

미국에서는 이처럼 '위험한 지경에 빠뜨린다'는 표현으로 put someone in harm's way라는 말을 쓴다. 오바마 대통령은 전임 부시 정권이 일으켰던 아프가니스탄 전쟁과 이라크 전쟁에 미국의 젊은 병사들을 보내는 일을 presidential candidate대선 후보자 시절부터 안타까워했다. 그는 기회 있을 때마다 We have to end sending our troops in harm's way.를 외치곤 했고, 결국 임기 내 commitment to withdraw troops철군 공약를 밀어붙였다.

게이츠 국방장관은 퇴임을 한 달여 앞둔 2011년 6월 5일 아프가니스탄을 방문해 그곳에 주둔 중인 미군 장병들에게 눈물을 보이며 이같이 말했다.

You are the best that America has to offer. My admiration and affection for you is without limit, and I will think about you and your families and pray for you every day for the rest of my life. God bless you. 여러분은 미국이 내놓을 수 있는 최정예입니다. 여러분에 대해 무한한 존경과 애정을 지니고 있으며, 여러분과 여러분 가족들을 생각하고 여생 동안 매일 여러분을 위해 기도하겠습니다. 신의 가호가 있기를.

젊은 장병들을 in harm's way로 보낸 게이츠 국방장관은 그야말로 아버지 또는 할아버지와 같은 심정으로 장병들을 감싸안은 것이다. 눈물이 살짝 날만큼 감동적이었다.

한편 safeway에서 총격을 당했던 기퍼즈 의원은 사건 발생 5개월여 만인 6월 중순, 웃음을 잃지 않은 자신의 얼굴을 언론에 공개했다. 그리고 8월 1일 debt ceiling vote국채 상한증액 합의안 표결에 참석, 피격 7개월 만에 하원에 처음으로 모습을 드러내는 '기적'을 연출했다. 역경을 이겨낸 그의 모습은 아름다움 그 자체였다.

Ex

✔ Safeway Inc. is one of the largest food and drug retailers in North America. 세이프웨이는 북미 지역에서 가장 큰 식료품 및 의약품 소매업체 중 하나다.

✔ War correspondents often place themselves in harm's way and, unavoidably, some die doing their jobs. 종군 기자들은 종종 스스로를 위험한 지경에 처하게 하며, 일부 기자들은 자신의 일을 수행하는 과정에서 어쩔 수 없이 사망하는 경우도 있다.

---

breaking news: 통상 '방금 전 발생한 따끈따끈한 뉴스'를 의미한다. 미국의 방송국에 따라서는 Just-in막 들어온 뉴스 혹은 Special report스페셜 리포트라고 해서 예정됐던 기사를 끊고 바로 보도국에 들어온 뉴스를 읽어주는 경우가 많은데, 이를 breaking news로 부며 된다. CNN이나 Fox News 등 뉴스전문채널을 보고 있으면 breaking news라는 자막이 너무 자주 떠서 뉴스의 중요성 면에서 옥석을 가리기 힘들 때가 있다. 최근에는 스마트폰의 등장과 함께 breaking news를 push messaging단문 메시지 형태로 보내주는 app이 생겼다.

no brainer vs. rocket science

누워서 떡 먹기와 고차방정식

한국의 인기 개그 프로그램에서 연예기획사 사장으로 분한 코미디언이 자신의 회사를 소개하면서 '노 브레인 엔터테인먼트'라는 표현을 쓴 적이 있다. 코미디언이 이 말을 동원한 이유는 '무식한', '개념이 없는'이라는 뉘앙스를 전달하기 위해서였던 것 같다. 그러나 이 표현은 **Konglish**콩글리시다.

영어에서 **no brain**이라고 한다면, **forensic**법의학적으로 '머리가 없는' 시신 등을 얘기할 때나 가능할 것이다. 대신 영어 표현 가운데는 **no-brainer**라는 단어가 있다. 이 말에는 '무식하다'라는 의미 대신에 머리를 쓸 필요가 없을 정도로 **easy decision**쉬운 결정 또는 **obvious solution**명백한 해법이라는 뜻이 담겨 있다. 비슷한 관용어로는 **piece of cake**, **easy as pie** 같은 말도 있다.

우리나라의 평창이 2018년 동계올림픽 개최지로 선정된 것은 투표 결과만 놓고 보면 **IOC**International Olympic Committee(국제올림픽위원회) 입장에서는 **No-Brainer Choice**고민할 필요가 없는 선택였다고 볼 수 있을 것 같다. 평창은 1차 투표에서 과반 득표에 성공함으로써 경쟁 후보도시인 독일의 뮌헨Munich과 프랑스의 안시Annecy를 제치고 일찌감치 승부를 결정지었기 때문이다. **IOC**위원들이 고민을 하지 않고 평창에 몰표를 던졌다는 얘기가 되는 것이다.

반면 머리를 많이 써야 하는 복잡한 일에는 **rocket science**라는 표현이 사용된다. 로켓 제작에는 엄청나게 다양한 부품이 들어가는 등 첨단 과학이 집약돼 있는 분야여서 **no-brainer**와 대칭되는 개념으로 쓰이는 것이다. 북한이 미국 본토까지 타격 가능한 **three-stage rocket**3단 추진 로켓 개발을 계속하면서도 만족스러운 결과를 얻지 못하는 것을 보면, 로켓 사이언스가 매우 어려운 분야이기는 한 것 같다.

티머시 가이트너Timothy Geithner 미국 재무장관은 2011년 2월, 리비아 민주화 시위 사태 등의 여파로 국제유가 배럴당 100달러를 상회한 데 대한 대책을 묻는 기자들의 질문에 **It's not a rocket science.**그건 그렇게 어려운 일은 아니다. 라고 답했다.

2008년 월스트리트에 불어닥친 금융 위기와 비교할 때 세계 각국은 **oil shock**오일쇼크와 관련한 경험이 축적돼 있기 때문에 이를 극복하는 일은 금융 위기 극복보다는 쉬운 일이라는 취지의 발언이었다. 실제 미국 등 많은 국가들은 중동 산유국들의 일시적인 공급 부족 현상에 대비해 **strategic petroleum reserves**전략 비축유를 갖고 있었고, 다행히 오일쇼크는 발생하지 않았다.

Ex

✔ It's a no-brainer that President Barack Obama should do something to help the Libyan protesters bring down the monstrous regime of Muammar Gaddafi. 버락 오바마 대통령이 괴물 같은 무아마르 카다피 정권을 붕괴시키려는 리비아 시위대를 돕기 위해 무언가 해야만 한다는 것은 생각할 것도 없이 당연한 일이다.

✔ Computer people always say, "it is not rocket science", implying that it is not difficult. 컴퓨터를 다루는 사람들은 늘 어떤 일이 어렵지 않다는 점을 암시하려 할 때, "그건 rocket science가 아니에요."라고 말한다.

---

three-stage launch vehicles: **ballistic missile**탄도미사일은 목표물을 타격하기 위해 3단계를 거치도록 고안되어 있다. 1단계는 발사 및 추진 단계인 **boost phase**, 2단계는 포물선을 그리며 외기권을 자유비행하는 중간비행 단계인 **midcourse phase**, 탄두 부분이 대기권으로 재진입하는 마지막 단계인 **terminal phase**로 구분된다.

glamping vs. staycation

화려한 캠핑이냐 착한 방콕이냐

미국 생활이 주는 즐거움 가운데 하나는 대자연을 벗 삼아 가족여행을 다닐 수 있다는 점을 꼽을 수 있다. 가장 기억에 남는 여행은 2010년 8월 근속휴가를 얻어 2주일 동안 미국의 서부지역을 돌았을 때다. 솔트레이크시티 Salt Lake City, 라스베이거스 Las Vegas, 옐로스톤 Yellow Stone, 그랜드티톤 Grand Teton, 잭슨 홀 Jackson Hole, 요세미티 Yosemite, 샌프란시스코 San Francisco 를 자동차로 도는 긴 여정이었다.

무척 재미있는 여행이었지만, 돌이켜보면 딸과 아들에게 좀 더 진한 추억을 안겨주기 위해 하루나 이틀 정도는 **camping** 야영 을 했더라면 좋았을 걸 하는 아쉬움이 남는다. 물론 다시 그런 기회가 온다고 하더라도 잠자리만큼은 럭셔리해야 한다는 나의 말도 안 되는 '여행철학'이 변하지 않는 한 우리 가족이 텐트 하나만을 벗 삼아 캠핑을 하는 일은 없을 거다. 절대.

그런데 나처럼 **pitch a tent** 텐트를 치는 하는 수고는 물론 모기떼에 물리는 불편하고 성가신 잠자리를 싫어하는 사람들에게 몇 년 전부터 '귀족 캠핑'이 등장해 주목을 끌고 있다고 한다.

이름 하여 **glamping** 글램핑. **glamorous** 우아한 와 **camping** 을 결합해 만든 이 신종 캠핑은 2007년께 유럽에서 시작돼 지금은 북미에서도 인기를 모으고 있는 새로운 개념의 여행 상품이다. 글램핑은 텐트와 취사장비 등을 싸들고 다니지 않아도 된다. 전기시설, **antiques** 앤티크 가구 등이 갖춰진 5성 호텔급 '준비된' 텐트 안에서 말 그대로 럭셔리하게 휴가를 즐기면 되는 것이다. 물론 글램핑도 캠핑인 만큼 텐트 밖을 나가면 대자연의 황홀함이 눈앞에 펼쳐진다.

▪ 각종 생활설비를 갖춘 camping car

글램핑을 경험하지는 못했지만, 우리 가족은 미국에서 여러 차례의 가족여행을 통해 아름답고 눈부신 자연을 많이 접하는 호사를 누렸으니 그것만으로도 만족한다.

그래서 귀국 후 맞는 한국에서의 첫 여름휴가는 '방콕'에 가까운 수준에서 해결하기로 집사람과 타협을 봤다. 이런 '방콕'에 거의 근접한 수준의 영어 표현은 **staycation**이다. 애써 먼 곳으로 피서를 가지 않고 집이나 동네에 머물면서 **frugally**알뜰하게하게 휴가를 보내는 방식을 말한다. 딱 봐서 알 수 있지만 이 단어는 **stay**머물다와 **vacation**휴가을 조합해서 만든 신조어다.

staycation은 금융 위기와 유가 인상 등으로 미국인들의 호주머니 사정이 악화된 2008년 무렵에 등장한 표현이다. 미국에는 뒤뜰과 작은 수영장을 갖춘 집들도 많기 때문에 **staycation**이 방에서 뒹구는 우리 식의 '방콕'이라는 개념과는 다소 차이가 난다. 가족 단위로 시내에 나가서 박물관이나 영화관에 가고, 점심이나 저녁식사를 함께 하는 것도 **staycation**의 범주에 들어간다.

단, 이런 방식의 휴가는 회사의 긴급한 호출을 피해갈 수 있는 핑곗거리를 제공하지 못한다는 점에서 봉급쟁이들한테는 위험을 수반하는 선택이 될 수 있다. 특히 기자직의 경우, 자신이 담당하고 있는 분야에서 메가톤급 뉴스가 터지면 아주 먼 지방이나 해외가 아닌 다음에야 회사로 '회군'할 수밖에 없다. 김정일 북한 국방위원장이 2011년 5월에 중국을 전격 방문했을 때, 마침 근속휴가를 떠났던 회사의 국제담당 데스크가 수도권 일원에서 **staycation**급 휴가를 즐기다가 도중에 회사에 나와야 했던 일은 좋은 예다.

친구와 지인들로부터 끊임없이 '한잔'의 유혹을 받게 돼 있는 한국의 술 권하는 사회에서는 **staycation**이 부인과 아이들에게도 매우 위험한 선택이 될 개연성이 있다.

Ex

✔ Travel Channel provides you with great tips on where to go to experience glamping or high-end camping in the great outdoors. 여행 채널은 대자연에서 이뤄지는 글램핑 혹은 고급 캠핑을 경험하기 위해 어디로 가야하는지에 대한 훌륭한 조언을 해준다.

✔ Thanks to rising fuel costs and fears about the economy, experts say more Americans these days taking "staycations". 전문가들은 상승하는 휘발유 값과 경제에 대한 걱정으로 인해 요즘 들어 더 많은 미국인들이 '스테이케이션'을 택하고 있다고 말했다.

Jackson Hole: 시내에는 고급 화랑, 외곽에는 럭셔리한 별장이 많은 미국의 대표적인 휴양지다. 아이다호Idaho 주에 인접한 와이오밍Wyoming 주에 위치해 있다. **The Fed**미국 연방준비제도의 연례 심포지엄이 열리는 곳이다. 1989년 9월 제임스 베이커 3세James Baker III 미국 국무장관과 예두아르트 셰바르드나제Eduard Shevardnadze 구소련 외무장관이 미·소 간 **arms reductions**군축 협상의 초석을 다졌던 곳으로도 유명하다.

early bird vs. last minute

조조할인과 막판 떨이, 어떤 게 득일까

아침형 인간이니 올빼미족이니 하는 말이 있다. 사람마다 바이오리듬과 생활 패턴이 다르기 때문에 일찍 자고 일찍 일어나는 '아침형 삶'을 살 것인지, 아니면 찬란한 아침을 포기하고 깜깜한 나 홀로 밤을 더 오래 즐기는 '야행성 삶'을 영위할 것인지는 각자의 판단에 맡길 일이다.

그런데 여기에 돈이라는 **factor**변수를 개입시킨다면 과연 이처럼 고착화된 사람들의 삶의 방식 또는 태생적 습관이 달라질 수 있을까?

워싱턴 시내의 **parking lot**주차장은 아침 7~8시 사이에 주차를 하는 사람들에게 **early bird**라고 해서 조조할인을 해준다. 보통 오전 9시에서 오후 5시 사이의 요금인 20달러를 15달러로 깎아주는 식이다. **traffic jam**교통체증을 피해 회사에 빨리 출근하고 싶은 사람들은 서둘러 집에서 출발했다는 이유만으로도 5달러의 이득을 챙기게 되는 것이다. 5달러면 스타벅스 커피를 **tall Americano** 기준으로 두 컵 정도 살 수 있고, **quarter**25센트 두 개를 보태면 **Marlboro Light** 담배 한 갑을 살 수 있는 적지 않은 돈이다.

그러나 늘 게으름을 피우는 나 같은 배짱이족에게도 '틈새시장'은 있게 마련이다. 예를 들면, 호텔 예약이나 골프 예약은 이른바 **last minute deal**막판 거래이 가능하다. 호텔은 공실이 생기는 것을 막기 위해, 골프장은 예약이 비어 있는 **tee time**을 메우기 위해 막판에 떨이하듯 헐값에 예약서비스를 제공하는 경우가 있기 때문에 이런 틈새를 잘만 이용하면 득을 볼 수도 있는 것이다. 이처럼 어떤 일에 임박해서 무언가를 하려는 것을 **eleventh hour effort**라고도 말한다.

하지만 선택의 폭이 매우 제한적이고 수동적이라는 점에서 **last minute**은 능동적인 **early bird**를 절대로 꺾을 수 없다는 게 내 생각이다. 이런 평범한 진리를 잘 알고 있지만 **last minute** 계열로 살아온 나의 생활 습관은 참으로 고치기 힘든 숙제다. 아니 **DNA**이기 때문에 아예 고칠 수도 없는 것인지도 모르겠다.

안타까운 점은 생활 습관의 대물림이다. 딸과 아들이 내 생활 습관을 밉도록 빼닮아서 늘 늦잠을 자는 것을 보고 있으면 안타까운 마음이 든다. "내가 아는 누구 아빠한테 태어났으면 너희들도 아침 일찍 일어나는 새나라의 어린이로 클 수 있었을 텐데."라고 자책을 하면서도 한편으로 '잠 잘 자는 게 복福'이라는 주변의 덕담을 위안 삼아본다.

Ex

✔ Parking in Chicago is expensive, especially during the week. Sometimes you can get early bird specials on the weekdays. 시카고에서 주중에 주차를 하는 것은 특히 비싸다. 가끔 주중에 early bird 특별 할인혜택을 받을 수는 있다.

✔ Labor Day weekend marks the unofficial end of summer. It's the perfect time for a last-minute getaway. 노동절 주말은 비공식적으로 여름의 끝을 의미한다. 막바지 휴가로는 최적의 시기다.

---

lifestyle: way of life 삶의 방식이라는 뜻의 조금 폼나는 단어로 라틴어에서 온 **Modus Vivendi**를 추천한다.
tee: 골프에서 공을 치기 위해 올려놓는 받침대stand다. 골프 시작 시간을 보통 **tee off**라고 한다. **tee up**과 혼동하는 일도 있는데, 엄밀하게 말해 **tee up**은 공을 치기 위해 **tee**에 공을 올려놓는 준비 행위로 보면 된다. 다른 운동 경기에서도 **off**를 사용하면 경기의 시작을 의미한다. 축구와 미식축구에서는 **kick off**, 아이스하키와 라크로스는 **face off**, 농구는 **jump off**을 사용하면 된다. 야구는 **first pitch**, 배구는 **opening serve**가 각각 경기의 시작을 알리는 말이다.

depression vs. recession

내가 일자리를 잃으면 그건 불황

미국에 살던 3년2008~2011 동안 미국의 경제는 침체국면을 벗어나지 못했다. 일본에 체류했을 당시2001~2004에도 **bubble collapse**거품 붕괴로 인한 10년 장기불황의 그늘이 열도에 무겁게 드리워져 있었는데, 미국에서도 경제 한파가 체재기간 내내 계속됐던 것은 조금 아쉬운 일이었다.

철부지 같은 얘기인지는 모르겠으나, 경제가 좋았더라면 **4th of July**7월 4일의 **Independence Day fireworks**독립기념일 불꽃놀이도 좀 더 화려하게 워싱턴의 여름 밤 하늘을 수놓았을 것이고, 연말에 좀 더 휘황찬란하게 치장한 미국 가정집들을 구경할 수 있었을 것이라는 생각에서다.

흔히 불황은 **depression**, 침체는 **recession**으로 표현된다. **economic terms**경제학적 용어로 침체는 '2분기 연속 경기가 위축되는 상황'을 일컫는 말이라고 한다. 불황은 '경기 하강국면이 3년간 지속되거나 실업률이 10퍼센트를 웃도는 경우'가 해당된다는 얘기를 한다. 그러나 이런 설명은 불행하게도 경제 문외한들에게는 확 와 닿지 않는 전문가들의 영역으로 느껴질 수밖에 없다.

미국의 역대 대통령 가운데 **great communicator**위대한 소통자로 불렸던 로널드 레이건Ronald Reagan 전 대통령은 그답게 이 두 가지 경제개념을 아주 쉬운 표현으로 설명했다. 그는 1980년 대선 선거운동을 하면서 **Recession is when your neighbor loses his job. Depression is when you lose yours.**침체란 여러분의 이웃이 일자리를 잃었을 때이며, 불황이란 바로 당신이 일자리를 잃는 경우입니다. 라고 말했다.

어느 쪽이 경제적으로 더 힘든 상태인지는 덧붙여 설명할 필요없이 이 말 하나로 명료해진다. 이 말은 1950년 미국 노동계 지도자였던 데이브 백Dave Beck이라는 사람이 처음 사용했던 것으로 알려지고 있다. 즉, 레이건의 리메이크가 히트를 쳤다는 말이 된다.

대학을 다니면서는 높은 **tuition fees**등록금에 짓눌리고, 졸업을 해서는 실직의 고통을 겪고 있는 우리의 청년들에게는 주가 2,000시대, 세계 경제 14위 국가 도약, 경제회복이라는 말이 무슨 현실적인 의미가 있겠는가. 그들에게는 답답한 상황이 바뀌지 않는 경제 현실이 늘 불황으로 느껴질 것이다. 경제의 불황이 자칫 청년들의 정신적 공황상태로 이어지지 않도록 국가와 사회는 배려의 손길을 내밀어야 할 필요가 있다.

아 참, 레이건은 경기침체와 불황을 대비시키는 표현을 하면서 촌철살인의 문구를 하나 더 덧붙였던 사실을 빠뜨리고 말았다. **The recovery is when Jimmy Carter loses his**. 즉, 자신과 대선에서 맞붙었던 현직 대통령 카터가 대통령직을 잃는 것이 바로 경제회복의 지름길이라고 주장했던 대목이다. 이쯤 되면 정치적 공격도 '예술'의 경지에 오른 셈이다.

미국 대선의 선거구호 가운데 경제 문제를 화두로 삼아서 가장 히트를 친 말은 뭐니뭐니해도 **It's the economy, stupid**.문제는 경제야, 바보야. 1992년 미국 대선에서 민주당의 빌 클린턴이 조지 **H.W.** 부시를 공격할 때 사용한 말이다.

recession   depression

Ex

✔ During the Great Depression, Franklin Roosevelt could count on a solidly Democratic Congress. 대공황 당시 프랭클린 루스벨트 대통령은 민주당이 든든하게 장악하고 있던 의회에 의지할 수 있었다

✔ The 2007~2009 recession officially ended in June of 2009. How bad was this recession, and how quickly is the economy recovering?

2007~2009년 경기침체는 2009년 6월 공식 종료했다. 이번 침체는 얼마나 힘든 것이었으며, 앞으로 어느 정도나 빨리 경제가 회복할 수 있을까?

---

bubble collapse: 1980년대까지 승승장구하던 일본의 경제가 1990년 주식가격과 부동산 가격이 폭락하면서 수많은 기업과 은행의 도산으로 이어진 것을 말한다. 이는 이후 일본의 **the lost decade**잃어버린 10년의 시발점이 됐으며, 지금은 '잃어버린 20년'이라는 말까지 나오고 있다.

It's the economy, stupid.: 이 표현은 클린턴의 **campaign strategist**선거 전략가였던 제임스 카빌James Carville이 만들어냈다고 한다. 빡빡머리 모양을 하고 있는 카빌은 요즘 CNN방송의 고정 정치평론가로 활약하고 있다.

behind the wheel vs. behind bars

운전대와 쇠창살

미국에서 자동차는 사람의 **feet**발와 같은 존재다. 사람에게 발이 없으면 거동에 **seriously restricted**심각한 제약를 받듯이 자동차 없는 미국의 일상은 아마도 뉴욕 맨해튼이나 워싱턴 **D.C.**처럼 대중교통수단이 비교적 잘 갖춰진 특수 지역을 제외하고는 매우 힘들고 고통스러운 일이 될 게 뻔하다.

그래서 미국에 주재하고 있는 한국인들은 종종 **drunk driving**음주운전의 유혹을 떨쳐버리기 힘들 때가 많다. 저녁 모임에서 술 마실 기회가 생기면 당장 이튿날 자동차로 출근해야 하는 일부터 걱정하지 않을 수 없기 때문이다. 그러다 보니 무리를 해서 음주운전을 강행하는 사람이 있는가 하면, 음주운전만큼은 하지 않겠다며 미국 땅에서도 '대리운전'에 의존하는 사람도 있다.

한국에서는 대리운전 기사가 목적지까지 손님을 데려다주고 자신은 버스나 지하철 또는 택시를 이용해 이동하지만, 미국에서는 마땅한 대중교통수단이 없기 때문에 대리운전을 부르면 나중에 대리운전기사를 태우고 갈 별도의 차량이 따라온다. 결국 대리운전 이용객은 자신의 차량과 동반 차량의 운임을 이중으로 지불해야 한다. 이런 비용부담이 결국 음주운전을 부추기는 이유 중 하나가 되기도 한다.

한국에서는 운전을 하는 것을 "핸들을 잡는다."라고 하지만, 미국에서는 핸들에 해당하는 표현을 **wheel**이라고 한다. **wheel**에는 바퀴라는 뜻 말고도 **steering device**운전대라는 의미도 있다.

따라서 **behind the wheel**이라고 하면 핸들 뒤에 내가 위치하게 되는 것이기 때문에 운전석에 앉아서 운전을 한다는 뜻이 된다. 문제는 맨정신에 운전을 하면 교통경찰을 신경 쓸 이유가 별로 없지만, 술에 취한 상태에서 운전을 하게 되면 갓길에 정차해 있는 경찰차만 봐도 몸이 오그라들게 마련이다.

그리고 경찰관에게 음주운전으로 걸리기라도 하면 결국 구치소로 가서 원치 않는 하룻밤을 보내야 한다. 구치소 쇠창살 뒤에 쪼그리고 앉아 음주운전을 후회하며 밤을 하얗게 지새워야 하는 것이다. 바로 이 **bars**창살 뒤에 있어야 하는 신세가 **behind bars**다. 술에 취한 상태에서 운전석에 앉으면, 결국 경찰서 창살 뒤에서 후회의 시간을 보낼 수 있음을 깨닫고 어떤 경우에도 음주운전을 해서는 안 된다는 다짐을 새롭게 할 필요가 있다.

이처럼 음주운전의 부담이 있다 보니 미국에서는 외식을 하기보다는 집으로 초청해서 저녁식사를 하는 일이 잦은 편이다. 많은 부인들께는 죄송한 말씀이지만, 부인들이 귀로에 운전을 할 것으로 철석같이 믿고 남편들은 음주운전의 부담 없이 마음껏 술을 마실 수 있기 때문이다. 워싱턴 일원에 파견된 주재원들의 부인은 아침저녁으로 아이들을 학교와 학원으로 데려다 주랴, 주말과 휴일에는 남편을 대신에 운전대 잡으랴 "당신들이 참 고생이 많습니다……."

behind bars

✔ **Estimates show that between 20 to 50 Saudi women challenged the ban on driving and got behind the wheels.** 통계에 따르면 20~50퍼센트 정도의 사우디아라비아 여성들이 여성에 대한 운전금지에 문제를 제기, 운전을 할 수 있게 됐다.

✔ **Justice bids Lindsay Lohan 60~90 days behind bars if found guilty of grand larceny.** 판사는 린제이 로한의 중절도 혐의가 유죄로 드러난다면 60~90일간 감옥에 갈 것이라고 밝혔다.

bar: 법률용어로 사용할 때는 방청석과 구분해 판사, 변호인, 피고인, 증인들이 앉아 있는 공간을 **bar**라고 한다. 변호인단을 집단적 의미로 지칭할 때도 이 말을 쓴다. 미국의 각 주는 **bar examination**변호사 시험을 통해 변호사를 선발한다.

steering: 무엇을 조정하는 일이다. 국회의 **steering committee**라고 하면 운영위원회를 말한다. 운영위원회는 국회 회기의 결정, 국정감사 일정, 국회법 심사 등 국회를 마치 운전하듯이 조정하기 위해 필요한 조직이다.

near miss vs. almost hit

하늘 길에도 충돌사고는 있다

여행을 할 때 주로 이용하는 교통수단은 나라마다 차이가 난다. 자가용이 없었던 도쿄특파원 시절에 우리 부부는 거미줄처럼 잘 짜인 일본의 철도망을 '애용'하면서 여행을 다녔다. 도쿄 인근의 온천으로 유명한 하코네를 열차로 다니면서 산허리 깊숙한 지점까지 철길을 연결해 놓은 일본인들의 '철도사랑'에 혀를 내두른 적도 있다.

미국은 땅덩어리가 워낙 크다 보니까 여행경비가 많이 들더라도 시간 단축과 장기 운전의 수고를 덜기 위해 비행기를 타는 경우가 많았다. 우리 아이들은 **DVD**를 보면서 맘껏 떠들 수 있는 자동차 여행을 좋아했지만, 비행기 여행도 그에 못지않게 좋아한 편이다. 아이들은 특히 탑승 전 공항의 큰 유리창 밖으로 이착륙하는 비행기들을 쳐다보면서 즐거워했다.

그런데 항공기들은 먼발치서 보는 것만큼 한가롭고 평화롭게 이착륙을 하는 것은 아닌가 보다. **control tower** 관제탑의 치밀한 유도에 따라 질서 있게 오르내리지 않으면 사고를 일으킬 위험이 항상 도사리고 있다고 한다. 항공기가 용케도 충돌사고를 모면한 상황을 일컬어 **near miss**라고 하는 것은, 그만큼 하늘 길에서도 잠재적 교통사고의 위험이 있음을 보여준다.

그런데 미국의 한 코미디언은 이 표현을 아주 재미있게 비꼬았다. 스탠딩 코미디의 대가였던 조지 칼린George Carlin은 **Near miss**라는 건 말도 안된다. 그것은 아깝게도 충돌을 비켜 갔다는 어처구니없는 표현이다. '거의 부딪힐 뻔 했다'는 의미로 **Almost hit**이 맞다라고 주장했다. **Near miss**는 마치 "사고가 났어야 했는데 아쉽다"라는 뉘앙스가 풍기기 때문에 나도 칼린의 주장에 동조한다.

비행기는 수백 명의 승객을 동시에 태워 나르기 때문에 사고가 났다 하면 대형 참사로 이어질 수 있으므로 **near miss**조차도 발생하지 않도록 관제탑은 늘 하늘길 교통정리에 신경을 써야만 한다. 그런데 2010년 뉴욕의 **JFK**공항에서는 한 관제사가 자신의 아들과 딸을 관제센터까지 데려와 항공기 조종사들과 교신을 하며 항공기 이착륙을 유도하도록 했던 위험천만한 일이 발각됐다. 결국 이 관제사 아빠는 자신의 아이들에게 유년시절 '최고의 추억'을 선물했는지는 모르지만, **almost crazy**정신이 나간라는 비난을 면키 어려웠다.

개인적으로 우리 가족은 비행기를 타면서 **almost crying**거의 울뻔한할 뻔한 일을 경험했다. 2009년 12월, **North Carolina**의 **Charlotte Airport**샬롯 공항에서 흑인 10대 소년 한 명이 휠체어에 의지해 승무원의 도움을 받으면서 비행기에 탔다. 그저 몸이 불편한 아이인가 보다 생각했는데 기내에서 안내방송이 흘러나왔다. "오늘 이 비행기에는 **Make-A-Wish Foundation**소원을 말해봐 재단의 지원을 받아 소년 한 명이 탔습니다. 워싱턴까지 모두 격려해 주면서 갑시다."

나중에 안 사실이지만 **Make-A-Wish** 재단은 불치병 등으로 인해 시한부 삶을 살고 있는 소년·소녀들의 소원을 들어주는 비영리재단이었다. 아마도 휠체어에 탄 그 소년은 워싱턴에 가보는 게 소원이었는가 보다. 왜 기내에 탔던 승객들이 모두 박수로 화답했는지를 뒤늦게 깨달을 수 있었다.

Ex

✔ A near miss between two commercial jets over southeast Queensland is being investigated by the national air safety bureau. 국립항공안전국은 퀸즈랜드 남동쪽 상공에서 발생한 민간항공기 두 대의 near miss 사건을 조사 중이다.

✔ UFO almost hit F5-jet during air show. 에어쇼 행사 중에 UFO가 F5 제트기와 거의 충돌할 뻔 했다.

red vs. blue
민주당을 알게 해준 오바마의 파란색 넥타이

가족들과 뉴욕 맨해튼의 월스트리트로 구경을 갔을 때다. 월스트리트로 가는 길에서 사진으로만 보던 **bull statue**황소상를 발견하고 가족들이 돌아가면서 카메라에 한 컷씩을 담았다. 특히, 나는 당시 주식투자를 하고 있었기 때문에 (물론 지금도 하고 있지만) 보유 중이던 주식이 대박 **rally**랠리를 펼쳤으면 하는 소망을 담아 황소의 뿔을 더듬으면서 사진을 찍었다. 내가 보유한 종목이 **bear**곰처럼 굼뜨게 횡보하지 말고, **bull**황소처럼 앞만 보고 뚜벅뚜벅 걸어가길 마음속으로 빌었던 것이다.

한국과 미국의 동부 시각은 서머타임 시행 여부에 따라 다르긴 하지만, 13~14시간의 차이가 난다. 당연히 한국 시간이 빠르다. 워싱턴 **D.C.** 사무실에서 근무하

■ Wall Street의 bull statue

면서 뉴욕증시의 **Dow Jones**다우존스 평균지수가 올랐는지, 아니면 내렸는지를 보면 3~4시간 후 개장될 서울 증시의 '견적'이 대충 나온다. 그런데 낮 시간 내내 다우의 상승, 하락 삼각형 색깔에 익숙해 있다가 퇴근해서 느긋한 마음으로 한국 코스피의 상승, 하락 삼각형을 보고 있으면 헷갈릴 때가 많다. 미국 증시는 상승 시에는 파랑색, 하락 시에는 빨강색으로 표시하는데, 한국은 정반대이기 때문이다.

 빨강, 파랑 얘기가 나왔으니 말인데 미국에 처음 왔을 때 공화당과 민주당의 상징색이 헷갈렸던 적이 있다. 빨강은 **red**, 즉 공산주의 또는 사회주의를 연상시키는 느낌이 강해 보수정당인 공화당과 잘 매치가 되지 않았던 탓이다. 공화당 출신의 로널드 레이건Ronald Reagan 전 대통령은 재임 당시 구소련을 **Evil Empire**악마의 제국라고 몰아세우며 **red**와 확실한 대립각을 세우지 않았던가. 또한 워런 비티Warren Beatty가 주인공으로 나온 *The Reds*1981라는 영화도 1917년 러시아의 10월 혁명일명 볼셰비키 혁명을 배경으로 하고 있는 것은 잘 알려진 사실이다.

 한동안 헷갈림이 계속되다가 2008년 대선의 민주, 공화당 경선 때 오바마 대통령이 파란색 넥타이를 자주 매는 것을 보고, '파랑=민주당'이라는 등식 하나만 외우기로 했다. 그렇게 하면 양당 체제인 미국에서 빨간색은 자동으로 공화당이 되기 때문이다. 한쪽만 외우면 편한 게 하나 더 있다. 민주, 공화당 양당은 상징 동물을 하나씩 갖고 있다. 공화당의 **elephant**코끼리 를 외운다면 민주당의 **donkey**당나귀는 덤으로 쉽게 입력된다.

 선거 때 자주 등장하는 **red state**공화당 텃밭 주 나 **blue state**민주당 텃밭 주 는 전통적인 공화당과 민주당의 텃밭을 각각 뜻하는 말인데, 정당의 색깔을 기억하고 있다면 무슨 뜻인지 금세 알아차릴 수 있다. 선거 때마다 '널뛰듯' 지지 정당을 바꾼다고 해서 **swing state**라고 불리는 주들도 있다.

 2011년 8월에 미국이 사상 초유의 **default**채무상환 불이행 의 위기에 몰렸을 때 정치권이 막바지까지 협상력을 발휘하지 못한 채 무기력한 모습을 보이자 미국 국민들은 **It's not a matter of red and blue**,공화당과 민주당 사이의 문제가 아니다. 라고 하면서 정치권의 대승적인 합의를 촉구했다. 백악관과 의회는 **default** 위기 시한인 8월 2일을 앞두고 가까스로 타협안을 도출하기는 했지만, 정치권을 바라보는 여론은 싸늘하게 식은 상태였다.

태극기에도 빨간색과 파란색이 어우러져 있지만, **Stars and Stripes**성조기의 핵심적인 색깔 역시 빨강과 파랑이다. 성조기에서 빨간색은 '미국의 수호를 위해서 흘린 피'를 상징하며, 파란색은 '미국에 대한 자긍심'을 나타낸다고 한다. 13개의 줄은 영국에 맞서 독립혁명에 참여한 북미 13개 **colonies**식민지 주를 상징하는 것이며, 50개의 별은 널리 알려진 대로 미 합중국을 구성하는 현행 50개 주를 의미한다.

Ex

✔ Obama hates the state of Texas. It's because Texas is a very "red" state with an overwhelmingly conservative majority! 오바마 대통령은 텍사스 주를 혐오한다. 텍사스는 보수주의 진영이 압도적인 다수를 차지하는 '공화당 텃밭 주'이기 때문이다.

✔ Political pundits never tire of reminding us of the great cultural divide between conservative "red" states and liberal "blue" ones. 정치 전문가들은 보수 공화당 주와 진보 민주당 주 사이의 엄청난 문화적 괴리를 지칠 줄도 모르고 우리에게 상기시켜 준다.

---

bear vs. bull: 주식시장에서 동물에 빗대어 상대적인 개념으로 사용되는 말이다. **Bear Market**이라고 함은 '폭락장' 또는 '침체장'을 뜻한다. 반면 **Bull Market**은 '활황장'이다.
swing state: **battleground state**라고도 하며, 빨간색공화당과 파란색민주당을 혼합한 중간지대에 있다고 해서 **purple state**라고도 부른다.

credit vs. debit
신용사회에서 체크카드를 긁는 이유

　　　　　　　　　　　　　현대 사회를 흔히 신용사회라고 들 한다. 특히 미국 사회를 빗대어서는 더욱 그런 말들을 많이 한다. 미국에서는 credit신용을 쌓아놓지 않으면 은행대출에서부터 할부구매에 이르기까지 다양한 경제활동에서 불편한 일이 한두 가지가 아니기 때문이다.

　그렇지만 그토록 신용을 중시하는 미국인들이라고 해서 반드시 credit card만 사용하는 것은 아니라는 사실을 미국 생활을 통해 체험적으로 알게 됐다. 오히려 적지 않은 사람들이 이른바 debit card데비트 카드를 사용한다. 한국식으로 말하자면 '체크카드'다. 오늘 물건 값을 credit card로 계산했다면 약정된 결제일에 청구서가 날아오지만, debit card는 카드 사용 즉시 자신의 checking account계좌에서 돈이 빠져나간다. '돈이 금세 계좌에서 인출된다는 것'은 카드 사용자에게 돈을 쓰고 있다는 사실을 그때그때 인식하게 만들어주는 효과가 있다.

　그래서 debit card는 절제된 소비습관을 익히는 데 안성맞춤이라고 주장하는 이들이 제법 있다. 물론 debit card 사용자들 가운데는 신용카드 발급대상 자격을 얻을 때까지 현금을 들고 다니기가 귀찮아서 과도기적으로 일 년 정도 debit card를 사용하는 경우도 많다. 나도 미국 체류 첫해에는 debit card만 쓰다가 신용카드 발급대상 자격을 얻은 2년차부터 신용카드로 전환할 수 있었다.

　하지만 신용카드 발급 자격을 얻고도 신용카드에 의해 부지불식간에 길들여지는 방만한 소비습관을 고치기 위해 일부러 debit card 사용만을 고집하는 사람들도 있다고 한다.

　또한 credit card와 debit card를 만들 수 있음에도 불구하고 cash현금 사용만

고집하는 사람들도 주변에서 어렵지 않게 볼 수 있다. 이런 사람들은 정말 신용이 없거나, 아니면 돈을 진짜로 절약하면서 사용하겠다는 부류의 사람들인 것 같다. 이도 저도 아니면 신용카드를 사용한 후 서명하는 게 귀찮은 '귀차니즘의 화신'이거나…….

　미국에서는 고객이 카드를 직접 긁도록 돼 있다. 가게 주인에게 카드를 주고 서명만 하는 한국과는 달리 미국에서는 고객이 직접 신용카드를 긁어야 한다.

　신용카드를 왼쪽에서 오른쪽 또는 오른쪽에서 왼쪽으로 긁게 돼 있으면, 카운터에 있는 사람이 **Please swipe your card**.라고 할 것이다. 처음에 미국에 와서 세븐일레븐 편의점에 갔다가 이 **swipe**라는 말을 몰라서 잠시 헤맸던 기억을 되새기면 지금도 등에서 식은 땀이 나는 듯하다.

　위에서 밑으로 내려 긁는 방식의 신용카드 기기를 사용할 때는 미끄럼을 타듯 카드를 **slide**를 해야 한다. 참고로 **debit card**를 사용할 때는 **PIN**을 넣으라고 하는데, 이 **PIN**Personal Identification Number은 비밀번호를 뜻한다.

- debit card

- credit card

> Ex

✔ **In these challenging economic times, many people are using their credit cards less and relying more on their debit cards to make purchases.** 이처럼 경제적으로 어려운 시기라 많은 사람들은 물건을 구입할 때 credit card를 덜 쓰고, debit card에 좀 더 의존하고 있다.

✔ **Debit and credit cards offer different services and each comes with advantages and disadvantages.** 데비트 카드와 크레디트 카드는 각기 다른 서비스를 제공하는데, 서로 유리한 점과 불리한 점을 갖고 있다.

---

checking account: 금융기관에서 개설할 수 있는 **deposit account**예금계좌의 일종으로 **check**수표 또는 카드를 이용해 자유자재로 입출금이 가능하도록 한 계좌다. 이에 비해 계좌에 입금된 예금의 안전성을 담보하기 위해 입출금에 일정한 제한을 두는 계좌를 **savings account**라고 한다.
PIN: 전화로 PIN을 입력하는 경우에 미리 녹음된 안내방송은 PIN를 입력하고 **Press Pound**하라고 한다. 여기서 "**Pound**를 누르세요."는 한국에서 "우물 정자나 샤프 버튼을 누르세요."라고 할 때 사용되는 #에 해당한다.

William vs. Bill
친밀감의 척도는 퍼스트 네임을 부를 수 있어야

10년 전쯤 외교통상부에서 취재활동을 할 때의 일이다. 어느 날 잘 아는 외교관이 "아니 **Bill Clinton**빌 클린턴이 **William Clinton**윌리엄 클린턴이었어요?"라고 정색을 하고 물어서 나도 모르게 실소를 한 적이 있다. "아니, 윌리엄의 약칭이 빌인지도 모르셨어요? 설마 외교관이……."라고 잘난 척을 하면서 말이다.

워싱턴 주재 특파원 생활을 하면서 느낀 것이지만, 미국에서 외견상 인간관계의 친밀도를 가늠할 수 있는 손쉬운 잣대 중 하나는 상대를 **on a first name basis**이름으로 부를 수 있느냐이다. 서로를 **Bill**이니 **Jack**이니 부르는 모습을 보면 '저 친구들 가까운 사이로구나'라는 추론이 가능하다. 백악관이나 국무부 브리핑 룸에 있는 기자들도 다 똑 같은 기자들이 아니다. 그 안에는 이름으로 불리는 기자와 **sir** 또는 **maam**으로 불리는 기자들로 나뉜다.

대변인은 앞줄의 '지정석'에 앉아 있는 통신기자와 방송기자들이 손을 들면 검지로 마음에 드는 기자를 지목해 질문권을 주면서 **Jack, Bob**이라고 불러준다. 대변인이 서 있는 연단으로부터 3번째 줄 뒤로 앉아 있는 기자들에게 질문권을 줄 때는 이름을 몰라서인지 **sir**나 **maam**이라고 부르는데, 그렇게 지명을 당한 사람들도 그다지 불쾌해 하는 표정이 아니다. 표정은 어둡지 않지만 이들 '무명 기자'들은 백악관 내에서 '유명 기자'가 되기 위해 더 어려운 질문, 더 꼬인 질문을 던지게 마련이다.

미국 생활을 하면서 나는 **Mr. Koh**라고 불리기보다는 **Seung**으로 더 자주 불렸던 것 같다. 영문명을 **Seung Il Koh**로 쓰다 보니 미국 사람들이 **Il**을 middle name으로 여기고 **Seung**을 **first name**인 양 불렀던 것이다. 마찬가지로 집사람도 **Kyung Hee Moon**인데, **Kyung**으로 자주 호명됐다고 한다. 특히 붐비는 스타벅스 커피숍에 가보면 바리스타들이 컵이 바뀌는 것을 막기 위해 이름을 물어볼 때가 많다. 컵 위에다 즉석에서 써넣기 위해서다. 그런데 **Koh**라고 말해주면 대번에 **That's all?**그게 다니? 라는 질문이 돌아올 때가 많다. 그때마다 **Steve**든 **Sam**이든 3년간 사용할 이름을 하나 만들어 놓을 걸 잘못했다는 생각이 들 때도 솔직히 있었다.

미국에서 자주 사용되는 **first name**의 애칭을 알아두는 것은 미국인과의 사교에서 윤활유 역할을 할 것이다. 아래는 몇 가지 남녀 이름의 애칭을 소개한 것이다.

male	female
Alexander: Alex, Alec, Sandy	Amelia: Amy
Alfred: Fred, Freddie	Angela, Angelica, Angelina: Angie
Anthony: Tony	Christine, Christina: Chris, Tina
Charles: Charlie, Chuck, Jack	Deborah: Debbie
Curtis, Kurtis: Curt, Kurt	Dorothy: Dora, Dolly
Edward: Eddie, Ted	Hannah, Hanna: Ann, Annie
Erick: Ricky	Jacqueline: Jackie
Gabriel: Gabby	Judith: Judy, Jody
Gregory: Greg, Gregg	Magaret: Maggie, Mae, Peggy, Greta
Isaac: Ike	Marilyn: Mary
James: Jim	Patricia: Pat, Pattie
Jeremiah: Jerry	Raquel: Kelly
Joseph: Joe, Joey	Rebecca: Becky
Lawrence: Larry	Susan, Susanna: Sue, Susie
Richard: Dick, Ricky	Veronica: Nicky, Ronnie
Robert: Bob, Bobbie, Robin	Victoria: Vicky
Samuel: Sam, Sammy	Virginia: Ginger

Joe vs. John 미국의 철수와 영수

우리나라에서 한때 가장 유행하던 남자 이름이 '철수'와 '영수'일 때가 있었다. 미국에서 이 정도로 흔한 이름은 **Joe**와 **John**을 꼽을 수 있을 것 같다. **Joe**와 **John**이 들어간 영어 표현이 '보통 사람' 정도의 뜻을 지니고 있다는 것은 이들 이름이 그만큼 흔하다는 방증이다.

지난 2008년 대선 때는 '보통 사람'이라는 뜻을 지닌 **Joe Six-Pack**조 식스팩이라는 말이 큰 인기를 끌었다. 한국에서는 **six-pack**이라고 하면 몸짱들의 복부에 돌출돼 나타나는 여섯 조각의 빨래판 근육을 뜻하는 말로 널리 알려져 있다. 그러나 영어에서 **Joe**와 결합된 **six-pack**은 동네 슈퍼마켓에서 여섯 개들이 맥주를 사가지고 귀가한 뒤 한가롭게 소파에 앉아서 **TV**로 야구경기를 즐겨보는 미국의 보통 사람을 가리킨다.

이 말은 특히 당시 공화당의 부통령 후보였던 세라 페일린Sarah Palin이 방송에 나와 얘기하면서 대중적으로 큰 인기를 모았다. 페일린은 **It's time that a normal Joe Six-Pack American is finally represented in the position of vice presidency.** 비로소 부통령 자리도 평범한 사람이 대표할 수 있는 때가 왔다. 라고 말했다. 즉, 자신처럼 알래스카에서 평범하게 자라난 보통의 미국인이 대선에서 승리해 부통령이 될 수 있는 시대가 도래했다는 주장을 하고 싶었던 셈이다.

페일린은 민주당의 맞수였던 조지프 바이든Joseph Biden 민주당 부통령 후보와의 생방송 **TV** 맞장토론 때 실제로는 그 이전까지 일면식도 없었음에도, 토론에 앞서 인사말을 건네면서 "**Joe**라고 불러도 되죠?"라고 당돌하게 선수를 쳐서 시청자들의 주목을 끌기도 했다. 사실 바이든 부통령은 조 바이든으로 더 자주 불린다.

여기에다 때마침 당시 민주당 오바마 대선후보가 유세지인 오하이오 주에 갔다가 배관공을 한다는 조지프 워설바커Joseph Wurzelbacher를 만나게 되면서 **Joe**는 엄청난 인기를 끌게 된다. 오바마의 경쟁자인 존 매케인John McCain은 위설바커를 서민의 대표적인 인물로 거론하면서 **Joe the Plumber**배관공 조라는 표현을 수십 차례에 걸쳐 입에 올리기도 했다.

사실 **Joe Six-Pack**이 인기를 끌기 전까지는 **John Q. Public**이 보통 사람을 지칭하는 말로 더 자주 쓰였다고 한다. '법 없이도 살 수 있는' 선량한 미국의 보통 시민을 일컫는 말이다. **John Doe**도 보통 사람을 뜻하기도 하지만, 신원미상의 시신을 말할 때도 사용된다. 통상 **morgue**시신 보관소에 안치된 **unidentified human corpse**신원미상 시신의 발에는 **John Doe**라는 **tag**가 붙게 된다.

2009년 7월, 뉴욕타임스에는 **John Doe**에 얽힌 웃지 못할 사연이 실린 적이 있다. 30년 전 열한 살 나이에 한국에서 미국으로 이민 온 도장현이라는 한국인이 미국식 이름을 처음에는 **Jang Do**라고 썼다가 미국식으로 **John Doe**로 바꾸고 나서부터 주변의 이상한 시선을 느껴야 했다는 얘기였다. 도장현 씨는 **What is your real name?**당신 진짜 이름이 뭡니까?라는 질문세례를 받아야 했다는 것이다. 이름도 너무 평범하면 때로는 불편함을 가져다주는 것 같다.

---

plumber: 여러 가지 배관을 다루지만, 집의 싱크대나 화장실이 고장났을 때 부르는 사람이라고 생각하면 이해가 쉽다. **b**가 소리가 나지 않는 **silent letter**다. '플러머'라고 발음하면 된다. 영어에서 b가 묵음인 단어는 **debt**빚, **subtle**미묘한, **doubt**의심, **climb**오르다 등이 있다.

morgue: 시신 안치실. **mor-**가 앞에 나오는 단어는 죽음death과 연결지어서 생각해 보면 모르는 단어도 유추가 가능할 때가 있다. **autopsy**부검를 뜻하는 **post-mortem**은 죽음 후에 이뤄지는 시신에 대한 검사를 뜻한다. **moribund**는 **approaching death**, 즉 죽음이 가까워왔다는 뜻으로 사용된다.

murder vs. manslaughter
의도적으로 계획된 살인이 가장 악질

지난 1993년에 상영된 *Sleepless in Seattle* 시애틀의 잠 못 이루는 밤이라는 영화가 있었다. 흥행 보증수표였던 톰 행크스 Tom Hanks와 맥 라이언 Meg Ryan이 공동 주연했던 **romantic comedy**였다.

부인과 사별하고 아들과 함께 시애틀에 살고 있던 행크스가 라디오에 출연해 자신의 사연을 얘기했다가 우여곡절 끝에 라이언과 **Valentine's Day**에 뉴욕 **Empire State Building**의 **observation deck** 전망대에서 만난다는 내용을 그리고 있다.

아름답고 조용한 도시 시애틀과 번잡하기 그지없는 뉴욕을 두고 이런 농담이 있다. **Welcome from the city of suicide to the city of homicide!** 자살의 도시에서 살인의 도시로 오신 걸 축하합니다. 짐작했겠지만 자살의 도시는 너무도 아름답고 평온해서 사람 사는 맛이 적은 시애틀이고, 살인의 도시는 너무나 많은 인종이 섞여서 사는 뉴욕을 말한다.

homicide는 큰 범주에서 남을 죽이는 행위를 뜻한다. 그런데 경찰서에서 범인을 잡으러 다닐 때는 **homicide** 부서가 수사를 벌이지만, 살해용의자가 기소돼서 법원에서 판결을 받을 때는 **murder** 살인이냐 **manslaughter** 과실치사냐로 갈려서 선고를 받게 된다.

먼저 **murder**는 **intent to kill** 살의이 전제돼야 하며, 사전에 계획을 했는지 여부에 따라 **first degree** 1급 살인, **second degree** 2급 살인로 구분된다. 1급 살인은 사전에 계획을 하고 잔인한 방법으로 사람을 죽인 경우에 해당하며, 2급 살인은 사전 계획은 없었으나 **malice** 악의를 갖고 사람을 살해했을 때 적용된다.

반면에 **manslaughter**는 **voluntary** 자발적, **involuntary** 비자발적로 나뉜다. 자발적

인 경우는 살해 의도를 지녔으나 우발적으로 범행을 저지른 경우다. 2급 살인과 비슷하지만 순간적인 자신의 **heat of passion**감정 폭발으로 범죄를 저질렀다는 우발성에 초점을 맞추고 있다는 점이 다르다. 비자발적 **manslaughter**는 범죄행위가 아닌 위험한 행동을 하다가 의도하지 않게 사람을 죽인 경우에 해당한다. 실수로 사람을 죽음에 이르게 했다고 해서 과실치사가 된다.

이같이 나뉘어진 살인과 과실치사 기준이 어떻게 적용되는지 구체적인 사례를 통해 알아보자. 먼저 2010년 5월, 버지니아 주립대의 여자 라크로스팀 선수였던 야들리 러브Yeardley Love가 역시 라크로스 선수인 옛 남자친구 조지 휴글리George Huguely의 폭행으로 사망한 사건이 발생했다. 유복한 가정에서 자라난 휴글리가 헤어진 여자친구에게 심한 폭행을 가해 죽음에 이르게 한 이 사건은 버지니아 주 주민들에게 큰 충격을 안겨줬다. 살인용의자 휴글리는 1급 살인죄로 기소됐다.

2009년 사망한 팝의 황제 마이클 잭슨Michael Jackson의 주치의 콘레드 머리Conrad Murray는 심한 불면증에 시달리던 잭슨에게 진정제 등을 투약하고도 제대로 돌보지 않아 잭슨을 숨지게 한 혐의를 받았다. 그래서 그는 **involuntary manslaughter**로 기소돼 재판을 받기에 이르렀다.

미국에서는 몇 년 전 howtokillmywife.com내 마누라 죽이기 닷컴이라는 웹사이트가 생겨서 논란이 일었던 적이 있다. 지금은 폐쇄된 이 사이트를 보고 혹시 자신의 아내를 죽인 몹쓸 남편이 있다면, 그 사람은 분명 사전계획을 통해 살인행위를 했다는 추정이 가능하기 때문에 1급 살인죄로 몇십 년간 감옥에서 대가를 치러야 할 것이다.

✔ **After six weeks of testimony, dozens of witnesses and one full day of deliberation, 12 jurors found Casey Anthony not guilty of first degree murder of her 2-year-old daughter Caylee.** 6주 동안의 증언, 수십 명에 달하는 증인, 온

종일 계속된 토론 끝에 12명의 배심원들은 케이시 앤서니가 두 살 난 딸 케일리를 살해하지 않았다는 결론을 내렸다.

✔ **A Los Angeles judge has set Jan. 4 as the date for a preliminary hearing into manslaughter charges against Michael Jackson's physician, Dr. Conrad Murray.** LA 판사는 마이클 잭슨의 주치의였던 콘래드 머리 박사에 대한 과실치사 혐의와 관련한 예비심리 기일을 1월 4일로 정했다.

---

heat of passion: sudden anger순간적인 분노를 뜻한다. 예를 들어 어떤 미국인 기혼 남성이 아내의 불륜 현장을 적발하고 총으로 불륜 남녀를 살해했다고 가정하자. heat of passion으로 인정받으려면 그의 행동이 분노가 치밀었던 그 순간에 바로 행동에 옮겨졌어야 한다. 이성적으로 잘 생각해보고, 1시간 뒤에 살해를 했다면 우발적 범행이라는 정상참작이 이뤄질 가능성이 없다.

Casey Anthony: Party Mom파티 맘으로 불릴 정도로 아기는 돌보지 않고 친구들과 노는 것을 좋아했다. 그래서 두 살배기 딸이 거추장스러워서 죽인 뒤 집 근처 시냇가에 시체를 유기했다는 게 검찰 측의 기소 사유였으나, 증거 불충분으로 무죄 평결이 내려져 수감생활 2년 9개월 만에 극적으로 풀려났다.

au pair vs. nanny
집안 도우미에도 등급이 있다?

"여보, 여보, 글쎄 말이야. 내가 영어를 배우고 있는 교회에 유럽에서 온 젊은 여자애들이 있는데, 걔들이 오페어라는 걸로 와 있대……."

"오페어가 뭔데?"

"그게 말이지, 주로 젊은 외국 여성들이 미국의 가정집에 머물면서 애들 돌봐주는 대가로 용돈도 받고, 영어도 배울 수 있는 프로그램이래."

"그런데 그게 뭐 어쨌다는 건데."

"아니, 뭐 어쨌다는 게 아니라……, 내가 젊었을 때 이런 걸 알았으면 꼭 한번 미국에 왔을 텐데. 아쉽다 뭐 이거지……."

"넌 만날 버스 떠나고 손 흔드는 얘기만 하냐?"

"이 사람은 남의 말 제대로 듣지도 않고 사람 말을 무시하고 그래."

이날도 우리 부부는 이렇게 다퉜다. 성격이 외향적인 집사람이 자신의 교회에서 만난 유럽 출신 처녀들 얘기를 너무 호들갑스럽게 하길래 건성으로 대답했다가 본질과는 다른 문제를 놓고 말다툼이 벌어진 것이다.

사실 주변에서는 나보다는 아내가 기자를 하는 게 나을 것 같다는 평가가 있을 정도로, 집사람은 신문 읽기와 잡지식 모으기에 남다른 공을 들인다. 그 덕분에 나는 가만히 앉아 있어도 거저 주워듣는 얘기가 적지 않다. **au pair**만 해도 그렇다. 지금까지 영어를 나름대로 열심히 공부해 왔지만, 이 단어는 집사람이 말을 꺼내기 전까지는 한 번도 듣지 못했다.

프랑스어에서 왔다는 '오페어'는 영어로 말하면 **on par, equal to**, 즉 "동등하다"

는 의미를 지니고 있다고 한다. 입주한 집의 구성원들과 동등하게 자신만의 방을 배정받고, 그 집 가족들과 식사도 함께 할 수 있다는 뜻에서다. 미국에서 오페어의 자격은 18~26세이며, 어린이를 돌봐주는 일을 대가로 **pocket money**용돈 정도를 받는다. 오페어는 숙식의 부담 없이 미국의 문화 체험과 영어 심화학습을 병행할 수 있다는 장점이 있다.

또, 자국의 문화와 언어를 입주 가정의 어린이들에게 가르치고, 어린이들의 숙제를 도와줄 수도 있다. 그래서 오페어는 가족들과 의사소통이 가능할 정도로 **fluent**능숙한 영어를 구사해야 한다는 조건을 충족해야 한다. 그럼 오페어는 **nanny**내니와는 어떻게 다를까. 내니는 입주 도우미라는 측면에서는 오페어와 같다. 하지만 내니는 아이 돌보기나 육아 분야에서 전문적인 훈련을 받은 프로페셔널로, 주급이 200~500달러에 달한다.

일 년 정도의 제한된 기간 동안 활동하는 오페어와는 달리 내니는 오랜 기간 입주 가정과 인연을 맺는 게 일반적이며, 연령도 영화 *Nanny McPhee*내니 맥피에 등장하는 유모처럼 오페어보다 나이가 훨씬 많은 중년 여성이 주를 이룬다. 내니는 입주 가정의 어린이 돌보기와 관련된 일을 제외하고 **house chores**가사일에는 특별히 신경을 쓰지 않아도 된다.

빌 클린턴 전 대통령은 집권 1기인 1993년에 **Attorney General**법무장관에 여성을 기용하려다가 예기치 않은 **Nannygate**내니게이트에 거푸 발목이 잡혀 곤욕을 치른 적이 있다. 클린턴은 여성인 조 베어드Zoe Baird, 킴바 우드Kimba Wood를 연달아 법무장관 후보로 지명했으나, 두 후보자 모두 불법 이민자를 유모로 고용한 사실이 드러나 상원 인준

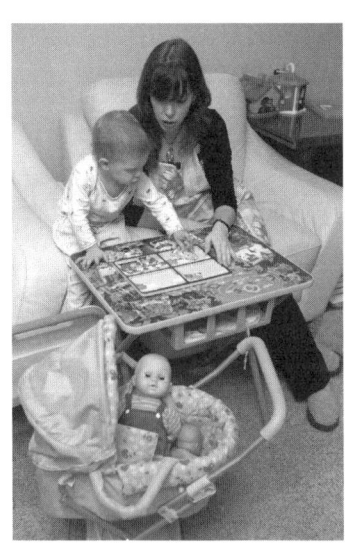

■ au pair는 대부분 유럽 여성이다.

을 통과하지 못했다. 통상적으로 합법적인 내니를 고용하게 되면 고용주도 **Social Security Tax**사회보장세를 부담해야 하는데, 불법 이민자의 경우에는 납부의 근거가 없기 때문에 결국 조세를 포탈한 셈이었던 것이다.

끝으로 **babysitter**베이비시터는 오페어나 내니와는 다른 역할을 한다. 잘 알려져 있다시피 베이비시터는 부모들이 집을 비운 가정에서 시급을 받고 아이들을 보살펴 주는 사람을 말한다. 주로 이웃에 사는 11~17세 정도의 학생들이 어린아이들을 돌보고 시간당 10달러 안팎의 벌이를 하는 경우가 많다고 한다.

Ex

- ✔ Join the ranks of thousands of au pairs who come to the United States each year to care for our children. 아이들을 돌보기 위해 매년 미국으로 오는 수천 명의 오페어 대열에 합류하세요.

- ✔ A nanny provides basic care: watching, feeding, and bathing your child in your home. 내니는 당신의 아이를 돌보고 밥을 주고 목욕을 시키는 등의 기본적인 보살핌을 제공한다.

Attorney General: 법무장관이다. 미국 각료들은 모두 **Secretary**라는 표현을 하지만 유독 **Department of Justice**법무부의 수장에 대해서는 **Attorney General**이라는 표현을 사용한다. 현 에릭 홀더Eric Holder 법무장관은 미국 역사상 최초의 흑인 법무장관이다. 미국의 각 주도 **Attorney General**이라는 똑같은 이름의 직책을 두고 있다. 미 행정부에서 **general**이 붙는 직책으로는 공중위생국장으로 불리는 **Surgeon General**이 있다. 담뱃갑의 경고 문구는 **Surgeon General** 명의로 돼 있다. CNN의 의료담당 전문기자인 산제이 굽타Sanjay Gupta는 오바마 행정부 초기에 공중위생국장 후보로 거명됐으나 고사한 적이 있다.

landslide vs. shellacking

나의 대승은 상대방의 참패

흔히 정치는 게임이라고들 말한다. 하지만 **draw**무승부가 있는 게임과는 달리 정치의 세계는 '두 개의 태양'을 허용할 수 없기 때문에 반드시 승자와 패자를 가린다. 그런 점에서 정치는 게임이 아니며, **goodwill game**친선게임은 더더욱 아니다. 이를테면 **Presidential Election**대통령 선거에서는 **co-winners**공동 당선자가 나올 수 없다. 나라에 따라서는 **runoff voting**결선투표까지 치러서라도 승자를 반드시 가려내고야 만다.

우리나라 국회의원 선거에서 득표수가 같은 상황이 벌어진다면 먼저 나이를 따져보고, 나이도 같으면 출생한 달과 날짜까지 따져서 반드시 승자와 패자를 솎아내듯이 정치에는 동점, 곧 무승부란 없는 것이다.

미국 상원은 의원 정수가 정확히 100명이기 때문에 표결에서 50:50의 가부 동수가 나올 산술적 가능성이 열려 있다. 이런 **apolitical**비정치적인한 상황을 감안해 미국은 행정부의 제2인자인 부통령을 상원의 당연직 의장으로 둬서 찬반 동수가 나오는 경우에 이른바 **tie-breaker**동점 결승전의 역할을 수행하도록 하는 제도적 장치를 두고 있다. 삼권분립이 매우 잘 돼 있는 미국에서 의회의 최종 결정권을 행정부의 제2인자에게 위임하고 있는 점은 이채롭다.

선거 얘기로 돌아가서, 미국은 **two-party system**양당 체제이기 때문에 선거를 치르면 대체로 승패의 기울기가 분명하게 드러나는 편이다. 한국과 일본처럼 정당이 난립한 경우에는 선거 결과를 놓고 어느 한 쪽의 압승으로 두부 자르듯 규정짓기 힘든 경우가 종종 발생하지만, 양당 체제에서는 승패가 뚜렷하게 구분되는 상황이 자주 연출된다는 얘기다.

■ 2010년 미국 중간선거에서 피켓을 들고 있는 시민들의 모습

월스트리트 발 금융 위기 속에 치러진 2008년 미국 대선에서, 오바마 후보는 흑인 출신이라는 절대적인 handicap핸디캡에도 불구하고, 존 매케인 공화당 후보를 상대로 압승을 거뒀다. 동부보다 3시간 늦게 시작된 서부의 투표 결과가 본격 집계되기도 전에 미국의 방송사들은 동부 시각으로 밤 10시께 일제히 '오바마 당선'을 선언했다.

오바마 대통령의 승리는 예상을 깬 landslide압승였다. 민주당은 2000년 대선에서 앨 고어Al Gore 후보가 미 전역에서 유권자들로부터 더 많은 표를 얻고도 the number of delegates선거인단 수에서 간발의 차이로 뒤져 고배를 마셔야 했던 뼈아픈 상처를 한방에 날려버릴 수 있었다.

그러나 민심은 고여 있는 호수가 아니라 흐르는 강물과도 같다. 집권세력이 잘못된 길을 가고 있으면 어김없이 물줄기를 다른 곳으로 틀어 기득권에 안주하지 못하게 만든다. 2010년 11월 2일에 치러진 mid-term elections중간선거가 바로 그런 경우다. 오바마 대통령은 어려운 경제사정 속에서도 출범 초기부터 개혁의 기치를 높이 들었고, 상당 부분 성과를 거뒀기 때문에 중간선거에서 선전할 것으로 내심 기대했다.

하지만 결과는 **disastrous**참담했다. 유권자들은 여전히 공화당에 비판적인 시각을 견지하고 있으면서도, 민주당에 대한 지지를 유보한 채 4년 만에 하원 다수당의 지위를 공화당에 되돌려준 것이다.

오바마 대통령은 선거 개표가 있던 날 충격적인 패배를 확인하고는 밤잠을 설쳐가며 향후 정국 운영 방향에 대해 고심했다는 후문이다. 이튿날 중간선거 결과와 관련한 기자회견에서 오바마 대통령은 **shellacking**참패을 당했다고 고개를 숙였다. 건강한 정치라면 거기에는 반드시 명암이 있는 법이고, 압승과 참패가 여야를 오가는 게 자연스럽게 받아들여져야 할 것이다.

Ex

✔ **The US Presidential Election victory is being characterized as a "landslide" victory by Barack Obama over John McCain.** 미국 대선 승리는 버락 오바마 후보가 존 매케인에 대해 압승을 거둔 것으로 특징지을 수 있다.

✔ **President Obama calls the elections a "shellacking" for Democrats after a massive midterm Democratic defeat.** 오바마 대통령은 민주당이 중간선거에서 크게 패한 후 이번 선거는 민주당의 '참패'였다고 말했다.

---

presidential election: 대통령 선거. 미국에서는 선거가 매우 잦다. 하원은 임기가 2년이어서 2년마다 정원 435명을 모두 갈아치운다. 6년 임기의 상원은 짝수가 되는 해의 11월 정원 100명 가운데 3분의 1씩 바꾼다. 대선은 4년마다 치러지니까 2년 단위 꼴로 **election seasons**선거철가 돌아오는 셈이다. 여기에다 의원이 중도에 물러나는 경우에는 **special election**이 그때 그때 치러진다. special election은 **general election**총선과는 달리 사안에 따라 '특별하게' 치러진다고 해서 붙여진 말로, 주로 **by-election**보궐선거인 경우가 많다.

apolitical: 비정치적인. 일반적으로 잘 알려진 단어 앞에 a가 오면 '반대 개념'을 의미하는 단어로 바뀐다. 이를테면 최근 군사 분야에서 자주 사용되는 **asymmetrical threats/warfare**비대칭 위협, 비대칭 전쟁 등도 **symmetrical**대칭적이고, 균형적인 것에 대한 반대 개념이다.

SECTION 5.

누가 뉴스를 만들까?

gaggle

기자와 당국자들이 모이면 거위 무리?

이건 순전히 나의 주관적 느낌이지만, 영어에서 닭보다는 거위가 좀 더 대접을 잘 받고 있는 것 같다. 영어의 표현을 보면 닭에는 부정적 의미가 많이 내포된 반면, 거위에는 긍정적인 요소가 상대적으로 더 많이 부각된 사례를 자주 접하게 된다.

먼저 **a goose laying the golden egg**황금알을 낳는 거위가 대표적인 예다. 요즘에는 **continuing source of profit**계속해서 이득을 안겨주는 원천, 즉 '효자 상품' 또는 '주력 사업' 같은 것에 비유해 이 표현이 곧잘 쓰인다. 이야기에 따라서는 '황금알을 낳는 암탉' 버전도 있다고 하지만, 현재 관용적 표현의 대세는 거위다.

오바마 행정부 출범 이후에는 빈도가 뜸해진 편이긴 하지만, 백악관과 국무부 등 행정부처에는 취재기자들을 상대로 한 **gaggle**개글이라는 형태의 비공식 브리핑 관행이 계속 이어져 내려오고 있다. 스틸카메라 및 방송사 영상 취재장비를 배제한 상태에서 기자들이 당국자를 상대로 특정 주제에 구애받지 않고 자유롭게 질문을 던져서 궁금증을 해소할 수 있는 시간이 바로 **press gaggle**이다. 이는 **official briefing**공식 브리핑과는 분명히 다른 **informal**비공식적인한 설명의 자리라는 성격이 강하다.

press gaggle은 애초 백악관 당국자와 기자들 사이에서 대통령의 일정, 브리핑 스케줄, 국정 현안에 대한 당국자의 코멘트 등과 관련해 off-the-record비보도를 전제로 이뤄진 비공식 브리핑이었다고 한다. gaggle이라는 표현이 들어가게 된 것은 일반적인 브리핑과 비교해 자유로운 분위기 속에서 속사포처럼 문답이 이뤄지는 브리핑의 성격이 거위떼가 우는 소리와 비슷하다고 해서 붙여졌다는 설이 있다.

어찌됐든 닭들의 무리를 일컬을 때 사용되는 flock 혹은 brood 대신에 a group of geese거위의 무리를 뜻하는 gaggle이 비공식 언론 브리핑의 용어로 사용된 것은 거위가 닭보다 낫다는 뜻이라고 해석하면 기자인 나만의 오해일까?

거위의 위상 제고에 큰 보탬이 된 영화도 있다. 교통사고로 엄마를 잃은 소녀가 아빠와 함께 열여섯 마리의 야생 거위를 길들인 뒤 함께 하늘을 난다는 내용의 *Flying away Home*아름다운 비행 은 거위가 닭보다 '한 수 위'에 있음을 분명히 보여준 영화다.

반면에 닭은 어떤가? 잔잔한 재미와 감동을 안겨주는 *Chicken Soup*치킨수프 책 시리즈를 제외하면 닭이 들어간 표현 가운데 그다지 긍정적인 것은 없어 보인다. chicken 자체에는 coward겁쟁이라는 부정적인 의미가 스며들어 있다. old chicken 이라고 하면 시집을 못 간 spinster노처녀를 조롱하는 표현이 된다.

남북한 사이에 조성된 일촉즉발의 긴장고조나 정치권의 대충돌 위험을 표현할 때 곧잘 동원되는 chicken game치킨게임도 그렇다. 정면충돌이라는 극한 상황까지 염두에 두고 자동차를 마주 달리는 위험천만한 행동으로 담력의 크기를 재는 치킨게임은 왕년의 청춘스타 제임스 딘James Dean의 영화에서 우리가 익히 인상 깊게 봤던 장면이다. 마주 한 상태에서 뚫어지도록 서로 상대방의 눈을 쳐다보다가 먼저 눈을 blink깜빡이는 쪽이 패하는 방식의 놀이도 일종의 chicken game이다.

그런데 한국과 미국에서 같은 의미를 전달하면서도 닭과 거위를 다르게 사용하는 경우가 있다. 한국에서 '닭살이 돋다'는 표현이 미국에서는 I've got a goose bump.로 표현된다. 닭 대신 거위인 것이다. 재미있게도 일본은 닭도 거위도 아닌 다른 표현을 사용한다. 일본식 표현은 닭살도, 거위 살도 아닌 '새 살鳥膚'이다.

✔ At the gaggle you suggested the media is over-hyping this issue. 카메라가 없는 기자 간담회에서 당신은 미디어가 이 이슈를 지나치게 과장하고 있다고 말했습니다.

✔ There will be a press gaggle by Secretary of State Condoleezza Rice at noon. 콘돌리자 라이스 국무장관이 정오에 언론을 상대로 카메라가 없는 기자 간담회를 갖습니다.

briefing: 백악관, 국무부, 국방부 등 미국 행정부의 주요 부처들은 **weekdays**주중에는 정기적으로 공식 브리핑을 실시한다. 10여 년 전만 해도 국무부 브리핑은 **Noon Briefing**이라고 해서 낮 12시쯤 하는 것이 관례였으나, 요즘은 오후 2시를 전후해 주로 열린다. 그래서 **Daily Briefing**이라는 말이 훨씬 많이 쓰이고 있다.

off the record 듣는다고 다 쓸 수는 없다

워싱턴에서 특파원 생활을 하게 되면 다양한 부류의 **news source**취재원들과 만나게 된다. 이 가운데서도 주미 한국대사관 관계자들을 비롯해 미국 **White House**백악관, **State Department**국무부, **Defense Department**국방부, **USTR**무역대표부 등의 관리들, 상·하원 의원들과 보좌관들, 그리고 각종 **think tank researchers**싱크탱크 연구원들이 실재적이면서도 잠재적인 취재원이다.

이런 취재원들을 만날 때면 일정한 보도의 **ground rules**기본규칙가 따라 붙게 마련이다. 취재원이 한 말을 그대로 인용해 쓸 수 있는지, 아니면 전혀 보도를 할 수 없는지는 취재원과의 협의를 거쳐 결정된다. 물론 취재원이 보도의 룰을 일방적으로 결정해 아예 처음부터 못을 박아놓는 경우도 흔하다.

미국 국방부는 가끔 외신기자들을 알링턴Arlington에 위치한 국방부 건물로 불러들여서 간담회를 여는 경우가 있다. 간담회는 **assistant secretary**차관보급 인사가 나와서 간단한 **opening remarks**모두 발언를 한 뒤 기자들이 돌아가면서 평소 궁금했던 안보 관련 사안에 관해 질문하는 방식으로 진행된다. 그런데 솔직히 말하면 아침부터 일찍 일어나 '발품'을 팔아서 찾아간 간담회 치고는 내용 면에서 건질 만한 것이 없어 돌아오는 길에는 '낭패감'이 더 크다. 간담회의 규칙이 보도 자체를 금지한 **off the record**이기 때문에 구조적으로 아예 건질 게 없도록 돼 있는 것이다.

주미 한국대사관의 브리핑이나 미국에 협상 목적으로 출장 온 한국 정부 당국자들의 브리핑은 통상 **background**백그라운드 또는 **deep background**딥 백그라운드를 전제로 이뤄진다.

background briefing에서 나온 말은 당국자의 이름을 밝히지는 못한 채 '정부 고위 당국자' 정도로 표시해야 하고, 직접적인 인용도 할 수 없는 게 관례다. 미국 관리에게 들었다면 a senior administration official 정도로만 처리해줘야 한다.

이 백그라운드 보도준칙과 관련해서 잊혀지지 않는 에피소드가 하나 있다. 2009년 10월, 나는 로버트 게이츠Robert Gates 당시 국방장관의 4개국 해외 순방을 따라나설 참이었다. 국방부는 출국일을 일주일 정도 앞두고 차관보를 통해 동행 취재를 하는 내·외신 기자들에게 사전 백그라운드 브리핑을 실시했다. 그런데 그 자리에서 한국 특파원에게 솔깃한 얘기가 흘러 나왔다.

"김정일 북한 국방위원장이 이명박 대통령을 평양으로 초청했다."라는 내용이었다. 당시 취재진 가운데 한국인 기자는 나와 국내 일간지 특파원 한 명 등 두 명이 전부였다. 이 기사는 출국시점까지 embargo보도유예로 묶여 있었기 때문에 나와 동료 기자가 출국시점에 기사를 내보내고 출장길에 오르면 두 사람만의 scoop특종이 될 수도 있었다.

그런데 청와대가 어떤 경로였는지는 모르겠지만 사전 백그라운드 브리핑 내용을 입수해서 "이 대통령이 초청을 받은 것은 사실이 아니다."라고 비공개 반박을 하면서 공유가 되고 말았다. 하지만 브리핑에 직접 참석하지 못했던 워싱턴 특파원들은 정확한 내용을 파악하기 위해 나에게 전화를 많이 걸어왔다. 평소에 친분이 있는 기자들이 누가 브리핑을 했느냐고 물어보는데 모르겠다고 잡아떼기가 어려워 참고만 하라며 브리핑을 한 사람 정도는 귀띔해줬다.

그런데 일부 매체가 embargo가 풀린 뒤 관련 소식을 전하면서 차관보의 이름을 거론한 것이다. 브리핑에 참석했던 나는 국방부의 보도준칙에 의거해 '미국의 고위 당국자'라고 기사를 썼는데 정작 브리핑에 참석도 하지 않았던 일부 특파원들이 'OOO 차관보'라고 이름을 공개해 버린 것이다.

개인적으로 너무 화가나서 해당 특파원에게 '항의성' 전화를 했더니 "나는 브리핑에 참석을 안 했으니까 보도준칙을 지킬 필요가 없다는 본사의 지시가 있었다."라며 군색한 변명을 내놨다. 나도 기자지만 '정말 기자는 못 믿을 존재'라는 취재원들의 말이 그때처럼 와 닿을 때가 없었다.

딥 백그라운드의 규칙은 더욱 엄격하다. 이 규칙은 기자들이 어떤 사안을 파악하는 데 이해를 돕기 위해서 당국자들이 '서비스'로 해주는 경우가 대부분이다. 따라서 브리핑에서 나온 말을 기사에 바로 활용할 수 없으며, 기자는 브리핑 내용을 다른 뉴스를 찾아내는 실마리로 활용해야 한다. 간혹 딥 백그라운드를 **an unnamed administration source**라고 해서 발언자를 보호해주면서 기사의 신뢰도를 높이는 방법도 있으나, 미국 국무부는 이마저도 허용하지 않고 있다. 굳이 내용을 기사에 반영하려면 마치 기자가 이미 알고 있던 지식을 바탕으로 쓴다는 형식을 취해야 한다. **It has been learned**……,즉, '~라고 전해졌다.'라는 형식으로 작성해야 하는 것이다.

워싱턴의 싱크탱크들 가운데는 세미나 시작 전에 이른바 **Chatham House Rule**을 공지하는 경우가 흔치는 않지만 가끔 있다. 이 룰에 따르면 세미나에서 나온 이야기를 기자를 포함한 참석자 모두가 자유롭게 이용할 수는 있지만, 발언자 및 참석자들의 소속이나 신분을 밝힐 수는 없도록 엄격한 제한을 두고 있다.

이 규칙은 발언자에게 자신이 속해 있는 기관 또는 조직의 입장과는 다른 견해나 관점을 **anonymity**익명성에 힘입어 자유롭게 개진할 기회를 주기 때문에 토론 활성화에 기여한다는 장점이 있다. 하지만 어떤 행사를 다녀오면 반드시 '흔적=기사 article'을 남겨야 한다는 중압감에 시달리는 한국 기자들에게는 **Chatham House Rule**에 따라 진행되는 행사에 취재를 가는 일이 여간 부담스러운 게 아니다. **Chatham House**란 '영국 왕립국제문제연구소'를 뜻하는 말로, 이 연구소는 1927년에 토론의 활성화를 위해 이 같은 룰을 도입했다고 한다.

> Ex

✔ In the case of off-the-record, nothing of what the journalist is told may be used in the story. The information is meant only for the education of the reporter. 오프 더 레코드의 경우에는 기자가 들은 얘기를 기사에 사용할 수 없다. 관리가 말해주는 정보는 오로지 기자의 이해를 돕기 위한 교육용이다.

✔ It is broadcast tradition that such pre-interview chatter is considered off the record until the formal interview begins. 공식 인터뷰가 시작되기 전까지 이뤄지는 사전 인터뷰는 방송계에서는 오프 더 레코드로 간주하는 게 전통이다.

---

anonymity: 익명성. 형용사형은 **anonymous**다. 이 형용사가 들어간 가장 유명한 말은 **Alcoholics Anonymous**AA(알코올중독자협회)가 있다. 이 단체는 알코올중독을 경험한 사람들끼리 솔직하게 자신들의 경험을 털어놓고 '단주'라는 목표를 위해 서로 협력하는 것을 목표로 삼고 있다.

embargo: 흔히 **press embargo, news embargo**라고 한다. 취재원 쪽이 특정 시점까지 기사를 쓰지 말아달라고 부탁하고, 취재진이 이를 받아들이면 엠바고가 성립된다. 경우에 따라서는 국민의 알 권리와 충돌할 소지가 있다. 신사협정 형태로 이뤄지는 엠바고를 깨는 기자에 대해서는 기자실 출입금지 등과 같은 일정한 제재가 가해진다. 2011년 오바마 대통령의 국정연설은 동부 시각으로 오후 9시 **released upon delivery**연설이 시작되면 풀린다라는 조건으로 **embargo**가 붙어 있었는데, 갑자기 연설의 **draft**초고가 언론에 미리 유출되는 바람에 백악관은 하는 수 없이 **For immediate release**즉각 공개라는 표시를 달아서 오후 8시에 원고 전문을 공개한 적도 있다.

no comment
대변인이 '대변'을 안 할 때 쓰는 말

워싱턴 특파원들은 한국에 새로운 소식을 전달하기 위해 정기적 또는 부정기적으로 미국 행정부에서 행하는 기자회견에 참석하게 된다. 기자회견에서는 주로 미국 언론사 소속 기자들의 질문이 압도적으로 많다. 일단 언어적 불편함이 없기 때문에 기자들은 속사포처럼 질문과 답변을 주고받는다. 이들의 질문이 떨어져갈 때쯤이면 외국 언론사 기자들에게 질문 기회가 간헐적으로 찾아오게 된다. 그런데 대변인들은 각종 현안에 대한 질문에 비교적 성실하게 답변하는 편이지만 조금 곤란한 질문이 나오면 이를 교묘하게 피해가기도 한다.

예를 들어 어떤 기자가 성가신 질문을 했을 때 이에 대한 대답을 하기 싫다면 대변인은 몇 가지 **stereotypical**정형화된한 표현을 써서 답변 아닌 답변으로 응수할 가능성이 크다.

먼저 담대한 무시형 답변이다. **Thank you. Next!**고맙습니다. 다음 질문이요! 또는 **No comment. Next!**노코멘트. 다음 질문이요!가 되겠다. 질문한 기자는 대변인의 말 한 마디에 머쓱해질 수밖에 없다.

그런데 기자들은 당국자의 **No comment**를 자신의 질문에 '긍정'을 한 것으로 받아들이는 경우가 많다. 사실이 아니라면 **No**라고 확실하게 부정하면 되는데 **No comment**라고 어정쩡한 입장을 보이는 것은 결국 **Yes**라는 답을 에둘러 표현한 것이라고 해석하는 것이다. 만일 이런 기자들의 '습성'을 아는 당국자라면 불필요한 해석이 나오지 않도록 '노코멘트'라는 표현의 사용을 삼가는 편이 좋을 것이다.

다음으로 성의를 조금 보이는 것 같지만 질문에 답하지 않겠다는 분명한 의사를 전달할 때는 That's a very interesting question.좋은 질문이네요, We are working on that issue.우리는 지금 그 일을 진행중이예요. 라는 답변이 돌아오기 십상이다.

다음에 대답할 것을 약속하는 것 같지만, 실제로는 대답하기 난처한 상황을 벗어나기 위한 답변도 있다. I'll get back to you on that question.이라는 답이 나오면 기자들은 "또 허탕이군." 하고 생각하게 된다.

비슷한 유형으로 자기가 답변하기 힘든 문제라며 슬쩍 다른 직원을 시켜 알려주겠다고 어물쩍 넘어가는 경우도 있다. Someone from my staff gets back to you on that question.우리 직원 중 누군가가 그 문제에 대해 나중에 얘기해 드릴게요. 또는 I'll turn that question over to the experts.그 질문은 전문가한테 답변을 넘길게요. 같은 대답이 이런 범주에 든다.

어쨌든 대변인과 기자들 사이에서는 한쪽은 정보를 캐내려 하고 다른 한쪽은 가급적 민감한 부분까지는 공개를 하지 않으려는 신경전이 매일 반복된다고 보면 된다. 브리핑은 대체로 대변인이 Anybody else?더 물어보실 분 있습니까?, Any further question?더 이상 질문 없어요?이라고 물어본 뒤 기자들로부터 아무런 대답이 없으면 Thank you.로 마무리된다.

We are working on (something).: 어떤 일에 공을 들이고 있다든가, 계속 일을 진행하고 있다는 뜻으로 사용된다. 이 말은 레스토랑에서 자주 쓰인다. 웨이터 또는 웨이트레스는 식사가 한창 진행될 때는 '더 필요한 게 없느냐'는 뉘앙스로 Is everything OK?라고 물어온다. 식사가 마무리될 쯤에는 Are you guys done, or still working on it?이라고 물을 때가 많다. "식사가 끝났나요, 아니면 계속 드시고 계신가요?"라는 질문이다.

gotcha journalism
"한 번만 걸려라" 집요한 취재 사냥

plagiarism controversy표절 논란에 휩싸였던 이효리의 '겟챠get ya'라는 노래가 있었다. 좋아하는 이성을 꼭 차지하고야 말겠다는 뜻의 후렴구 I'm gonna get ya.에서 제목을 따온 노래였던 것 같다. 역설적이게도 이 노래로 이효리가 팬들의 마음을 사로잡은 게 아니라 "이효리, 너의 표절을 손봐주겠어."라며 달려든 인터넷 수사대가 이효리를 get ya한 격이 되고 말았다.

get ya는 get you의 변형된 표현이다. 미국에서는 이보다 past participle과거분사형에서 I've를 떼어낸 gotcha갓차라는 표현이 훨씬 더 많이 사용되는 것 같다. 저널리즘에서 사용되는 gotcha는 언론이 정치인 등 유명 인사를 타깃으로 삼은 뒤 해당 인물에게 타격을 줄 수 있는 인터뷰나 자료 등을 동원하는 보도행태를 뜻한다.

대통령 부인인 미셸 오바마Michelle Obama는 남편이 2008년 초 민주당 대선 후보 경선 Super Tuesday슈퍼 화요일 대회전에서 예상을 깨고 힐러리 클린턴을 제압한 뒤 파죽지세의 승전 가도를 달리던 와중에 예기치 못했던 '실언' 논란에 휘말렸다. 발단은 미셸이 슈퍼 화요일 2주일 후인 2월 18일 위스콘신 주의 밀워키Milwaukee를 방문해 대중연설을 하는 자리에서 For the first time in my adult life, I'm really proud of my country. 내가 성인이 되고 나서 처음으로 미국에 대해 자긍심을 가지게 됐다. 라고 말한 데서 비롯되었다.

보수진영은 발끈했다. 명문 Princeton University를 졸업하고 변호사 생활을 하는 등 미국의 혜택을 누구보다도 많이 누려왔던 흑인 여성 미셸이 남편의 대선 출마와 잇단 경선 승리를 보고서야 비로소 조국에 감사하는 마음을 가지게 됐다는 게 말이 되느냐는 것이 공격하는 쪽의 요지였다.

■ 2008년 공화당 부통령 후보로 유세를 펼치고 있는 Sarah Palin

미셸은 수세에 몰리자 보수 언론과 경쟁 캠프인 클린턴 진영이 발언을 왜곡해 오바마 진영의 발목을 잡으려는 **gotcha journalism**을 발동했다고 반박했다. 실제로는 **really proud of**진심으로 자긍심을 가지게 됐다라고 말했는데 **really**를 쏙 뺀 채 보수 언론들이 공격에 열을 올리고 있다는 반격이었다.

미셸이 해명을 했지만 미국의 일부 블로거들은 미셸이 밀워키에서는 **really**가 없이 말한 뒤에 파문이 확산될 것을 우려해 몇 시간 뒤 메디슨Madison 시에서 열린 집회에서는 **really**를 연설에 슬그머니 집어넣어 마치 **really**를 처음부터 언급한 양 빠져나가려 했다고 비판했다.

gotcha journalism의 최대 피해자를 자처하는 정치인으로는 페일린을 빼놓을 수 없다. '무명'에 가까운 페일린이 2008년 대선에서 공화당 부통령 후보로 신데렐라처럼 깜짝 등장하자 그해 9월부터는 언론들의 집중적인 '검증작업'이 시작됐.

미국 **CBS**방송의 간판 여성 앵커였던 케이티 쿠릭Katie Couric 은 페일린과 가진 **exclusive interview**단독 인터뷰에서 "부통령 후보가 세계관을 쌓기 위해 평소 정기적으로 읽는 신문이 무엇입니까?"라는 가벼운 질문을 던졌다.

페일린은 "늘 언론에 대해 감사한 마음을 가지고 거의 다 읽죠."라고 얼버무렸다.

쿠릭은 원했던 답을 얻지 못하자 곧바로 "구체적으로 알고 싶은데요. 무슨 신문을 읽으세요."라고 한 번 더 질문을 던졌다.

그러자 페일린은 "모든 거예요. 전부죠. 내 앞에 있는 것은 뭐든지…… 알래스카는 외국 땅이 아니에요. 많은 사람들은 어떻게 워싱턴 D.C.에서 일어나는 일을 알래스카에서 알 수 있느냐고 하는데…… 나는 모든 뉴스 소스를 이용해서…… 알래스카는 미국의 microcosm축소판입니다."라고 엉뚱한 대답을 늘어놨고, 이런 발언은 여과 없이 CBS방송을 타고 나갔다.

NYT뉴욕타임스 또는 Washington Post, Boston Globe, Chicago Tribune 같은 유수 신문들 가운데 한두 개 정도만 예로 들면 될 일을 황당무계한 답변으로 비켜가려던 페일린은 꼼짝없이 "함량미달"이라는 여론의 뭇매를 맞아야 했다.

페일린 진영은 "쿠릭이 페일린을 곤경에 몰아넣기 위해 예정에 없던 질문을 던졌다."면서 "혜성처럼 나타난 페일린의 인기를 gotcha journalism을 통해 주저앉히려는 시도였다."라고 볼멘소리를 했다. 그러나 "무슨 신문을 읽느냐?"라는 질문이 페일린을 함정에 빠뜨리기 위해 미끼를 던진 것이라고 생각하는 사람이 과연 몇 명이나 될지 모르겠다.

Ex

✔ Sarah Palin may complain about "gotcha journalism" tactics being used against her, but a journalism professor at her alma mater says that's simply not the case. 세라 페일린은 gotcha journalism 전략이 자신을 겨냥해 사용되고 있다고 불평을 할지는 몰라도, 그녀 모교의 저널리즘 전공 교수는 그것은 사실과 다르다고 말한다.

✔ What is the difference between so-called "gotcha journalism" and legitimate reporting of gaffes and misstatements by people in the media spotlight? 이른바 gotcha journalism과 언론의 주목을 받고 있는 사람들의 실수와 잘못된 발언에 대한 정당한 보도 사이의 차이는 뭔가?

Super Tuesday: 미국의 대선이 있는 해에 공화당과 민주당은 전당대회에서 당의 대선 후보를 선출할 자격이 있는 **delegates**대의원들을 주별로 선출한다. 최장 5~6개월 정도 계속되는 당내 경선의 최대 이벤트는 Super Tuesday다. 주로 2월 또는 3월의 특정 화요일에 가장 많은 숫자의 주들이 한꺼번에 **primary**예비 선거와 **caucus**당원 대회를 치러서 전체적인 판세에 결정적인 영향을 주기 때문에 붙여진 이름이다.

microcosm: 소우주, 축소판이란 뜻이다. microcosmos에서 온 말이다.

op-ed 신문 사설의 반대쪽 페이지

　　　　　　　　　　　미국의 행정부 관리들은 신문의 **op-ed**란을 이용해 자신들의 주장을 개진하는 경우가 많다. 행정부가 추진하고 있는 주요 정책의 대국민 홍보를 위해 신문 기고란을 적극 활용하는 것이고, 이런 활동에는 대통령도 예외는 아니다.

　오바마 대통령은 2011년 1월 18일, **WSJ**월스트리트저널 **op-ed**란에 앞으로 정부의 **unnecessary regulations**불필요한 규제를 개혁하겠다는 내용의 기고를 했다. 2012년 재선 승리를 위해 집권 후반기의 국정 운영을 실사구시 쪽으로 과감하게 선회하면서, 기업에 유리하도록 규제를 손보겠다는 방침을 천명한 것이다.

　전임 조지 부시 행정부 시절의 느슨하고 방만한 규제정책이 금융 위기의 원인이 됐다고 진단해왔던 오바마 대통령이 경제 문제가 2012년 대선의 중심 화두가 될 것으로 판단하고 과감한 변신을 주저하지 않았던 좋은 사례다. 특히 진보 성향의 민주당 출신 오바마 대통령이 **WSJ**라는 보수 매체에 직접 기고하고 정부 정책의 홍보에 나섰던 점이 주목을 끌었다.

　이런 일도 있었다. 2008년 공화당의 대선 후보였던 존 매케인John McCain 상원의원은 같은 달 16일, 워싱턴포스트 **op-ed**를 통해 애리조나 주 총기난사 사건에서 보여줬던 오바마 대통령의 **bipartisan**초당적인한 연설을 소개하면서 그를 '애국자'라고 추켜세웠다. 정치적 쟁점을 놓고는 서로 으르렁대거나 날카로운 각을 세우다가도, 온 국민이 단결해야 할 때는 초당적 태도를 견지하는 미국 정치인들다운 모습이어서 지금도 기억에 많이 남는 기고문이다.

　요즘 한국 신문들도 대부분 그런 편이지만, 미국 신문은 마지막 두 페이지를 왼쪽에는 **editorial**사설, 오른쪽에는 기명 칼럼으로 꾸민다. **op-ed**란 바로 언론사의 관점이 들어가 있는 **opposite of editorial**사설의 반대편에 마련된 여론공간을 일컫는다.

종종 **op-ed**란은 **opinion-editorial**의 줄임말로 잘못 이해되기도 한다. 참고로 **op**가 들어간 표현 중에 유명한 것은 **photo-op**가 있다. **photo-opportunity**를 줄인 이 말은 정치인 등이 어떤 행사의 내용보다는 인상 깊은 사진 한 컷으로 행사를 홍보하려는 경우에 자주 등장한다.

이를테면 오바마 대통령이 **World Series Champions**월드시리즈 우승팀를 백악관으로 초청해 우승을 축하하고 식사를 함께 하는 장면은 일종의 **photo-op**라고 할 수 있다. 우리나라 대통령이 재래시장을 방문해 떡볶이를 먹고 생선과 과일 등을 사는 행위도 '민생 행보'를 표방하고는 있지만 엄밀하게 말하면 **photo-op**의 확장된 영역에 있다고 할 수 있다. 언론이 정치인들의 **photo-op**에 너무 적극적으로 응할 경우, 정치인들의 의도에 놀아나는 꼴이 될 수 있기 때문에 지나침이 없도록 유의해야 한다는 지적이 많다.

Ex

✔ **New York Times op-ed columnist Paul Krugman has a must-read piece today.** 뉴욕 타임스의 op-ed 칼럼니스트 폴 크루그먼은 오늘자에 반드시 읽어야 할 칼럼을 실었다.

Wall Street Journal: 언론 재벌 루퍼트 머독Rupert Murdoch이 최고경영자로 있는 **News Corporation** 산하에 있는 **Dow Jones & Company**가 발행하는 보수 성향의 일간지. **circulation-wise**발행부수 면에서 미국 내 최대 규모를 자랑한다. 북한 문제와 관련해 강경한 입장이 담긴 기사와 사설을 자주 싣는다.

bipartisan: '초당적인'이라는 뜻이다. **reach across the aisle**이라는 표현도 이와 동일한 의미다. 의사당의 복도를 기준으로 좌우에 앉아 있는 공화당과 민주당 의원들이 복도를 넘나들며 초당적으로 협업을 한다는 의미로 받아들이면 된다. 반대로 **partisan**은 '당파적'이라는 말이다. **party-line vote**라고 하면 당론에 입각해 일사불란하게 같은 방향으로 의사표시를 하는 걸 뜻한다.

"We report, you decide" 폭스뉴스의 오만한 모토

미국에 처음 와서 **TV**를 보다가 놀란 점은 뉴스 편성 시간이 너무 많다는 것이었다. 창피하게도 나중에 알게 된 사실이지만, **Fox News**와 **MSNBC**방송이 온종일 뉴스만 취급하는 전문채널인 줄도 모르고 "미국에선 참 뉴스도 자주 하네."라고 지레짐작을 했던 것이다.

워싱턴 특파원 자격으로 미국에 체류하다 보니 자연스럽게 미국의 **TV**뉴스, 특히 뉴스전문채널을 '의무적'으로 봐야 하는 시간이 많았다. 처음에는 중립적이라는 **CNN**방송을 주로 봤다. 보수 쪽에서는 **CNN**을 **reds**빨갱이라고 색안경을 쓰고 보지만, 현재 대표적인 미국의 뉴스전문채널 3사 가운데 **CNN**은 그래도 이념적으로 중간 지점에 있는 것 같다는 게 내 느낌이었다.

오바마 행정부가 출범한 이후에는 진보적인 **MSMBC**를 더 많이 시청해야만 했다. 정권 출범 초기여서 오바마와 코드가 맞는 인사들이 이 방송에 자주 출연했기 때문이다. 오바마 대통령 집권 1년 후 보수의 반격이 시작되던 시기에는 보수 진영의 **mouthpiece**대변인로 불리는 폭스뉴스의 논리를 듣는 데 시간을 많이 할애한 편이었다.

우연인지는 몰라도 우리 집이 가입했던 **COX** 케이블의 채널별 위치를 보면, 보수 우익인 **Fox News**는 72번으로 **far right**가장 오른쪽에 자리 잡았고, 중립인 **CNN**이 71번, 진보 쪽에 해당하는 **MSNBC**가 67번으로 **far left**맨 왼쪽에 위치해 있었다.

이들이 내세우고 있는 슬로건도 그럴싸하다. 먼저 폭스뉴스는 **We report, you decide**우리는 보도를 하고, 판단은 시청자 여러분이 한다, **Fair and Balanced**공정하고 균형 잡힌라는 모토를 내세우고 있다. 객관적 사실 보도와는 일정한 거리를 둔 채 주로 정치적 메

■ 미국에서 방영 중인 스포츠 격투기 관련 폭스채널

시지를 가미한 opinion journalism오피니언 저널리즘에 경도된 폭스뉴스다운 '오만한' 문구라는 생각이 들었다.

진보진영에서는 폭스뉴스를 향해 Failed and Biased실패하고, 편견 있는한 뉴스채널, right-wing propaganda우익이념 홍보에 앞장서는 Fixed News시각이 고정된 뉴스라고 공격을 하지만, 앞뒤 살피지 않는 '오바마 때리기'가 먹혀들었는지 폭스뉴스는 내가 워싱턴에서 활동하는 동안 뉴스전문채널 가운데는 최고의 ratings시청률를 자랑하며 승승장구했다.

폭스뉴스와는 archenemy불구대천의 원수처럼 으르렁거리는 MSMBC. 이 방송은 Lean Forward앞을 향하여, 혹은 전향적으로를 모토로 내걸고 있다. 진보진영 입장에선 폭스뉴스의 lean backward퇴행적인 보도 태도에 맞서 진보적인 입장을 취하겠다는 antithesis안티테제를 내건 것으로 이해된다.

CNN방송은 가장 오래된 뉴스전문채널이라는 자존심과 명예를 부각시키려는데 중점을 둔 슬로건을 갖고 있다. The most trusted name in News 뉴스에서 가장 신뢰할 수 있는 이름, Best political team on TelevisionTV에서 최상의 정치부이 CNN이 내건 모토다.

정치 분야 보도에 상당한 시간의 뉴스를 편성하고 있는 CNN은 모토만큼이나 프로그램 제목도 '정치적'이다. 평양을 다녀온 경험이 있는 울프 블리처Wolf Blitzer가 진행하는 프로그램의 제목은 *Situation Room*국정상황실인데, 실제 situation room 이라 하면 재난, 국가 위기상황 등 주요 현안이 발생했을 때 대통령과 각료들이 모여 논의를 하는 백악관 **West Wing**웨스트윙에 있는 '상황실'을 뜻하는 말이다.

또 **White House correspondent**백악관 담당 기자를 지낸 정치 전문 저널리스트인 캔디 크롤리Candy Crowley가 진행하는 일요일 정치 대담 프로그램인 *State of the Union*이라는 프로그램 제목도 사실은 대통령의 국정연설에서 따온 것이다.

비교적 객관적인 사실보도에 치중하고 있는 **CNN**은 신속한 뉴스 전달에는 여전히 강세를 보이고 있지만, 전체적으로 시청자들의 눈과 귀를 오랫동안 붙들어 매둘 수 있는 흡인력이 점차 떨어지고 있는 게 앞으로 극복해야 할 과제로 보인다. 토크쇼의 황제로 불렸던 래리 킹Larry King이 **CNN**을 떠난 것도 큰 손실이 아닐 수 없다.

---

archenemy: 최대의 적이라는 뜻이다. archrival도 비슷한 의미다. 미국 프로야구에서 New York Yankees와 Boston Red Sox는 archrivals최고의 맞수 사이다. arch에는 이처럼 principal 또는 chief주된 혹은 최고의라는 뜻이 담겨져 있다. archbishop은 대주교다.

correspondent: 우리는 외국에 파견돼 있는 특파원에 대해 correspondent라는 영어 명칭을 사용하고 있지만, 미국에서는 해외에 특파된 기자뿐만 아니라 백악관, 국무부, 국방부 출입 기자들을 모두 correspondent라고 부른다. correspondent는 자신의 perspectives관점를 녹여서 뉴스를 전달한다는 점에서, fact-based사실 중심의 뉴스를 전하는 reporter와 차별화된다.

State of the Union: 미국 대통령이 매년 1월 의회에 가서 행하는 국정연설이다. 여기서 State는 미국의 주州가 아니라 상태conditions를 의미한다. 즉 '미국의 상태'에 관한 연설이다.

celeb

광고에 나오면 한물갔다는 신호

미국의 **celebrity**유명인사들처럼 세계적으로 인지도가 높은 사람들은 없을 것이다. 미국의 문화산업이 전 세계에 미치는 파급력과 영향력이 그만큼 크다는 방증일 게다.

하지만 왕년에 **prime time**황금기을 구가했던 연예인을 비롯한 명사들이 TV광고에 나오는 것을 보고 있노라면 조금은 서글픈 생각이 들기도 한다. 미국은 주로 상품의 기능을 중심으로 광고를 하기 때문에 전성기에 있는 유명 연예인을 **commercial**에 기용하는 경우는 극히 드물다. 그래서 광고에 등장한 연예인이 있다면 '한물간' 연예인이라고 생각해도 크게 무리가 없을 것이다.

내가 미국에 있을 때 세기의 미인이었던 브룩 쉴즈Brooke Shields는 치약 광고, 코트의 악동 존 매켄로John Mcenroe는 렌터카 광고에 나왔다. 미국 프로풋볼 **Miami Dolphins**의 명 쿼터백이었던 댄 매리노Dan Marino는 다이어트 광고에 출연했고, 영화 *Thelma and Louis* 델마와 루이스의 주연이었던 수전 새런던Susan Sarandon은 우유 광고에 모습을 드러냈다.

erstwhile stars왕년의 스타들 가운데 나에게 가장 놀라움을 준 인물은 레이프 개럿Leif Garrett. **I was made for dancing**. 나는 춤을 위해 태어났어요.이라는 노래로 전 세계 소녀 팬들의 가슴을 설레게 했던 개럿은 30여 년의 세월이 흐른 지금 180도 완전히 다른 사람이 되어 화면에 나타났던 것이다.

그는 **bandanna**두건를 쓰고 우스꽝스러운 모습으로 자주 **TV**에 출연했다. 수염을 더부룩하게 기르고 두건을 쓴 모습에서 왕년의 미소년, 꽃미남의 흔적은 어디에서도 찾아볼 수 없었다.

이런 연예인들을 볼 때 절정에서 요절하는 연예인들이 왜 전설로 남게 되는지 알 수 있을 것 같다. 미국에서는 제임스 딘James Dean,1931~1955, 일본에서는 I love you 라는 노래로 국내에도 잘 알려진 오자키 유타카1965~1992 같은 인물은 젊어서 세상을 떠나 전설이 된 대표적인 사례로 꼽을 수 있겠다.

단어 줄이기의 달인인 일본인들이 영어의 **celebrity**를 '세러부'라고 자주 말해서 "참 잘도 줄여서 말한다."라고 생각했던 적이 있다. 그런데 실제 미국에서도 이 단어를 **celeb**로 줄여서 사용하고 있다는 것을 미국에서 생활하면서 알게 됐다.

Ex

✔ Forbes.com reports Hollywood's highest-paid celeb couples. 포브스닷컴은 할리우드에서 가장 돈을 많이 버는 유명인사 부부를 보도했다.

✔ Michael Moore, the outspoken liberal, truly believes the Hollywood movie star Matt Damon is bright enough and big enough as a star celeb with political clout. 입바른 소리를 잘하는 진보주의자 마이클 무어 감독은 할리우드 스타인 맷 데이먼이 정치적 영향력을 갖춘 스타로서 명석하고 존재감이 크다고 믿고 있다.

Susan Sarandon: *Dead Man Walking*이라는 영화로 아카데미 최우수 여우주연상을 받은 할리우드의 대표적인 여배우. 진보적인 **social and political activism**사회 및 정치 활동에 적극적으로 참여하는 배우로도 유명하다. 2004년 대선에서는 존 케리John Kerry 민주당 후보를 공개 지지했고, 2008년 민주당 대선 후보 경선 당시에는 존 에드워즈John Edwards 전 상원의원을 밀기도 했다. *The Shawshank Redemption* 쇼생크 탈출에 출연했던 팀 로빈스Tim Robbins와는 사실상의 부부관계를 오랫동안 유지하다가 최근 결별했다.

bandanna: 머리나 목에 두르는 스카프 형태의 천을 말한다. **kerchief**라는 표현도 있다. 손수건은 **handkerchief**다.

lucky draw

20달러로 즐기는 백악관 기자들의 오락

　　　　　　워싱턴 특파원 생활을 하면서 가장 기억에 남는 취재를 들라면 나는 주저 없이 오바마 대통령의 **4-nation Asia swing**아시아 4개국 순방을 동행 취재했던 일을 꼽겠다. 2010년 11월, 오바마 대통령은 인도와 인도네시아를 거쳐 아시아에서는 처음으로 개최되는 **G20**선진 20개국 정상회의에 참석한 뒤 일본 요코하마에서 열린 **APEC**아시아태평양경제협력체 정상회의에 참석하기 위해 순방길에 올랐다.

　나는 정말 운이 좋게도 오바마 대통령의 순방을 취재하는 여정에 참여할 수 있었다. 물론 미국 대통령 전용기인 **Air Force One**에 동승하는 '화려한' 출장은 아니었고 **press charter**기자단 전세기를 이용한 출장이었지만, 쉽게 올 수 없는 기회였기 때문에 기쁜 마음으로 참여할 수 있었다.

　Andrews Air Force Base앤드류스 공군기지에서 전세기가 이륙하자 기내는 한마디로 잔치판으로 변했다. 자주 백악관 출장을 다닌 경험에서인 듯 기자들은 **seat belt**좌석벨트도 착용하지 않고 선 채로 삼삼오오 모여 와인을 곁들인 다과를 하면서 본격적인 취재 경쟁에 앞서 긴장을 화끈하게 푸는 모습이었다.

　이륙한 지 30분이나 지났을까. 갑자기 기내에 요란한 **rock**이 울려퍼진다. 그리고 흑인 한 명이 마이크를 잡고 무언가 마구 떠들어댄다. 나를 포함한 한국인 기자들은 무슨 소리인지 제대로 알아듣지 못했는데, 어느새 코쟁이 기자들은 자신들의 지갑에서 20달러를 꺼내서 볼펜으로 뭔가 적기 시작했다.

　그리고 그 흑인 사회자가 카세트를 든 '바람잡이'를 대동하고 기내를 돌면서 교회 헌금 주머니 같은 헝겊 주머니를 갖다대자 기자들은 20달러짜리에 입을 맞춘 뒤 주머니에 넣는 것이었다.

이런 요란한 세리머니가 끝나자 이번에는 흑인 사회자가 헝겊 주머니에 손을 넣어서 한 장의 20달러 지폐를 꺼내들고 좌석번호를 호명했다. 그랬더니 비행기 날개 쪽에 앉아 있던 백악관 소속 남자 스태프가 두 손을 번쩍 들면서 It's me, It's me, I made it,이라고 흥분하면서 사회자 쪽으로 뛰어갔다.

이것으로 모든 게 이해됐다. lucky draw행운 추첨를 했던 것이다. 좌석으로 돌아와 당첨금을 헤아린 스태프는 얼마나 되느냐는 주변의 질문에 "1,200달러쯤 된다."라고 답했다. 우리 딸아이 표현을 빌리자면 "헐, 대박이다."였다

우리 한국인이 이런 흥미진진한 게임에서 빠져서야 되겠는가. 4개국 순방을 마치고 워싱턴으로 돌아오는 전세기 안에서 또 한 번 lucky draw의 장이 섰다. 평소 뽑기 운이 전혀 없는 나는 빠지고, 두 명의 한국인 기자가 20달러씩을 걸었다. 그런데 '꿈은 이뤄진다'고 했던가, 이 중 한 명의 좌석번호가 적힌 20달러가 예의 그 흑인의 손에 의해 뽑혔다. 출장기간 중에 기자들이 달러를 많이 썼는지 당첨금은 1,000달러 정도로 출발 때보다는 조금 적었다. 그래도 이 역시 대박이다.

한국 기자 동료들에게 즉석에서 100달러씩을 나눠주고, 골프와 식사 턱까지 냈던 넉넉한 마음의 그 기자에게 이 책을 빌려서 감사의 마음을 전한다.

■ 오바마 대통령의 아시아 4개국 순방 동행 취재 기자단

> Ex

✔ As the concert drew to a close, the lucky draw ceremony began. 콘서트가 막을 내리면서 lucky draw 행사가 시작됐다.

✔ If you are the lucky draw winner at the end of the month, you'll win an all-expenses-paid trip to New York City. 만약에 당신이 이번 달 말에 lucky draw 당첨자가 된다면, 뉴욕까지 모든 경비가 지급되는 여행권을 받을 수 있습니다.

Air Force One: 대통령 문양이 새겨져 있는 미국 공군기를 통칭한다. 대통령이 이용하는 헬기는 Marine One이다. 오바마 대통령의 전용 자동차 별명은 Beast야수다. 그럼 오바마 대통령 부인 미셸의 전용차는 Beauty미녀일까?

seat belt: 말 그대로 좌석벨트다. 그런데 이를 잘 매지 않는 사람들의 경각심을 높이기 위해 최근에는 safety belt라는 표현도 많이 사용된다. 안전벨트를 착용하라는 말은 buckle up이다.

stalkerazzi "제발 그만!" 연예인 경계대상 1호

미국은 **freedom of the press**언론의 자유가 비교적 잘 보장돼 있는 나라다. 미국은 **Amendments to the Constitution**수정헌법 제1조, 즉 표현의 자유를 보장한 대목을 근거로 언론 자유를 침해하는 부당한 규제나 압력이 **intervene**개입할 여지를 제한하고 있다.

그래서 언론사가 관련된 **libel suit**명예훼손 소송에서 언론 쪽이 패소하는 경우는 드물다. 국민의 알 권리 보장을 위한 언론의 보도활동이 제약을 받아서는 안 된다는 뚜렷하고 확고한 원칙이 서 있는 셈이다.

같은 맥락에서 할리우드 연예인들의 프라이버시도 중요하지만 이들의 은밀한 생활을 대중에게 알리려는 언론의 집요한 취재도 그만큼 존중된다. 미국에서는 그래서 **paparazzi**파파라치의 활동공간이 보장돼 있다. 그런데 이런 취재의 도가 넘으면 **stalkerazzi**스토커라치라는 '악명'을 얻게 된다. **stalker**와 **paparazzi**가 결합된 이 말은 연예인의 일거수일투족을 마치 스토킹하듯 추적하면서 사진 또는 동영상 장비를 이용해 취재활동에 나서는 일을 뜻한다.

조지 클루니George Clooney, 우디 해럴슨Woody Harrelson, 알렉 볼드윈Alec Baldwin 같은 배우들은 자신들의 일거수일투족에 카메라 앵글을 맞추는 스토커라치들의 '횡포'에 맞서 싸우는 할리우드 '전사'들로 유명하다. 자신의 삶이 어느 정도 노출되는 것은 그런대로 참을 수 있으나, '공인'이 아닌 자신의 가족이나 친구들의 사생활까지 언론에 까발려지는 것은 참을 수 없다는 입장이다. 그러다 보니 취재하기 까다롭기로 이름난 클루니 같은 배우들에게는 언론의 미운털이 박혀 있다.

남자가 봐도 잘 생긴 배우 클루니는 1997년 영국의 **Princess Diana**다이애나 황태자

비가 프랑스 파리에서 자동차 사고로 사망했을 때 **Tabloid**타블로이드 신문와 파파라치들의 도를 넘는 취재활동을 정면으로 비판했던 첫 연예인으로 기억되고 있다.

클루니는 2007년 한 인터뷰에서 자동차를 이용한 '광란의 추격' 등을 예로 들면서 '파파라치들의 활동은 불법적이고도 위험천만한 행동'이라고 규정하고, "파파라치들은 내가 멍청한 행동을 하고 있는 것을 추적하는 게 아니라, 내가 멍청한 짓을 하도록 조장한다."라고 비판하기도 했다.

데미 무어Demi Moore와 ***Indecent Proposal***은밀한 유혹이라는 영화에 함께 출연했던 우디 해럴슨 역시 파파라치나 스토커라치를 보면 폭발하는 **typical macho style**전형적인 마초 스타일이다. 해럴슨은 공항 터미널, 나이트클럽 주변에서 자신과 친구들에게 카메라를 들이대는 스토커라치들을 '주먹'으로 응징하곤 했다.

Parent Trap페어런트 트랩이라는 영화에서 쌍둥이 딸로 일인이역을 너무나 잘 연기했던 귀여운 소녀 린제이 로한Lindsay Lohan은 지금은 할리우드의 악동으로 변신했다. **drug addiction**마약 복용과 **jewelry theft**보석 절도 등의 혐의로 법정을 제집 드나들 듯 하는 로한은 스토커라치들에게는 더없이 좋은 **prey**사냥감가 되고 말았다.

너무도 많은 파파라치들이 로한에게 한꺼번에 달려드는 것은 다반사고, 심지어 스토커라치 취재 차량이 로한의 자동차와 충돌하는 상황까지 빚어지기도 했다. 그러자 로한의 엄마는 "파파라치들이 위험한 행동을 하고 있다."라며 대책 마련을 호소하고 나설 정도가 됐다.

- ✔ New California law goes into effect that increases penalties against overly aggressive photographers – dubbed "stalkerazzi" '스토커라치'라고 불리는 과도하게 공격적인 사진기자들에 대한 범칙금을 인상하는 새로운 캘리포니아 주 법이 시행에 들어갔다.
- ✔ Hollywood stars including George Clooney and Arnold Schwarzenegger are celebrating their legal victory over California's

"**stalkerazzi**". 조지 클루니와 아널드 슈워제네거를 비롯한 할리우드 스타들은 캘리포니아 주의 '스토커라치'에 대해 법적으로 승리한 것을 축하하고 있다.

Amendments to the Constitution: 미국은 건국의 아버지들이 1787년 제정한 연방헌법을 그대로 유지한 상태에서 변화된 정치, 사회적 환경에 맞춰 수정안을 추가하는 방식으로 사실상의 '개헌'을 한다. 지금까지 모두 27개 수정조항이 추가됐으며, 1~10조까지의 수정조항을 흔히 **Bill of Rights**권리장전라고 부른다. 가장 유명한 수정헌법 제1조는 **freedom of religion, speech and the press**종교, 의사표현, 언론의 자유를 보호하도록 돼 있다. 제2조는 **rights to bear arms**총기소유권, 제5조는 **protects self-incrimination**묵비권 보호로 유명하며, 제13조는 **abolishment of slavery**노예제 철폐를 담고 있다.

macho: 'masculinity남성성를 강하게 드러내는'이라는 뜻으로 machismo, machoism을 줄여서 사용하는 표현이다. macho에는 man이라는 표현이 자연스럽게 뒤따라와서 **macho man**이 된다. 반면, 남성미가 없는 여성성이 강한 남자에 대해서는 sissy라는 표현이 사용된다. sissy는 boy와 호응을 해서 **sissy boy**란 표현이 많다.

crossword puzzle 한국 관련 정답은 반드시 맞혔다

2000년대 초 일본의 지하철 풍경은 크게 두 가지로 나뉘었다. 스포츠 신문, 만화, 잡지를 읽는 아저씨 부류와 쉴 새 없이 손가락을 움직이며 게이타이휴대전화로 문자를 보내는 여성들이 적막하리만큼 조용한 일본 지하철 전체의 풍경을 대변했다.

2010년 초 한국의 지하철은 어떤가. 무가지를 읽는 아저씨들이 가끔 눈에 들어오고 나머지 탑승객의 70~80퍼센트는 이어폰으로 귀를 막은 채 스마트폰에 시선이 꽂혀 있다. 스마트폰 자판 위로 손가락을 분주하게 움직이는 여성 탑승객들의 모습도 어렵지 않게 발견할 수 있다. 그래서인지 한국의 지하철도 무척이나 조용해졌다.

워싱턴 지하철도 풍경이 크게 다르지 않다. **Washington Post** 또는 무가지인 **The Examiner**를 읽는 사람들과 **Blackberry**에서 눈과 손이 떠나지 않는 직장인들이 대부분이다. **leakage of confidential stuff**기밀 유출의 위험성 때문에 **Secret Service**비밀검찰국가 오바마 대통령의 **Blackberry** 사용 자제를 요청했으나 오바마 대통령의 고집을 꺾지 못했을 정도로 미국인들의 **Blackberry** 사랑은 각별하다.

그런데 이런 지하철 탑승객들 사이에 적잖은 사람들이 **sudoku**와 **crossword puzzle**을 즐기며 출퇴근 시간의 무료함을 달래는 모습을 볼 수 있는 것은 워싱턴 지하철만의 색다른 풍경인 것 같다.

그래서 나도 지하철로 회사를 오가면서 일 년 정도 **sudoku**와 **crossword puzzle**에 번갈아 도전해 봤다. 그런데 워낙 수리적 머리를 타고 나지 못해서인지 **sudoku**는 정답을 다 맞히는 데 어려움이 많았다. 워싱턴포스트에는 **sudoku** 문제가 **easy**쉬운 것, **medium**중간 정도 어려운 것, **hard**어려운 것 순으로 매일 번갈아 '출제'되는데, 나는 easy 문제가 출제될 때만 one way편도 지하철 탑승 시간인 30분 정도에 이를 해결할 수 있었다. 문제를 풀 때 옆자리에 앉은 사람이 힐끔 쳐다보는 경우도 있어서 한참 동안 blanks빈칸를 메우지 못할 때는 조금 신경이 쓰이기도 했다.

crossword puzzle은 너무 어려운 게 많아서 사실 15개 정도의 blanks를 메운 게 내 최고기록이었다. 형편없는 실력이었지만, 한때는 지하철만 타면 낱말 맞추기 게임부터 했다. 게임을 푸는 과정에서 간혹 한국 관련 clue열쇠 말가 나오면 그렇게 반갑고 기쁠 수가 없었다. 정답 하나를 공짜로 얻는 것이었기 때문이다.

한국 관련 clue에는 이런 게 있었다. **Korean carmaker**, "**Syngman ____**", **Site of the 1988 Summer Games**, **Korea's pickled vegetable** 한국 사람들이면 이거 뭐 누워서 떡먹기다. **Korean carmaker**의 정답은 빈칸이 세 개 있다면 **KIA**, 여섯 개라면 **DAEWOO**, 일곱 개라면 **HYUNDAI**가 되겠다.

Syngman의 **last name**성을 묻는 이 질문의 대답은 **Rhee**다. 한국에서는 **Lee**가 많이 사용되지만, 미국에서는 워싱턴교육감을 지냈던 미셸 리Michelle Rhee의 영향도 있어서인지 **Rhee**가 더 유명한 것 같기도 하다.

Site of the 1988 Summer Games는 **SEOUL**이다. 빈칸이 다섯 개니까 **KOREA**라고 생각하면 오산이다. **Olympics**는 **Summer or Winter event**하계 혹은 동계 대회를 가리지 않고 **city**를 개최지로 삼고 있어서 국가를 개최지로 선정하고 있는 **World Cup**과는 다르다. 즉 올림픽은 서울 올림픽, 베이징 올림픽, 런던 올림픽, 베를린 올림픽처럼 도시 이름을 대회명에 달고 있는 반면, 월드컵의 경우에는 한일 월드컵,

브라질 월드컵, 독일 월드컵처럼 국가 이름을 앞세우고 있다.

Korea's pickled vegetable은 얘기하지 않아도 정답이 **Kimchi**라고 바로 나올 것이다. 김치는 워싱턴포스트 음식담당 기자가 직접 담가 먹어본 체험을 신문에 실을 정도로 미국인들에게도 관심 있는 음식 중 하나가 된 듯하다.

그런데 내가 봤던 한국에 대한 **clue**에는 2퍼센트 아쉬운 점이 있다. 예를 들어 **Korean king who invented Hangul** 한글을 창제한 한국의 왕 혹은 **Korean PGA golfer Kyungju OOOO** 한국 골퍼 경주 OOOO 등의 **clue**가 미국 신문의 **cross word puzzle**에 더 많이 등장하는 날을 기대해 본다. 그렇게 되면 내가 채울 수 있는 **blanks**의 숫자도 늘어날 것이고 문화적 자긍심으로 뿌듯할 것이기 때문이다.

SECTION 6.

알쏭달쏭 외교화법!

constructive dialogue

"건설적인 대화"는 무슨 소리?

외교관들은 **keep secrets**기밀을 유지해야 해야 하는 직업적 특수성 때문인 듯 업무와 관련된 일에는 딱 부러진 입장보다는 애매모호하게 **beat around the bush**주변부를 겉도는하게 얘기를 할 때가 많다. 개인적으로 외교관이라고 하면 **ambiguity**모호성라는 단어가 가장 먼저 떠오르는 것도 이런 이유에서일 것이다.

그래서 **fact**팩트 위주로 기사를 써야 하는 사회부 출신 기자들이 외교부에서 취재를 하다 보면 "외교관들이 미꾸라지 같이 잘도 빠져나간다."라는 식의 격한 표현마저 서슴지 않는 경우도 더러 있을 정도다.

사정이야 어떻든 여러 정보를 캐거나 모아서 기사라는 결과물을 생산해 내야 하는 기자들은 자신들이 쳐놓은 그물망을 교묘하게 빠져나가려는 외교관들의 말에서 **read between the lines**행간 읽기의 기술을 익혀야 한다. 물론 기자들의 노력에도 불구하고, 외교관들은 업무와 관련해서는 워낙 알맹이 없는 말을 많이 하기 때문에 아무리 행간을 읽으려고 해도 한계에 부딪히게 되는 일이 잦다.

특히 어떤 협상이 진행될 때 외교관들의 입은 그야말로 자물쇠나 지퍼처럼 꽉 닫혀버리기 일쑤다. 간혹 고위급 외교관이 '서비스'로 기자들에게 에둘러 말해주는 내용의 숨겨진 뜻을 기자가 이해하지 못할 경우에는 상황을 오도하는 기사를 쓸 개연성이 그만큼 커진다.

이를테면 미국과 북한이 협상을 하고 난 후 미국 측 협상대표에게 소감을 물어봤다고 하자. 미국 측 협상대표는 **Talks were constructive**.회담은 건설적이었다. 라고 답한다. "건설적이라고?" 이게 무슨 말일까? 표현 자체는 좋은 것 같은데, 어느 정도의 성과가 있었다는 것인지는 **diplomatic rhetorics**외교적 수사에 익숙한 외교관들이나 외교 문제를 오랫동안 다뤄온 **seasoned journalists**베테랑 기자들가 아니면 쉽게 알아듣기 힘든 표현이다.

constructive라는 표현에 대해 내가 아는 한 외교관은 '양측이 어느 정도 진전을 이뤄냈지만, 이견을 해소하기에는 아직까지 갈 길이 멀다'는 정도의 함의로 해석하면 된다고 설명한다.

실제 2011년 7월 뉴욕에서 1년 7개월 만에 재개된 북·미 회담을 브리핑하면서 마크 토너Mark Toner 국무부 부대변인이 "대화는 건설적이었다."라고 언급한 바 있는데, 결과적으로 북·미 양측이 이견을 좁힌 내용은 사실상 없었던 것으로 드러났다. 어감상 **constructive**는 긍정적이고 느낌이 좋아 보이지만, 외교적 언사에서는 **still long way to go**여전히 갈 길이 멀다라는 뉘앙스가 강하다는 점에 충분히 유념할 필요가 있다.

그럼 **Talks were useful**.회담은 유용했다.이라는 말은 어느 정도의 수준을 의미하는 표현일까? 이는 "양측이 구체적인 결과를 얻지는 못했지만, 대화를 안 한 것보다는 낫다"는 정도의 소감을 표시할 때 사용된다고 보면 크게 틀리지 않는다.

다음으로 **Talks were frank**.회담은 솔직했다.라는 표현은 '서로가 아주 심각한 차이를 확인했지만, 상대방의 입장을 이해하는 데는 그런대로 도움이 됐다'는 뜻을 시사한 것으로 보면 무방하다. 솔직하게 서로 할 말을 다했지만, 상대가 무슨 생각을 하고 있는지를 파악한 게 그나마 유일한 소득이었다는 최저 수준의 만족도를 대외적으로 모호하게 표현했다고 봐야 할 것 같다.

이처럼 외교관들의 화법은 익숙해지기 전까지는 진의를 파악하기가 쉽지 않다. 그것이 국가 이익을 다투는 외교 최전선에 서 있는 외교관들의 덕목인지도 모르겠다.

✔ After ending two-day talks in New York, the U.S. and North Korea reported "the discussions have been constructive." 뉴욕에서 이틀간의 회담을 마친 미국과 북한은 자신들의 논의가 건설적이었다고 밝혔다.

✔ State Department spokesman Mark Toner said the talks were "constructive", but stressed that it was too early to say what decisions Washington might take on resuming six-nation nuclear negotiations suspended since 2008. 마크 토너 국무부 대변인은 북한과의 대화는 건설적이었다고 밝혔으나, 지난 2008년 이래 미뤄져온 6자회담의 재개에 관해 미국이 어떤 결정을 내릴 것인지를 언급하기는 시기상조라고 강조했다.

---

beat around the bush: 핵심적인 얘기를 하지 않고, 빙빙 돌려서 말하는 것을 뜻한다. 옛날에 wild boa보아 뱀를 잡기 위해 땅꾼들이 풀숲 주변을 흔들어서 보아가 풀숲 밖으로 나오게 한 뒤 잡았다는 데서 유래했다고 한다. 용건을 바로 얘기하는 것은 get right into the point다.

Mr. Ambassador!

최악의 질문: "한국에서 뭐하실 거예요?"

스티븐 보즈워스Stephen Bosworth 국무부 **special representative for North Korea policy**대북정책 특별대표는 북한 핵 문제 해결을 위한 임무를 부여받은 인물이다. 하지만 그는 임기 내내 북한과의 대화보다는 동맹 및 파트너들과 협의를 하는 데 대부분의 시간을 할애했다. 북핵 문제 해결을 위한 **six-party talks**6자회담가 조지 부시 정권 말기부터 **in deadlock**교착상태에 빠진한 뒤 2년 넘게 재개될 조짐마저 없다 보니 한국, 일본, 중국 등 6자회담의 파트너 국가들과 협의를 벌이는 게 주 업무가 됐던 것이다.

미 국무부 내에서도 대북 대화론자로 분류되는 보즈워스 대표는 자주 한국, 일본, 중국을 오가며 북한과의 **resumption of talks**대화재개를 위한 정지작업을 계속했다. 그런데 그가 한국, 일본, 중국의 공항이나 해당국 외교부에 도착해 현지 기자들과 일문일답을 주고받은 내용을 살펴보면 한·중·일 3국 기자들의 영어실력이라고 할까, 아니면 영어 구사능력이라고 할까 하는 것이 어렴풋하게나마 드러난다.

딱히 누가 잘하고 못한다고 가릴 일은 아니지만, 당국자로부터 좋은 답변을 이끌어내기 위해서는 기자들의 좋은 질문이 선행돼야 한다는 점에서 나름대로 어느 나라 기자들의 질문이 좋았는지 판단해 보는 것도 재미있을 것이다.

개인적으로 한국에서 나온 질문들은 아주 평이하고 쉬운 단어들이 동원된 게 특징이라는 생각을 한다. 특히 다음에 소개된 한국 기자의 질문 가운데 세 번째가 단연 압권이다. 보즈워스로부터 '팩트'가 들어 있는 대답을 얻어내기 위해 뭔가 미끼를 던지려는 '성의'도 없이 다짜고짜 "한국에서 뭐 하실 건가요?"라고 물어본 무척이나 '용기 있는' 질문이었다. 참고로 이들 3개국의 기자들이 질문한 내용을 원문 그

■ Stephen Bosworth 미국 국무부 대북정책 특별대표가 기자들의 취재에 응하고 있다. 그는 2011년 10월 특별대표직에서 물러났다.

대로 소개한다. 자료는 국무부가 자체 홈페이지를 통해 제공한 transcript녹취록이다.

〈한국, 2010년 2월 25일〉

질문 1: **Are there signs that North Korea will come back to the Six-Party Talks?** 북한이 6자회담에 복귀한다는 신호가 있습니까?

질문 2: **Do you plan to visit North Korea in the near future?** 가까운 장래에 북한을 방문할 계획이 있습니까?

질문3: **What are you going to do in South Korea? What are you going to discuss with Wi Sung-lac?** 한국에서 무엇을 할 겁니까? 위성락 한반도평화본부장과는 무엇을 의논할 것입니까?

〈일본, 2010년 2월 27일〉

질문 1: **The State Department's Mr. Crowley said that talks could begin in weeks or months. Do you see any chance that the talks begin before the Nuclear Summit that will be held in April in**

Washington? 미국 국무부의 필립 크라울리 대변인은 몇 주 혹은 몇 개월 내에 대화가 시작될 것이라고 했습니다. 그것이 4월 워싱턴에서 열리는 '핵안보정상회의' 이전에 열릴 가능성이 있습니까?

질문 2: **Your Secretary of State said on Friday to reporters that, "We are encouraged by the signs of progress to return to the talks." Do you share the same feeling?** 미국의 국무장관은 금요일에 기자들에게 "회담 복귀에 진전이 이뤄지는 신호가 있어 고무적이다."라고 했는데, 똑같은 느낌을 받으셨습니까?

질문3: **Do you have any plans to meet North Korean officials in the near future, maybe in the U.S.?** 가까운 미래에 북한의 관리들과 만날 계획이 있는지요, 혹시 미국에서 말이죠?

〈중국, 2010년 2월 24일〉

질문 1: **Mr. Ambassador, how would you describe the momentum for renewed talks now? What position are we in at this stage?** 대사님, 새로운 대화를 하기 위한 모멘텀이 어떤 상태라고 표현하시겠습니까? 현 단계에서 우리는 어떤 입장에 있는 겁니까?

질문 2: **Did Mr. Wu Dawei suggest to the U.S. that it do bilateral talks with the DPRK?** 우다웨이가 미국이 북한과 양자 대화를 해야 한다고 제의했습니까?

질문 3: **What are the sticking points?** 걸림돌은 무엇입니까?

---

deadlock: 협상 등이 교착상태에 빠진 상황을 뜻한다. **impasse** 또는 **stalemate**가 비슷한 단어로 사용된다. 이럴 때는 어떻게 해서든 **breakthrough**돌파구를 찾는 일이 필요하다.

DPRK: 북한이 대외적으로 사용하는 정식 국호다. 조선민주주의 인민공화국을 영어로 표현한 것으로, 풀어서 쓰면 Democratic People's Republic of Korea다. 일반적으로 기사에서는 North Korea나 The North로 쓰는 경우가 많다.

sticking point: 협상 등에서 걸림돌이 되는 것을 의미한다. **stumbling block** 또는 **obstacle** 등이 유사한 표현이다.

inaudible

베테랑 외교관의 굴욕, "의사전달이 안 되네"

영어를 **mother tongue**모국어로 사용하지 않는 한국인들이 영어공부를 하면서 가장 힘들어 하는 영역은 아마도 말하기와 듣기일 것이다. 지금은 다양한 영어교재가 널려 있다시피한 데다, 원하기만 하면 영어방송에 무한정 자신의 눈과 귀를 노출시킬 수 있기 때문에 '영어 정복'을 위한 여건과 환경 자체는 과거 10~20년 전과는 비교가 안 될 정도로 좋아진 편이라고 할 수 있다. 청계천에 가서 **shortwave radio**단파 라디오를 구입해 영어방송 주파수를 맞춰가며 듣기 공부를 해야 했던 70~80년대는 아련한 추억이 되고 말았다.

그런데 신기하게도 미국인들은 **India, Pakistan, Egypt** 지역에서 온 사람들이 하는 영어는 찰떡 같이 알아들으면서도 한국인들이 하는 영어는 제대로 이해를 하지 못하고 고개를 갸우뚱하거나 되묻는 경우가 종종 있다. 나름대로 엄청난 시간을 투자하는 한국인들 입장에서는 정말 기가 막히고 코가 막힐 노릇이다.

미국 태생이 아닌 인도인이나 이집트인이 영어로 말하는 것을 한국인들이 듣고 있으면 적어도 50퍼센트 정도는 이해를 하지 못할 것이라고 생각되는데, 미국인들은 놀라우리만큼 이들이 하는 말을 거의 다 알아듣는 것 같다. 아마도 미국인들은 비영어권 출신 **speaker**화자의 **accent**액센트와 **intonation**억양, **speed**속도 등을 아주 찰나의 순간에 복합적으로 머리에 입력시킨 뒤 이런 조합된 정보를 토대로 상대방이 사용한 단어와 문장을 이해하는 것 같다.

높낮이가 없는 '평평한' 화법에 익숙한 한국인들이 평소 습관대로 영어를 하게 되면 미국인 입장에서는 액센트, 억양과 관련된 정보가 부족해서 해독을 해내지 못하는 게 아닌가 하는 분석을 해본다.

이와 관련해 하나의 에피소드를 소개해 보겠다. 한국의 고위 외교관이 미국에 와서 힐러리 클린턴 국무장관과 만난 적이 있다. 회담 뒤 클린턴 장관과 나란히 서 있던 이 관리는 "한 말씀 하시라."는 클린턴 장관의 권유를 받고 간단한 코멘트를 했다.

참고로 이 고위관리의 발언을 담은 국무부의 당시 녹취록을 그대로 옮겨본다.

Thank you. Well, I had a very good, (inaudible) consultation with Madam Secretary. And just let me say that this year marks the 60th anniversary of (inaudible) Korean War. And I want to say that our alliance (inaudible) has been the (inaudible) for the peace and prosperity and other (inaudible) in the region as a whole, and we appreciate (inaudible).

이 짧은 문장에 **inaudible**들리지 않음이 여섯 개나 등장한다. 국무부 녹취록은 이 분야에서 오랫동안 숙련된 전문가들에 의해 작성된다. 그런데 그런 전문가들이 30년 이상 외교관 생활을 했던 한국인 고위관리의 말을 이렇게나 많이 놓쳤다는 것은 왠지 이해가 가질 않는다. 일단 녹취록을 국무부 웹사이트에 올려놓으면 전 세계가 전부 참고자료로 활용하기 때문에 자료를 엉터리로 만들었을 리는 만무하다.

한국인인 내가 한국인의 영어 발음을 열심히 들어본 결과, 이 녹취록은 단어를 놓친 것은 물론이고 명백히 잘못 옮겨놓은 부분도 있었다. 잘못 알아들었기 때문에 잘못 옮겼을 가능성이 크다. 내가 미국 원어민도 놓친 부분을 알아들을 수 있었던 이유는 아마도 한국식 영어에 익숙한 탓일 것이다.

> 국무부 녹취 원문 "…for the peace and prosperity and other (inaudible) in the region as a whole…"
> 저자의 풀이 "…for the peace on the peninsula and other countries in the region as a whole…"

녹취록 작성자는 **on the peninsula**를 **and prosperity**로 잘못 알아들었고, **countries**라는 단어는 아예 놓치고 말았다. 또 **60th anniversary of** (inaudible) **Korean War**라는 부분에서 **inaudible**로 처리된 것은 내가 듣기로는 **outbreak of the**였다. 나머지 부분은 솔직히 나도 잘 모르겠다.

반면에 똑같은 자리에서 한국 외교관보다 여섯 배가량 많은 발언을 한 클린턴 장관의 말에는 어디 한 군데도 **inaudible**이라는 표시가 없었다. 물론 클린턴 장관이 누군가. 영어 듣기라면 주눅이 들기 십상인 한국인들도 "클린턴처럼만 발음해주면 전부 알아듣겠다."라고 호기를 부릴 정도로 정확한 발음과 적절한 속도로 귀에 쏙쏙 박히게 말해주는 '친절한 힐러리 씨' 아닌가. 하지만 이런 점을 감안하더라도 내가 취재현장에서 경험한 이 에피소드는 영어를 공부하는 한국인들에게 많은 시사점을 던져주고 있다.

Madam Secretary: 여성인 힐러리 클린턴 장관을 배려해서 부르는 호칭. 미국에서는 대통령에 대해선 **Mr. President**라는 말이 보편화돼 있다. 초대 조지 워싱턴 대통령은 두 차례 대통령직을 역임한 뒤 평화적인 정권교체를 실현한 것은 물론 대통령에 대한 '제왕적' 호칭을 사양하고 자신을 **Mr. President**로 부르는 것을 수용했다. 그 전통은 지금까지 이어져 내려오고 있다. 미국에서 **Madam President**를 쓰게 되는 대통령이 언제 나올지 자못 궁금하다.

anniversary: 과거에 발생한 일을 해마다 기념하는 날. **anniversary**만 단독으로 쓰일 때는 결혼기념일을 의미하기도 한다. 한국 사람들은 불행했던 **past event**과거의 일에 대해서는 **anniversary**를 붙이는 데 주저하는 것 같다. 그래서 2011년 **10th anniversary**를 맞은 9·11테러에 대해서도 **anniversary**를 써도 무방한지를 나한테 묻는 사람들도 있었다. 대답은 "물론이지"였다.

rogue 미국이 북한에 붙여준 수식어

미국 외교는 동맹과의 관계 강화에 공을 들이는 동시에 세계의 질서와 규범을 파괴하는 국가들을 다스리는 일에도 엄청난 돈과 에너지를 쏟아 붓고 있다. 최근 들어 **rapid rise of China**중국의 가파른 부상가 눈부시기는 하지만, 구소련 붕괴 이후 유일 슈퍼파워인 미국은 여전히 세계의 경찰이자 판관이며, 정의의 집행자임을 자임하고 있다.

물론 미국의 주관적인 눈높이와 잣대가 **friend and foe**동지와 적를 가르고 **ally and enemy**우방과 적대국를 구분하는 절대적 기준이 되고 있다는 비판이 있지만, 국제사회에서 미국이 행사하는 영향력과 힘을 생각하면 그런 현상은 누구도 거스르기 힘든 현실임을 인정하지 않을 수 없다.

■ 조지 부시 대통령이 북한을 '악의 축'이라고 발언하는 모습을 전한 북한방송

이런 미국의 입장에서 볼 때 북한, 이란, 시리아, 베네수엘라 같은 국가와 알카에다, 탈레반 등 테러조직들은 눈엣가시 같은 존재다. 북한처럼 **nuclear and long-range missile**핵과 장거리 미사일 개발에 열을 올리는 나라를 미국은 **rogue nation**불량 국가 또는 **thug nation**불량 국가이라고 부른다. 미국이 스스로를 **good and justice**선과 정의로 규정하게 되면 북한 같은 국가들은 자연스럽게 대립적인 개념인 '불량 국가'로 **branded**낙인이 찍히게 되는되는 구조다.

조지 부시 전 대통령이 2002년 국정연설에서 북한, 이란, 이라크를 **axis of evil**악의 축이라고 대놓고 못질을 해버린 일은 유명한 사건이다. 북한은 악의 한 축으로 묘

사된 것 이외에도 여러 가지 명사와 형용사를 달고 다닌다. 행동을 예측할 수 없다고 해서 **mercurial**변덕스러운이라는 지적을 받는다. 오르락내리락하는 **mercury**수은처럼 마음이 변덕스럽다는 얘기다. 김정일 정권의 진정한 의도를 파악하기 힘들다고 해서 **conundrum**수수께끼이라는 표현도 자주 따라붙는다. 미국의 한반도 전문가들이 조롱조로 **Dear leader**친애하는 지도자 동지라고 말하면 이 사람은 김정일 국방위원장을 뜻한다.

　워싱턴의 출근길에서 있었던 일이 하나 생각난다. 갑자기 **SUV** 한 대가 내 차 앞으로 끼어들었다. **Klaxon**클랙슨을 한방 먹여줄까 하다가 순간 그 차의 이름에 시선이 꽂혔다. 일제 닛산 **Rogue**였다. "왜 하필이면 로그냐? 그래서 운전을 그렇게 매너 없게 하니?"라고 혼자 투덜댔다. **Rogue**에 **vagabond**방랑자라는 뜻도 있다고는 하지만, 왜 일본 자동차 회사는 북한을 나쁘게 얘기할 때 사용되는 단어를 차 이름에다 갖다 붙였을까?

> Ex

✔ **North Korea reminded the international community why it is one of the world's premier rogue states by launching an unprovoked artillery barrage on a South Korean town.** 북한은 남한의 도시에 대해 도발적인 포격을 감행함으로써 왜 그들이 세계에서 제일가는 'rogue state' 가운데 하나인지를 국제사회에 다시 일깨워주었다.

The Rogue: 세라 페일린의 젊은 시절 문란한 사생활을 폭로한 책 제목이다. 부제는 **Searching for the Real Sarah Palin**진짜 세라 페일린을 찾아서이다. 2011년 9월 탐사 저널리스트인 조 맥기니스 Joe McGinniss가 페일린의 지인들을 폭넓게 면담한 내용을 토대로 썼다고 한다.
Klaxon: 자동차 경적을 만든 회사의 이름을 딴 브랜드명이다. 일반적으로 경적을 울린다고 할 때에는 honk 또는 horn을 쓴다.

quid pro quo
퍼주기는 없다. 반드시 주고받아야

북한은 핵 개발을 **leverage**지렛대로 협상을 하면서 늘 자기들이 원하는 걸 취해왔다는 점에서 밑지는 장사는 하지 않는 것 같다. 자기들의 요구에 미치지 못하면 **negotiation table**협상 테이블을 박차고 나가는 전략을 구사해왔기 때문이다.

북한이 그동안 보여온 행태는 위기를 **incrementally escalate**점진적으로 고조 시키는 방법으로 상대방을 자극, 협상 테이블로 이끌어내는 **brinkmanship tactics**벼랑 끝 전술를 취해왔다. 그리고 정작 협상이 시작되면 자기들의 행동에 상응하는 반대급부를 요구해 왔다. 핵무기 프로그램에 대한 **dismantling process**해체 과정를 밟겠으니, **heavy fuel oil**중유을 공급해 달라는 식이다.

그래서 한국의 외교관들은 북한이 늘 '이걸 할 테니, 저걸 달라'는 식의 외교 술수만 부리고 정작 **implementation phase**이행단계에 가서는 딴전을 부린다며 불만을 터뜨린다.

여기에 딱 들어맞는 표현이 라틴어에서 온 **quid pro quo**다. 이 말은 **give and take, this for that**이라는 의미를 지니고 있다. 물론 이 말은 북한을 대하는 한국과 미국 입장에서도 할 수 있는 말이다. 예를 들어 "북한이 비핵화에 대한 국제적 **promises and obligations**약속과 의무를 이행해야만 6자회담 재개에 응할 수 있다."라고 말하는 것은 분명 **quid pro quo**에 해당한다.

사실 조지 부시 행정부 말기에 진행됐던 북한과 미

국 간의 핵협상은 북한의 핵 프로그램 해체를 위한 단계별 **action plans**행동계획까지 마련해 놨었다. 1~3단계마다 양쪽이 **action for action**행동 대 행동으로 서로 지킬 것은 지켜나가자는 합의였다. 하지만 북한은 핵시설에 대한 **verification**검증 문제를 둘러싸고 합의를 깼고, 그로 인해 오바마 행정부 들어서도 북·미 관계와 핵 문제는 해결의 실마리를 찾지 못하고 있다.

특히 북한이 오바마 행정부 들어서 **test firing of long-range missiles**장거리 미사일 실험발사와 **the 2nd nuclear test**제2차 핵실험 등 일련의 도발을 하면서 오바마 행정부는 완전히 북한을 **benign neglect**선의의 무시하는 전략으로 돌아서고 말았다. 오바마 행정부는 그러면서 이른바 **strategic patience**전략적 인내를 대북 정책의 기조로 내세웠는데, 사실 이것은 정책이라고 이름 붙이기는 그렇고 한마디로 "대책이 설 때까지 기다려 보겠다."라는 말을 에둘러 표현한 것으로밖에 보이지 않는다.

결국 미국 행정부 관리들 사이에서는 **We won't buy the same horse twice.**라는 말이 나올 정도가 됐다. 1994년 북·미 **Geneva Agreement**제네바 합의 때 북한에 **light water reactor**경수로 건설과 중유 제공을 약속하고 북한의 비핵화를 추진하기로 했는데, 결국 북한이 2006년 제1차 핵실험을 하면서 약속을 파기했던 전례 때문이다. 미국이 **horse**북한의 비핵화를 대가로 또다시 돈을 지불하지 않겠다고 언명했으니, 이는 곧 북한 입장에서는 미국의 **quid pro quo** 기준을 충족시켜야 하는 입장에 놓이게 됐다.

그건 국제사회에 비핵화를 이행하겠다는 확고한 약속을 하는 것이다. 그게 분명하게 이뤄져야 미국과 한국은 움직일 수 있을 것이고, 그때 가서야 비로소 비핵화 이행-6자회담 재개라는 **quid pro quo**가 완결구조를 갖게 된다.

✔ North Korea rejects diplomatic relations with the U.S. as a quid pro quo for Denuclearization. 북한은 자신들의 비핵화를 대가로 미국과 관계개선을 하는 것은 거부했다.

✔ "Quid pro quo" means bargaining, and a refusal to bargain is nothing more than a refusal to negotiate. 'quid pro quo'란 흥정을 의미하는데 흥정을 거부하는 것은 협상을 거부하는 것이나 마찬가지다.

verification: 검증. 동사는 **verify**다. **Trust, but verify.**신뢰하되 검증하라라는 말은 외교가에서는 유명한 말이다. 로널드 레이건 대통령은 재임기간인 1987년 당시 소련의 미하일 고르바초프Mikhail Gorbachev 서기장과 **INF**Intermediate-Range Nuclear Forces Treaty, 중거리 핵전력 폐기 협정에 서명하면서 이 표현을 썼다고 한다. 북한과의 핵협상에서도 이 경구는 자주 사용되고 있다.

benign: '선의의'라는 뜻이다. 특별히 반대급부를 생각하지 않고 그야말로 개인적 친밀감 때문에 아무 부담 없이 무언가를 했다고 할 때 사용된다. **benign neglect**란 '선의의 무시' 또는 '점잖은 무시'를 의미한다. 반대말은 **malign neglect**악의적 무시로 다른 나라의 정책을 대놓고 무시하는 일이다. 건강검진에서 **tumor**종양가 발견됐다면, **benign**양성인지 **malign**악성인지 조직검사를 해봐야 한다.

We won't buy the same horse twice.: '같은 말을 두 번 사지 않겠다'는 의미로 북한의 비핵화 약속에 두 번 속지 않겠다는 뜻이다.

Plan B

'이게 아닌가 봐'라는 생각이 들 때 필요한 것

미국의 전설적인 라디오 진행자 가운데 폴 하비Paul Harvey라는 사람이 있었다. 아주 독특한 목소리 색깔과 스타카토식 내레이션으로 대중들 사이에서 커다란 인기를 끌었던 인물이다. 그가 진행한 대표적인 프로그램은 *The Rest of Story*였다. 유명한 사건 뒤에 숨겨진 뒷얘기를 감칠맛 나게 소개해주는 코너여서 개인적으로는 영어공부도 하고, 상식도 쌓기에 그만한 코너가 없었던 것으로 기억된다.

그렇다. 모든 일에는 그 일에 관계된 사람들만이 알고, 나머지 사람들에게는 오랜 시간이 지나서야 알려지는 뒷얘기들이 많다.

많은 국민들의 기대가 모아졌던 IOC국제올림픽위원회의 동계올림픽 개최 도시로 평창이 선정되는 과정에서 있었던 일화들이 뒤늦게 소개되기도 했다. 그중에 당시 선정과정을 지켜보기 위해 남아프리카공화국으로 달려갔던 관계자로부터 재미있는 후일담을 전해들을 기회가 있었다.

우리나라 대표단 모두 승리 이외에는 다른 가능성을 생각하지 않고 있을 때 이 관리는 한국이 선정과정에서 탈락하는 worst scenario최악의 시나리오가 발생한다면 과연 어떻게 대처해야 할지를 고민했다는 이야기였다. 이를테면 만일 평창이 eliminated탈락해서 김연아 선수가 망연자실한 가운데 울음을 펑펑 쏟는다면, 이역만리 한국에서 이를 지켜볼 국민들의 마음을 더욱 아프게 할 것이라는 우려 같은 것에 대한 철저한 대비책이 필요했던 셈이다.

얘기인즉슨 김연아 선수 등 대표단에게 탈락했을 때를 대비한 action plan행동계획을 미리 주지시키는 일이 관건이었다고 한다. 그런데 너무 일찍 그런 지침

■ 평창이 2018년 동계올림픽 개최지로 확정된 뒤 유치위원회 관계자들이 기자회견을 하고 있는 모습

을 알려주면 대표단 전체의 사기를 떨어뜨리는 결과가 될 수 있기 때문에, 결국 **presentation**발표이 모두 끝난 뒤에야 이런 지침을 통보할 수 있었다. 평창의 탈락이 확정될 경우, "국민 여러분 우리 모두 정말 열심히 해서 여기까지 왔습니다. 국민이 모두 하나가 돼서 최선을 다했다는 점이 더욱 중요하다고 생각합니다."라는 식으로 국민에게 **encouraging message**힘이 되는 메시지를 전달하도록 사전 조율을 마쳤다는 얘기다.

이처럼 **primary goal**일차 목표이 무산됐을 경우에 벌어질 상황에 대비해 미리 대응 계획과 방침을 정해놓는 것을 영어에서는 흔히 **Plan B**라고 한다.

워싱턴 외교가에서는 **six-party talks**6자회담가 장기 공전하고 있을 때 **Plan B**를 준비해야 한다는 얘기가 자주 나왔다. 일부 북한 전문가들은 6자회담은 이미 **death certificate**사망진단서가 발급된 실패한 회담이라며 **alternatives**대안, 즉 **Plan B**를 찾아 나서야 한다고 촉구했다. 북핵 문제를 해결하기 위해 남한과 북한, 미국, 중국, 일본, 러시아가 모여 협상을 하는 현행 6자회담이 더는 **effective frame**유용한 틀이 아니라는 판단에서였다.

예를 들어 **participants**를 남북한과 미국, 러시아로 **downsize**축소하든가, 아니면 **discussion topics**논의의 주제를 북핵의 범위를 뛰어넘어 동북아의 **peace and security**평화와 안보 문제까지 **encompassing**포괄하도록해서 확장하는 등의 대안을 모색해야 한다는 주장이다.

하지만 미국 국무부는 외견상 지금까지 **disbandment of six party talks**6자회담의 해체를 검토한 적이 없다는 입장에서 변화를 준 적은 없었던 것 같다. 6자회담의 **prolonged impasse**장기 교착상태를 대체할 새로운 **paradigm**패러다임의 **Plan B** 출현이 가능할지, 가능하다면 그 **Plan B**가 어떤 형태를 띠게 될지는 흥미로운 관전 포인트다.

> Ex

✔ It is natural to conclude that the Six-Party Talks are dead and that there is need for a "Plan B", a set of coercive measures designed to force a strategic decision by North Korea to abandon its nuclear program. 6자회담은 '사망'했고, '플랜 B'가 필요하다고 결론을 내리는 것은 당연한 일이다. 플랜 B는 북한으로 하여금 핵무기 프로그램을 포기하는 전략적인 결정을 하도록 일련의 강제적인 조치를 취하는 것이다.

✔ This summer the Preventive Defense Project hosted another of its series of Washington WMD Workshops on the subject of "Plan B for Iran." 올해 여름 '예방적 방위 프로젝트'는 '이란을 위한 차선책'을 주제로 또 한 차례의 워싱턴 대량살상무기 워크숍 시리즈를 개최합니다.

Foggy Bottom 미국 외교의 사령탑

미국은 냉전 해체 이후 구소련이 붕괴하면서 사실상 세계 유일의 **super power**로 군림해 왔다. 미·소 양 진영으로 나뉘었던 **bipolar era**양극 시대는 지나가고 **unipolar era**단극 시대를 이끌어 왔다. 그 과정에서 미국은 전 세계 구석구석까지 외교의 지평을 확대했고, 이에 비례해 미국의 영향력도 막강해졌다.

미국 행정부 내에서 외교를 이끌고 있는 조직은 **Department of State**국무부다. 이곳의 이름은 **Foggy Bottom**으로 불린다. 그 유명한 **Potomac riverside**포토맥 강변에 위치해 있어서 **fog**안개가 자주 끼기 때문에 국무부를 그렇게 부른다는 설이 있다. 또 원래 **Foggy Bottom**이라는 지역은 양조장, 유리공장 등이 들어서 있던 산업지대였는데, 여기서 뿜어져 나오는 연기 때문에 지역의 이름이 그렇게 붙었다는 말도 있다.

어쨌든 이 지역 일대에는 **Department of Interior**내무부, **Federal Reserve Board**연방준비제도이사회 등 연방 기구와 **World Bank**세계은행, **International Monetary Fund**국제통화기금 등 국제기구가 몰려 있으나, 국무부가 이곳의 지명을 별명으로 독차지하고 있다.

미국의 국무부는 최근 10년간은 '여인 천하'라는 말이 어색하지 않을 정도로 여성 수장이 잇따라 외교사령탑 역할을 해왔다. 매들린 올브라이트Madeleine Albright, 1997~2001, 콘돌리자 라이스Condoleezza Rice, 2005~2009, 힐러리 클린턴Hillary Clinton, 2009~현재에 이르기까지 여성 장관 시대를 이어가고 있다. 조지 W. 부시아들 제1기 시절에 콜린 파월Colin Powell이 국무장관을 지낸 것을 제외하면, 지난 15년 동안 11년이나 여성 국무장관이 미국 외교의 책임을 맡아온 셈이다.

국무부 취재활동을 통해서 가장 기억에 남는 일은 2008년 10월 국무부 건물에서 이루어진 탈북자 출신의 피아니스트 김철웅 씨 독주회를 취재한 일이다. 평양 국립교향악단의 수석 피아니스트로 활동했던 김 씨는 남한도 아니고 미국, 그것도 국무부에서 연주를 한 최초의 탈북자였다. 그가 쇼팽Chopin의 *Nocturne*녹턴을 연주할 때는 비장함마저 느껴졌다. 이 곡은 폴란드 출신 유대인 피아니스트로 온갖 고초를 겪었던 블라디슬로프 스필만Wladyslaw Szpilman을 소재로 했던 영화 *Pianist*의 도입부에 나오는 곡으로, 김 씨의 고단한 인생역정과 묘하게 overlap오버랩 되었다.

이런 기억도 있다. 2009년에 우연하게 국무부에서 배포한 이메일 가운데 일본의 Children's Day어린이날를 축하한다는 statement성명가 포함돼 있는 걸 발견했다. 얼마 후 평소 알고 지내던 국무부 대변인실의 직원에게 이런 내용의 이메일을 보냈다. "한국도 일본과 마찬가지로 5월 5일에 어린이날을 기념한다. 기왕이면 내년부터는 한국의 어린이날도 축하하는 성명을 내면 어떻겠는가?"라고. 답신은 It's a good idea.좋은 생각이다. 였다. 인과관계가 분명치는 않지만 이듬해 어린이날에 힐러리 클린턴 장관 명의로 한국의 어린이날을 축하한다는 내용의 성명이 발표됐다. 어쨌든 미국 국무부는 오지랖도 참 넓다.

참고로 Foggy Bottom이 미국 국무부를 지칭하는 말로 쓰이는 것을 영어에서는 metonym환유어이라고 한다. metonym이란 미국에서 plastic이라고 하면 credit card신용카드를 의미하듯이 어떤 사물을 진짜 이름 대신 상징화된 다른 이름으로 부르는 것을 의미한다.

예를 들어 우리가 살던 곳에서 가까웠던 버지니아 주의 Langley랭글리는 CIA, 즉 Central Intelligence Agency중앙정보국를 뜻하는 말로 쓰인다. Capitol Hill은 U.S. Congress미국 의회, Annapolis는 U.S. Naval Academy미국 해군사관학교, West Point는 U.S. Military Academy미국 육군사관학교, The Pentagon미국 국방부은 Department of Defense로 통용되는 식이다.

Ex

✔ At Foggy Bottom the Spokesman Sean McCormack was asked to clarify a statement by the Defence Minister of Pakistan. 미국 국무부의 손 매코맥 대변인은 파키스탄 국방장관이 발표한 성명에 대해 명확한 입장을 밝혀줄 것을 요구받았다.

✔ Stephen Kim, who worked for the Energy Department but was detailed to Foggy Bottom, was charged in August 2010 with violating the Espionage Act. 미국 에너지부에서 일하다가 국무부에 파견된 스티븐 김은 2010년 간첩법을 위반한 혐의로 기소됐다.

Department of Interior: 미국의 내무부다. 예상 외로 이런 행정부처가 미국에 있는지를 제대로 모르는 사람이 많은 것 같다. 미국의 국토와 천연자원, **Native Americans**인디언 등을 책임지는 부처다. 오바마 행정부 출범 후인 2009년 5월, 한국계 미국인 리아 서Rhea S. Suh는 내무부의 정책관리, 예산 담당 차관보에 취임해 주목을 끈 바 있다.

wake-up call 유비무환을 위한 예방주사

지금도 그렇지만 해외 출장을 갔을 때 가장 신경 쓰이는 일 중의 하나는 아침에 늦잠을 자지 않고 일어나는 일이다. 해외 출장에서는 보통 혼자 방을 쓰는 데다 시차로 인해 밤잠을 설치는 일이 잦아서 휴대전화나 호텔 나이트 테이블에 설치된 알람 기능 등을 활용해 확실하게 기상시간을 입력해 놓지 않았다간 낭패를 보기 십상이다.

이런 안전장치들도 미덥지 않을 때는 아예 호텔 측에 **wake-up call**을 부탁해 놓고 잠자리에 드는 때도 더러 있다. 얼마 전까지만 해도 한국에서는 이 웨이크 업 콜을 **morning call**이라고 해서 많이 사용했던 것 같다. 하지만 해외에 출장을 가서 호텔에 투숙하면 아침에 깨워달라고 부탁해야 하는 경우뿐 아니라 점심은 물론 저녁에도 필요하다면 깨워줄 것을 요청해야 하니까 '모닝콜'은 처음부터 맞지 않는 표현인지도 모르겠다.

그런데 **wake-up call**은 우리가 비단 '물리적인' 잠에서 깨어나기 위해서만 의지하는 수단은 아니다. 2010년 북한의 연평도 포격 도발이 있었을 때, 미국 언론들은 이 사건을 그동안 안보불감증이라는 잠에 취해 있던 한국 국민에 대한 **wake-up call**이라고 표현했다. 북한의 실재적 위협이 상존하고 있다는 사실을 일깨워준 '예방주사' 같은 경고라는 뜻에서다.

오바마 대통령의 2011년 새해 국정연설의 키워드는 '제2의 **Sputnik**'였다. 중국, 인도 등의 거센 도전에 맞서 미국이 세계 제일의 국가로 계속 앞서나가기 위해서는 **government spending**정부 지출을 줄이더라도 교육과 연구에 대한 투자만큼은 유보할 수 없다는 게 핵심 메시지였다.

■ Sputnik, 러시아의 첫 인공위성

Sputnik는 Cold War Era냉전 시절인 1957년 10월에 구소련이 우주로 쏘아올린 첫 artificial satellite인공위성였다. 우주개발에서 멍하니 뒷짐을 지고 있던 미국 입장에서는 뒤통수를 된통 얻어맞은 격이 되고 말았던 것이다. 결국 Sputnik는 미국이 잠에서 깨어나 소련과의 우주경쟁에 나서게 된 wake-up call이 된 셈이다.

개인적으로 3년 만에 귀국해서 건강검진을 받아보니 cholesterol콜레스테롤 수치가 크게 높아져서 '동맥경화 위험수위'에 다다랐다는, 가슴이 철렁하는 통보를 받았다. 한국보다 상대적으로 저렴한 미국산 쇠고기를 너무 많이 먹고 운동을 게을리 했던 게 원인이었다. 건강검진 결과를 받아본 바로 그날부터 저녁을 굶고, 담배를 끊었다. 역설적이게도 무시무시한 건강검진 결과표는 내게 더없이 좋은 wake-up call이 되어 주었던 것이다.

Ex

✔ The nuclear test performed by North Korea early Monday morning was a wake-up call for South Koreans. 북한이 월요일 이른 아침에 실시한 핵실험은 남한 사람들에게는 wake up call이었다.

✔ The oil import bills are becoming a threat to the economic recovery. This is a wake-up call to the oil consuming countries like the U.S. 원유 수입액은 경제회복에 위협이 되고 있다. 이는 미국처럼 원유를 소비하는 국가들에는 wake-up call이다.

Sputnik: 미국 사람들은 '스푸트니크'가 아니라 '스퍼트니크'에 가깝게 발음한다. 이를 기점으로 본격적인 **Space Age**우주 시대가 열리게 됐다. 이에 자극받은 미국은 4개월 후인 1958년 1월에 인공위성 **Explorer** 1호를 우주로 쏘아 올렸다. 1961년에는 소련의 유리 가가린Yuri Gagarin이 인류 최초로 우주를 비행했으며, 1969년에는 미국의 닐 암스트롱Neil Armstrong이 **Apollo** 11호를 타고 사상 처음으로 달의 표면을 밟았다. 암스트롱은 달에 착륙해 **That's one small step for a man, a giant leap for mankind.**이것은 개인에게는 작은 발걸음이지만, 인류에게는 커다란 도약이다.라는 유명한 말을 남겼다.

plug away 미래를 예측한 선지적인 오역

2008년 11월에 치러진 미국 대선에서 오바마 후보가 승리함으로써 8년만에 **transition of power**정권교체가 이뤄지게 됐다. 정권교체는 미국 행정부 내 **senior political appointees**고위 정무직 공무원들의 대폭적인 물갈이를 예고했다. 한반도 문제를 담당하는 국무부의 동아시아·태평양 담당 라인도 대대적인 교체가 기정사실화되었음은 물론이다.

대선이 끝난 후 한 달 보름 정도가 지난 그해 12월 중순, **Washington Post**가 아주 작은 크기로 그동안 부시 행정부에서 대북 협상을 도맡아 해왔던 크리스토퍼 힐Christopher Hill 동아태 차관보의 향후 거취에 관한 기사를 실었다.

오바마 행정부가 출범 후 **regional envoy**지역별 특사를 여러 명 두는 방안을 추진 중이어서 힐 차관보도 특사에 임명될 가능성이 있다는 내용이었다. 그런데 기사 내용 중에 전체적인 문장은 정확히 기억이 나지는 않지만 **He may plug away at six-party talks**. 정도로 표현된 대목이 있었다. 나는 전체적인 기사의 문맥과 **away**라는 단어를 보고 "힐 차관보가 마침내 6자회담에서 손을 떼고 오바마 행정부에서는 특사로 활동할 모양이구나."라고 생각했다.

그래서 기사 제목을 "힐 차관보, 6자회담서 손 뗄 듯"이라고 뽑아서 기사를 작성했다. 미국 **EST**Eastern Standard Time, 동부 시간로 아침에 작성해 내보낸 이 기사는 반나절이 지나도록 전혀 문제가 없었다. 그런데 서울 데스크로부터 미국 시간으로 저녁에 국제전화가 걸려 왔다. 워싱턴포스트의 영문 기사를 본 우리 외교통상부에서 말하기를 그 기사의 진짜 뜻은 힐 차관보가 6자회담을 계속해서 맡는다는 것이라고 지적했다면서 확인을 요청해온 것이었다.

부랴부랴 사전을 찾아봤더니 아뿔싸, **plug away**의 뜻이 "열심히 한다"로 돼 있는 게 아닌가. 정말 쥐구멍에라도 들어가고 싶은 심정이었다. 알량한 영어 실력으로 대충 그런 뜻이겠거니 넘겨짚고 기사를 썼다가 망신살이 뻗쳤기 때문이다. 부랴부랴 기사를 수정해 보냈다. 우리 회사 기사를 참고하는 다른 언론사에 피해를 주지 않기 위해서였다. 그 사건을 겪은 이후로 나는 조금 이상하다 싶은 단어는 사전을 통해 뜻을 확인한 후 기사를 작성하는 버릇을 들이기 시작했다.

　하지만 나의 **ridiculous**어처구니없는한 실수는 역설적이게도 힐 차관보의 가까운 미래를 정확히 **crystal ball**예측한 '선지적인' 기사였다. 이 소동을 치른 후 한 달 반이 경과한 2009년 2월, 힐 차관보는 **ambassador to Iraq**이라크 주재 대사로 전격 내정돼 한반도 문제에서 손을 뗀 것이다.

Ex

✔ While the East Coast braces itself for Hurricane Irene and Northwestern states battle raging wildfires, Republican presidential hopefuls continue to **plug away** on the campaign trail. 미국 동부 연안 지역은 허리케인 아이린에 대비를 하고, 북서부 지역 주들은 맹렬한 산불과 싸우고 있는 와중에도 공화당 대선 예비주자들은 선거운동을 계속 벌여나가고 있다.

✔ Iran's leaders **plug away** at political power struggle. 이란의 지도자들은 정치적 권력 암투를 계속하고 있다.

envoy: Special mission을 부여받고 외교활동을 벌이는 대표를 말한다. 주로 '엔보이'라고 발음하지만, '안보이'라고 발음하는 게 개인적으로는 훨씬 마음에 든다.
plug: 이 말에는 방송에 나와서 상품이나 사업 등에 관해서 말로 선전하는 것을 의미하는 뜻도 있다. 예를 들어 Would you like to plug anything since you're on our show?우리 쇼에 출연한 김에 선전하고 싶은 게 있나요? 같은 식으로 사용하면 된다.

Freedom is not free
한국전쟁의 의미를 되새기는 말

미국 워싱턴에는 미국인들에게 한국의 이미지를 **either directly or indirectly**직·간접적으로하게 각인시켜 주는 몇 안 되는 장소가 있다. **Korean Embassy**주미 한국 대사관와 그 옆에 이웃한 **Consular Office**총영사관는 나라 밖에서 한국을 대표하는 정부 기관이니까 당연히 워싱턴에서 한국의 얼굴이 된다.

Smithsonian Museum of Natural History스미스소니언 자연사 박물관에 있는 **Korea Gallery**한국관는 개인적으로는 옹색한 느낌을 지울 수 없지만, 어쨌든 한국을 알릴 수 있는 장소임에는 틀림없다. 현재의 **remote area**외진 장소에서 중앙으로 진출했으면 얼마나 좋을까 하는 생각을 해보지만, 박물관 측이 그런 배려를 하기는 쉽지 않아 보인다.

그러나 뭐니뭐니해도 워싱턴에서 한국이 피부로 직접 와 닿는 곳은 **Korean War Veterans Memorial**한국전 참전용사 기념공원이다. 버지니아 주에서 워싱턴으로 들어오면 **Connecticut Avenue** 오른쪽에 위치해 있는 이 공원에는 평일에도 미국인들의 참배행렬이 끊이질 않는다. 바로 옆에 **Vietnam War Memorial**베트남전 참전용사 기념공원이 위치해 있으니까, 이 일대는 미국이 싸웠던 전쟁을 기념하고 두 전쟁에서 목숨을 잃은 전사자와 부상자들을 기리는 **sacred place**성스러운 장소라고 볼 수 있다.

한국전 참전용사 기념공원에는 말만 들어도 가슴이 뭉클해지는 문구가 검정색 화강암에 음각으로 새겨져 있다. **Freedom is not free**.자유는 거저 주어지는 것이 아니다. 그 옆에는 한국전 사망자와 부상자들의 숫자가 적혀 있다. 대한민국이 지금 향유하고 있는 **freedom and democracy**자유와 민주주의는 **for nothing**공짜으로 얻어진 게 아니고 전장에서 숨진 이들 미군 장병들의 희생 속에서 꽃을 피웠다는 얘기가 된다. 사전을 뒤져볼 필요조차 없는 아주 쉬운 네 개의 단어로 조합된 이 문구는 어떤 화려한 수사를 동원한 표현보다도 커다란 울림을 준다.

자유가 공짜로 주어진 게 아니라면, 우리는 이를 되갚아야 마땅하다. 그것이 **in a voluntary form**자발적인 형태으로 이뤄지면 좋겠지만, 경우에 따라서는 내키지 않더라도 당위라는 차원에서 **pay the price**대가를 지불해야 하는 경우도 있다.

이와 관련해 미국의 국방부 관리가 술자리에서 들려줬던 일화를 나는 지금도 잊지 못한다. 그 관리에 따르면 9·11 테러가 발생한 직후 일본은 **Self Defense Forces**자위대 간부를 **Pentagon**미국 국방부에 보내 "우리 일본이 혹시 도와줄 일은 없느냐."라고 물어왔다는 것이다. 반면 한국은 사실상 아무런 행동도 보여주지 않았으며, 이후 국회에서는 아프가니스탄과 이라크에 한국군을 **dispatch**파병하는 동의안 처리 문제를 놓고 여야가 **divided into pros and cons**찬반으로 나뉘어 대립하는 모습을 보여줌으로써 펜타곤을 실망시킨 적이 있다고 이 관리는 이야기했다. 그러면서 그는 **Freedom is not free.**라는 말을 나에게 상기시켰다.

이제 **a responsible member of international community**국제 공동체의 책임 있는 일원가 된 한국은 우리가 얻은 자유가 공짜로 주어진 게 아니라 반드시 되갚아야 하는 일종의 부채라는 사실을 깨달아야 할 시점에 와 있다.

> **Ex**

✔ **Freedom is not free, but the U.S. Marine Corps will pay most of your share.** 자유는 거저 주어지는 것이 아니지만, 미국 해병대는 여러분이 짊어져야 할 부담의 대부분을 떠맡을 것이다.

✔ **"Freedom is not free." This quote is inscribed into the wall of the Korean War Veterans Memorial in Washington, D.C.** "자유는 거저 얻어지는 게 아니다." 이 문구는 워싱턴 D.C.의 한국전 참전용사 기념공원의 벽에 새겨져 있다.

without further ado
사회자가 갖춰야할 최대 덕목

미국에서 3년 동안 살다 돌아와 보니 술이 곁들여진 우리나라의 단체회식 문화에 새로운 패턴이 하나 생겨난 것을 발견했다. 다름 아니라 toast건배사에 대한 지나치고도 광범위한 collective obsession집단적 집착현상이었다.

요즘 건배사 '릴레이'가 한국에서 fad유행 중인 것이다. 스마트폰에 건배사 apps application software까지 등장했다고 하니 이 정도면 집착의 강도가 보통의 수준을 넘어선 것이 아닌지 은근히 걱정스럽다.

그나마 준비된 건배사는 봐줄 만하다. 갑자기 지목을 받은 뒤 건배사를 improvise즉석에서 만들어내다하려고 낑낑대고, 가까스로 건배사를 만들어 놓고도 이에 대한 배경설명을 장황하게 늘어놓는 사람들을 보고 있노라면 건배를 위해 잔을 들어야 했던 손이 민망해진다. 이렇듯 무엇을 하든 준비되고 세련되게 하면, 조금은 식상하고 짜증이 나는 부분도 offset상쇄되는 측면이 있다.

워싱턴에서 여러 가지 취재활동을 하면서 행사 현장에서 세련된 솜씨로 간결하게 행사 진행을 하는 사회자들을 보는 것은 하나의 즐거움이었다. '사회를 잘 보는 사람'에 대한 나의 기준은 tirade장광설를 늘어놓지 말아야 한다는 것인데, 싱크탱크 사회자들은 대부분 이런 기준을 충족했기 때문이다. 사회자는 어디까지나 그날 행사의 주인공들을 위해 행사가 매끄럽게 진행되도록 도와주는 보조자로 스스로의 역할을 제한할 필요가 있다는 말이다.

예정된 시간에 '칼 같이' 행사를 마치는 워싱턴 싱크탱크 세미나에서 사회자의

'단독 드리블'은 금기사항으로 여겨지고 있다. **NBC**방송의 시사대담 프로그램인 **Meet the Press**의 명사회자 데이비드 그레고리David Gregory가 한번은 **Brookings Institute**브루킹스 연구소 주최 세미나에서 사회를 봤는데, 원활한 토론을 위해 자신의 역할을 최대한 제한하는 것을 보고 감탄했다. 그가 말을 못해서 하지 않은 것이 아니다. 최대한 자신의 말을 절제하는 그에게서 사회자의 바람직한 덕목을 봤다.

보통 1시간 또는 1시간 30분 동안 진행되는 행사에서 사회자의 발언 점유율이 높으면 높을수록 그 행사가 성공적이지 못할 확률을 키운다고 봐야 한다. 그래서 싱크탱크 행사의 사회자들은 간단한 인사말에 이어 '각설하고……'라는 뜻의 **without further ado**라는 표현을 자주 꺼낸다. 즉, 이 표현이 등장하면 본격적인 행사에 들어갈 것이라는 신호이므로, 이 표현은 행사 시작 후 빨리 등장할수록 좋다.

Ex

✔ Here, without further ado, is the list of films nominated for the Best Pictures. 각설하고, 다음은 최우수 작품상에 오른 후보작 명단입니다

✔ Without further ado, sit back, relax and enjoy the movie. 더 이상 지체할 것 없이, 등을 기대고 맘 편하게 영화를 즐기세요.

---

toast: 건배를 제의할 때는 **to**나 **may**를 앞에 놓고 하면 된다. **To your health** 당신의 건강을 위하여 라든가 **May your pocket to be heavy**.돈 많이 버시길 라는 식으로 하면 건배 제의는 깔끔하게 마무리된다. 여기에 더해 **stand up**일어나서, **speak up**큰소리로, **quickly shut up**빨리 끝내다하면 최고가 될 것이다.

fad: 일시적으로 대중에게 확산되는 유행을 말한다.

towering 생지옥을 연상시키는 불행한 단어

소방시설을 철저하게 갖추지 않은 상태에서 하늘 높이 건물을 지어 올리는 데만 열을 올렸던 1970년대에는 고층 건물에서 대형 화재가 종종 발생해 많은 생명을 앗아갔다. 한국에서는 대연각 호텔 화재사건 1971년이 이런 경우에 해당할 것이다.

1974년 개봉돼 크게 히트한 *Towering* 타워링이라는 영화는 이처럼 **high-rise building** 초고층 건물에서 발생한 대형 화재를 소재로 삼고 있다. 영화의 원제는 초고층 신식 빌딩도 화재로 인해 순식간에 '생지옥'으로 변화할 수 있다는 메시지를 전달하기 위한 **the towering inferno** 고층 지옥였다. 지옥은 땅밑에 있는 것이라는 **conventional wisdom** 통념을 깨고 높이 치솟은 곳에도 지옥과 같은 상황이 연출될 수 있음을 보여준 재난영화였다.

헌데 어찌된 영문인지 우리나라에서는 개봉 때 **towering**만 제목으로 뽑았다. 그래서 지금도 이 영화를 기억하고 있는 40대 이상 연령층에서는 타워링을 마치 부정적인 의미를 지닌 단어로 생각하고 있는 경향이 있다. 그러나 타워링은 아주 좋은 뜻으로 사용되는 단어다. '높이 치솟은', '대단히 뛰어난', '탁월한'이라는 뜻을 지니고 있다.

2010년 말 미국에서는 한 외교관의 죽음이 이례적으로 언론의 큰 주목을 받았다. **Special representative for Afghanistan and Pakistan** 파키스탄-아프가니스탄 담당 특별대표로 활약하던 리처드 홀브룩 Richard Holbrooke이라는 외교관이 사망했을 때다. 오바마 대통령, 클린턴 국무장관, 존 케리 상원 외교위원장 등이 앞 다퉈 성명을 내서 고인의 넋을 기렸을 정도로 그의 죽음은 각별하게 다뤄졌다.

또한 이들이 직접 참석한 가운데 홀브룩의 영결식이 열리기도 했다. 이들은 추도사에서 고인을 미국 외교사에 길이 남을 **towering figure**탁월한 인물로 추켜세웠다. 이런 표현을 듣고 잠시 영화 타워링을 떠올렸다면 머리가 혼란스러울 것이다.

한국어로 달아놓은 영화 제목이 가장 혼선을 줬던 외화는 1983년 개봉된 *Terms of Endearment*였다. 이 영화의 우리말 제목은 '애정의 조건'이었는데, **terms**를 '조건'으로 잘못 번역하는 바람에 완전히 망친 제목이 됐다. 실제 영어에서 이 표현의 뜻은 '사랑을 담은 말씨애칭'에 가깝다. 한때 우리나라에서 연인 간에 크게 유행했던 **honey**를 비롯해서 성인이 어린 아이들을 부를 때 흔히 사용하는 **sweetie, baby, cutie** 등이 이런 범주에 포함되는 단어들이다.

조금 다른 얘기이기는 하지만, 한국 언론에서 자주 '오역'되는 미국의 단체 이름이 있다. 미국 정치자금의 흐름과 로비활동을 추적하는 시민단체인 **Center for Responsive Politics(CRP)**가 바로 그것이다. 우리 언론은 대부분 이를 '책임정치센터'로 번역해 사용하고 있으나, 실제로는 '호응혹은 반응하는 정치를 위한 센터' 정도로 옮기는 것이 옳다.

국민의 요구와 우려에 합당한 반응을 내놓는 '메아리 있는 정치'를 구현할 수 있도록 정치권의 **watchdog**감시자이 되겠다는 게 이 단체의 목표다. 우리의 번역에 오류가 생긴 것은 아마도 **responsive**를 **responsible**로 착각하고 쓴 것이 계속 되풀이 사용되고 있기 때문인 것으로 보인다.

✔ U. S. President Barack Obama described his Special Envoy to Pakistan and Afghanistan, Richard C. Holbrooke, as "a towering figure in American foreign policy." 버락 오바마 대통령은 파키스탄-아프가니스탄 담당 특사인 리처드 홀브룩을 '미국 외교정책에 있어서 탁월한 인물'이라고 표현했다.

✔ Ronald Reagan was a "truly great American", a "towering figure" of our age. 로널드 레이건은 '진정으로 위대한 미국인'이자 우리 시대의 '탁월한 인물'이었다

watchdog: 정부 조직의 불법적인 활동이나 비효율성 등을 감시하는 사람이나 기관으로 보면 된다. 현대 시민사회의 여러 조직들은 이런 역할과 기능을 수행하는 경우가 많다. **underdog**은 축구 등 각종 경기에서 전력이 열세인 팀, 혹은 선거에서 상대적으로 당선 가능성이 낮은 후보 등을 일컬을 때 사용하는 말이다.

mea culpa  더 이상 변명은 불필요 "내 탓이오"

한국의 천주교계가 한때 '내 탓이오' 운동을 벌였던 시절이 있었다. 많은 자가용 운전자들이 이 글귀가 적힌 스티커를 자동차 유리창에 붙이고 다닐 정도로 크게 유행했던 일종의 도덕성 회복 운동으로 기억된다. "네 탓이오"를 외치며 남을 짓밟고 올라서기에 혈안이 됐던 권위주의 군사정권 시절에 '내 탓이오' 운동은 분명히 우리의 마음을 새롭게 가다듬게 하는 청량제 같은 구호였다.

개인적으로 친분이 있는 한 개신교 목사님은 "내 탓이오 운동이 한국에서 천주교의 위상을 높여주는 계기를 제공했던 것으로 평가한다."라고 말했다. 그런데 사실 일상생활을 하면서 우리네 장삼이사가 사소하게 시시비비를 가려야 하는 일에서 조차 '내 탓이오'라는 말을 먼저 꺼내는 일은 쉽지 않다.

하지만 이른바 공인들은 거센 여론에 떼밀려 싫든 좋든 자신의 실수나 과오, 허물에 대해 공개적인 사과를 하지 않으면 안 되는 절박한 상황에 몰리는 경우가 있다. 부와 명예 중 하나, 혹은 두 가지를 모두 누리는 공인들이 상궤를 벗어난 일을 저질렀을 때 치러야 하는 비켜갈 수 없는 **price to pay**대가다.

거친 입의 소유자 멜 깁슨Mel Gibson은 감정조절에 실패해 온갖 욕설을 해댔다가 이를 주워 담기 위해 사과를 해야 하는 굴욕의 순간이 많았다. 깁슨의 욕설은 상대방에게 치유하기 힘든 상처를 주는 **lethal weapon**치명적 무기이었다.

숱한 백인 여성들과의 **extramarital infidelities**불륜행위로 벙커에 빠졌던 골프 황제 타이거 우즈Tiger Woods도 벙커 탈출을 위해 공개 사과라는 결코 내키지 않는 통과의례를 거쳐야 했다. 일본 기업의 자존심 도요타 자동차의 도요다 아키오 사장

■ 부시 행정부의 백악관 국가안보 보좌관과 국무장관을 지낸 콘돌리자 라이스

은 미국 하원 청문회에 출석해 전 세계적으로 엄청난 파문을 몰고 온 도요타 자동차의 결함 논란에 대해 사과를 해야만 했다. 이런 사과들이 나올 때마다 미국의 언론은 "내 탓이오."라는 뜻의 **mea culpa**메어 컬파라는 표현을 동원해 소식을 전했다.

이 표현이 사용된 가장 기억에 남는 일화는 콘돌리자 라이스Condoleezza Rice 전 국무장관이 임기 말년인 2008년 12월 의회에 출석해 미국의 **Middle East policy**대중동 정책에 대한 일종의 '참회' 발언을 한 것이었다.

당시 **Washington Times**는 라이스 장관의 발언을 소개한 기사에서 **subtle mea culpa**미묘한 사과라는 표현을 사용했다. 라이스 장관은 의회 발언에서 2005년에 이집트를 방문했을 때 자신이 카이로 대학에서 행한 연설의 일부를 소개했다. "미국은 지난 60년간 중동지역에서 민주주의를 희생하면서 안정을 추구해 왔지만, 그렇게 함으로써 우리가 이룬 것은 아무 것도 없다."라고 말했다.

우연인지 필연인지 두부 자르듯 얘기하기는 힘들지만, 라이스 장관의 이런 **confession**고백성사 성 발언은 결과적으로 3년 후 이집트를 비롯해 중동, 북아프리카권을 휩쓴 **Jasmine revolution**재스민 혁명을 예견한 **indication**암시이였을 수도 있다.

이집트는 튀니지에서 발화된 '재스민 혁명'에 힘입어 2011년 2월 독재자 호스니

무바라크Hosni Mubarak를 권좌에서 몰아내는 **people power**시민의 힘를 과시했고, 무아마르 카다피 리비아 국가원수도 축출을 비켜가지 못했다. 미국의 대중동 정책이 역내 국가들의 **gradual democratization**점진적 민주화에 초점을 맞췄더라면 어쩌면 일어나기 힘든 일이었을지도 모른다.

mea culpa의 mea에는 my나의가, culpa에는 culprit범인의 흔적이 어른거린다.

- ✔ Mel Gibson is starting to realize it's time for another media mea culpa. 멜 깁슨은 또다시 언론을 통해 사과를 해야 할 시간이 왔음을 깨닫기 시작했다.
- ✔ On February 19th, after a self-imposed three-month silence, Tiger Woods finally delivered a much anticipated mea culpa. 2월 19일, 스스로 3개월 동안 침묵을 지켜왔던 타이거 우즈는 마침내 오랫동안 많은 사람들이 기다려왔던 사과를 했다.

Condoleezza Rice: 조지 부시 행정부 집권 2기의 국무장관을 지낸 인물이다. 여성 외무장관으로는 매들린 올브라이트에 이어 두 번째로 외교수장을 지냈다. 러시아 문제를 전공했으며, 국무장관 퇴임 후 **Stanford Graduate School of Business**스탠퍼드 비즈니스 스쿨의 교수가 됐다. 수준급 피아노 실력을 갖춰서 2010년 7월에는 **Queen of Soul**소울의 여왕로 불리는 아리사 프랭클린Aretha Franklin과 자선공연을 갖기도 했다.

Jasmine Revolution: 2010년부터 2011년까지 **Tunisia**에서 일어났던 혁명을 뜻한다. 이를 기폭제로 2011년 봄 **Egypt, Bahrain, Yemen, Syria, Lybia** 등 북아프리카와 중동에서 민주화 바람이 거세게 불었다.

SECTION 7.

뉴스의 주연과 조연

POTUS 미합중국 대통령

2010년, 민주노동당 강기갑 의원의 국회 소란행위에 대한 법원의 판결을 놓고 한나라당이 사법부를 겨냥해 노골적으로 비판을 해댄 적이 있었다. 미국에서 이런 소식을 접한 나는 "역시 한국 정치는 후진적이야. 아니 법원 판결을 놓고 도대체 왜 정치권이 왈가왈부하는지 모르겠어. 미국 같으면 이런 일이 벌어지겠어?"라고 집사람 앞에서 한국 정치의 '후진성'을 대놓고 성토했다.

근데 그 일이 있고 얼마 지나지 않아 미국 정치권이 한국보다 더 심한 '사법부 때리기'에 나서는 광경을 보고 마치 뒤통수를 얻어맞은 듯 멍한 느낌이 든 적이 있다. 내가 이른바 '한국적인 것'에 대해 얼마나 **deep-rooted prejudice**뿌리 깊은 편견에 사로잡혀 있었는지를 깨닫게 해 준 사건이기도 했다.

오바마 대통령은 그해 국정연설에서 대법원이 기업들의 **election ads**선거광고를 사실상 무제한 허용하는 판결을 내놓은 데 대해 노골적인 불만을 표시했다. 그해 11월 2일에 중간선거가 예정돼 있었기 때문에 친기업적인 공화당의 '대대적인 공중전'을 걱정하던 오바마 대통령의 사법부 공격은 이해할 만한 구석은 있었으나 충격적인 것이었다.

그것도 존 로버츠John Roberts 대법원장과 네 명의 대법관이 검정색 법복 차림으로 의정 단상 아래 반듯이 앉아 오바마 대통령의 연설을 경청하고 있는 상황에서 나온 것이어서 더욱 그랬다. 쉽게 말하자면 대법관들을 **slap in the face**면전에서 뺨을 때린 격한 셈이었기 때문이다.

사법수장인 로버츠 대법원장은 이런 **disgrace**굴욕를 견디기 힘들었던 듯 2개월 후 대학 강연에서 오바마 대통령에게 회심의 반격을 가했다. "다 좋은데 시간과 장

■ 미국 최고의 사법기관인 대법원 전경

소를 따져 말을 가려서 하라."라고 오바마 대통령에게 공개적으로 get even앙갚음을 했다.

미국 언론은 하버드 로스쿨 동문인 오바마 대통령과 로버츠 대법관의 언쟁을 POTUS와 SCOTUS의 대결로 비유했다. POTUS는 President of the United States, 즉 미합중국 대통령을 뜻하는 줄임말이며, SCOTUS는 Supreme Court of the United States, 즉 미국 대법원을 일컫는 말이다.

미국은 비교적 강력한 대통령제를 운영하고 있으면서도 행정, 입법, 사법부 간의 check and balance견제와 균형를 적절히 배합한 제도적 장치를 두고 있다. 이를테면 대법관 후보는 대통령이 tap지명하지만, 입법부인 Senate상원의 approval인준 절차를 반드시 거치도록 했다. 대법관을 인준하는 입법부는 자신들이 만든 법률의 constitutionality합헌성 여부에 대한 대법원의 판결을 비켜갈 수 없게 돼 있다. 즉 권력의 쏠림 현상이 없도록 적절하게 제도적 안배를 해둔 것이다.

대통령과 대법원 말고도 미국의 First Lady영부인를 줄여서 부르는 말도 있는데, FLOTUSFirst Lady of the U.S.라고 한다. 나만의 생각인지는 몰라도 발음만 놓고 보면 대통령 POTUS에서 카리스마 넘치는 gravitas위엄가 느껴진다면 FLOTUS는 flower꽃 이름처럼 우아한 느낌을 준다. SCOTUS는 왠지 scholastic학자적한 냄새가 물씬 풍기는 발음을 지니고 있다.

참고로 미국 주지사 부인에게도 First Lady라는 표현을 쓴다. 그러니까 미국의 주지사 50명이 모두 남성이고 기혼자라면 미국의 퍼스트레이디는 51명에 달하게 된다. 다만 FLOTUS는 오직 대통령 부인 단 한 명에게만 사용되는 말이다.

Ex

✔ POTUS arrived at the Martha's Vineyard airport around 9:20 pm. with first lady Michelle Obama, Sasha and Malia. POTUS는 부인 미셸 오바마, 두 딸 사샤와 말리아와 함께 휴가지인 매사추세츠 주의 마서스 비니어드 공항에 밤 9시 20분에 도착했다.

✔ It's difficult to run for POTUS when your support in your district is crumbling like a sand castle at high tide. 당신의 지지가 지역구에서 높은 파고 앞에 무너지는 모래성 같다면 POTUS에 도전하기는 힘들 것이다.

1600 Pennsylvania Ave.

미국 대통령이 사는 곳

세종로 1번지한국 청와대, **Downing Street 10**영국 총리 관저, 永田町나가타초 1번지일본 총리 관저.

여러 나라의 집권자가 활동하는 공간은 그곳이 위치한 주소 이름으로도 널리 기억되고 있다. 미국에서는 **White House**백악관가 흔히 **Pennsylvania 1600**번지로 알려져 있다.

미국 대통령의 집무 및 거주 공간인 백악관은 1792년에 건설됐으며, 1814년에는 영국군의 공격으로 외벽만 남긴 채 불에 탔다. 1817년에 재건돼 여러 차례의 개보수를 거쳐 지금에 이르고 있는 백악관은 6층 구조에 132개의 방을 갖추고 있다고 한다. 엘리베이터 3개, 화장실 35개, 침실 11개, 사무실 43개, 벽장 37개, 냉장고 16개, 벽난로 28개가 있으며, **doorknobs**문고리는 824개에 달한다.

■ 조기가 내걸린 White House

대통령의 침대 옆에는 in case of emergency비상 상황을 상정해 red phone이 놓여 있다고 한다. 이 전화기는 National Security Advisor국가안보보좌관와 연결돼 있다. 냉전 시절에 이 전화기는 미국과 러시아 사이의 hotline핫라인 역할도 했다.

대통령 집무실인 Oval Office는 3층으로 된 West Wing의 1층에 위치해 있다. Rose Garden이 내다보이는 집무실 주변에는 각료들의 회의공간으로 사용되는 Cabinet Room각료 회의실과 Roosevelt Room루스벨트 룸이 들어서 있으며, Press Secretary's Office백악관 대변인실와 Press Briefing Room기자회견장도 딸려 있다. 백악관 Chief of Staff비서실장도 웨스트 윙에 사무실을 두고 대통령을 보좌하고 있다. 2011년 5월 1일에 오바마 대통령과 각료들이 오사마 빈 라덴Osama Bin Laden 사살 장면을 지켜봤던 그 유명한 Situation Room국정상황실도 이곳에 있다.

웨스트 윙에는 윌리엄 해리슨William Harrison, 제9대 대통령, 에이브러햄 링컨Abraham Lincoln, 앤드류 잭슨Andrew Jackson, 제7대 대통령의 ghosts유령를 봤다는 목격담이 심심치 않게 나오는 것으로 알려졌다.

대통령은 백악관에서 주로 개나 고양이 같은 애완동물을 키우는데, 지금까지 백악관을 거쳐 간 이색동물 가운데는 pony당나귀, parrot앵무새, goat염소, zebra얼룩말, alligator악어 등도 포함돼 있다고 한다. 대통령의 애완견은 흔히 First Dog이라고 불리는데, 오바마 대통령 가족의 애견은 Portuguese Water Dog 품종인 Bo다. 조지 부시 전 대통령의 애완견은 Scottish Terrier 계통의 Barney였다.

백악관의 요리사는 정규직 5명, 비정규직 파트타임 20명 등 총 25명으로 구성된다고 한다. 백악관 인근에는 워싱턴을 방문한 외국 정상이 머무는 Blair House블레어 하우스라는 영빈관도 있다.

✔ Barack Obama became the first black occupant of 1600 Pennsylvania Avenue in more than 200 years of U.S. history. 버락 오바마는 200년 넘는 미국 역

사에서 백악관의 첫 흑인 입주자가 됐다

✔ The US-presidential elections 2008 brought up one of the greatest battles for 1600 Pennsylvania Avenue. 2008년 미국 대선은 백악관을 향한 가장 규모가 큰 전투를 이끌어냈다.

Press Briefing Room: 로널드 레이건 대통령이 1981년 암살기도를 받았을 때 총격을 받고 반신불수가 된 제임스 브래디James Brady 백악관 대변인의 이름을 따서 **James S. Brady Press Briefing Room**이라고 부른다. 리처드 닉슨 대통령이 재임 시절 수영장을 개조해 브리핑 룸으로 만들었다고 한다. 기자들은 남들이 다 쓰는 기사를 쓰지 못해서 낙종하는 일, 즉 '물을 먹는 것'을 가장 싫어하는데 백악관 브리핑 룸이야말로 '물먹기 딱 좋은' 수영장이었던 것이다.

veep 권력 승계 제1인자, 부통령

일선 경찰서를 취재하는 기자들 사이에는 서열이 있다. 각 언론사 경찰 팀의 리더는 '캡'이라고 불리는 최고참 기자다. 경찰 팀의 **captain**캡틴이라는 말이다. 그 바로 밑에는 중부경찰서를 거점으로 용산, 남대문 등 시내 요지의 취재를 담당하는 **vice cap**이라는 기자가 있다. 짐작하시겠지만, **vice**는 제2인자를 뜻한다.

내각제 요소가 가미돼 있는 한국 행정 권력의 제2인자는 **Prime Minister**총리이지만, 미국에서는 부통령이 넘버 2가 된다. 미국의 부통령, **Vice President**는 구어체로 **veep**라고 말한다. **vice**는 **in place of** 또는 **instead of**대체해서, 대신해서라는 라틴어에서 왔다고 하니까 결국 대통령 유고 시 대통령을 대체할 수 있는 인물이라고 보면 된다.

가까운 미국의 역사에서 린든 존슨Lyndon Johnson 부통령은 1963년, 존 F. 케네디John F. Kennedy 대통령이 텍사스 주 휴스턴을 방문했다가 암살을 당한 후 바로 케네디를 '대체해서' 기내에서 취임선서를 하고 대통령 자리에 올랐다. 1974년 **Watergate** 사건으로 물러난 리처드 닉슨Richard Nixon 후임에는 제럴드 포드Gerald Ford 당시 부통령이 대통령직을 승계했다. **Ford**는 한 해 전인 1973년 12월에 **tax evasion**조세포탈 혐의로 사임한 스피로 애그뉴Spiro Agnew 부통령의 후임으로 취임했기 때문에 부통령과 대통령을 단 한 차례의 선거도 없이 거푸 역임한 유일한 인물로도 유명하다.

미국의 부통령은 막강한 대통령의 권한에 가려져 있는 제2인자다. 언론의 스포트라이트는 늘 권력을 쥐고 있는 대통령에게 초점이 맞춰져 있게 마련이어서, 부통령은 보스인 대통령에게 누가 되지 않도록 행동을 해야 한다.

부통령이 그나마 오랫동안 TV 화면을 받는 때는 1시간 정도 진행되는 대통령의 새해 국정연설 때다. 미국에서 부통령은 상원의 당연직 의장이기 때문에 대통령의 국정연설 때 대통령보다 더 높은 곳에서 Speaker of the House하원의장와 나란히 자리를 차지하고 앉는다. 덕분에 TV로 생중계되는 국정연설 때 대통령의 '배경'으로 부통령은 한참 동안 화면에 노출될 수 있는 것이다.

이처럼 상대적으로 존재감이 없는 부통령이지만, presidential line of succession대통령 승계 서열 제1순위라는 점에서 아무나 갖다 쓸 수는 없다. 부통령의 권력 승계 서열을 빗대어 a heartbeat away라는 표현이 있을 정도니 말이다. 이 표현은 대통령의 심장박동이 멎는 순간 대통령을 곧바로 승계할 수 있을 정도로 근접해 있다는 뜻이다.

그래서 대선과정에서 가시화하는 veep vetting process부통령 인선작업는 미국 정가는 물론 언론들의 집중적인 조명을 받는다. 민주당과 공화당의 대선 후보는 각 당의 Delegates대의원들로부터 공식적인 후보지명을 받는 national convention전당대회 기간에 부통령 후보를 running mate로 데뷔시키고, 이때부터 동반 티켓으로 대선을 치른다. 대선에서 승리하는 정·부통령 후보는 다음 정권에서 대통령, 부통령에 각각 취임하게 된다.

세라 페일린은 2008년 대선에서 공화당 존 매케인 대선 후보의 러닝메이트로 깜짝 발탁돼 일약 스타덤에 오른 케이스다. 페일린은 공화당 역사상 첫 여성 부통령 후보라는 이름을 남겼으며, 이런 이력을 바탕으로 한때 2012년 대선 고지를 향해 뛰기도 했다. 미국 역사상 처음으로 주요 정당의 여성 부통령 후보에 지명됐던 인물은 1984년 민주당 월터 몬데일Walter Mondale 대선 후보의 러닝메이트였던 이탈리아계 출신의 제럴딘 퍼라로Geraldine Ferraro였다.

미국 역사상 부통령을 하다가 대통령이 된 사람은 13명이고, 부통령을 하다가 대통령직을 승계한 사람은 모두 9명에 달한다. 부통령을 지낸 뒤 한참이 지나서 대통령이 된 인물은 리처드 닉슨이 유일하다.

✔ Barack Obama will announce veep pick at noon on Friday in the Chicago headquarters. 버락 오바마는 시카고 선거본부에서 금요일 정오에 부통령 후보인선을 발표한다.

✔ Why should Obama pick Hillary Clinton as veep? 왜 오바마는 힐러리 클린턴을 부통령 후보로 선택해야 하는가?

> **Presidential Line of Succession**: 미국 수정헌법 25조는 대통령의 유고 시에 대비해 권력을 승계할 수 있는 순위를 정해 놓고 있다. 승계 순위는 Vice President부통령, Speaker of the House하원의장, President pro tempore of the Senate상원 임시의장, Secretary of State국무장관, Secretary of Treasury재무장관, Secretary of Defense국방장관, Attorney General법무장관, Secretary of Interior내무장관, Secretary of Agriculture농무장관, Secretary of Commerce상무장관, Secretary of Labor노동장관 순이다.
>
> **vet**: 인선을 하기 전에 철저하게 조사, 검증을 하는 작업을 말한다. 인선작업을 흔히 vetting process라고 한다.

short list 공직 임명 대상에 오른 마지막 후보들

인사는 만사萬事라는 말이 있다. 정부든 회사든 **right person in the right place**적재적소에 사람을 쓰는 일이 모든 일의 향배를 결정할 정도로 중요하다는 뜻이다. 여기에 보태서 **at the right time**적기에 에 인사가 이뤄진다면 금상첨화일 것이다.

미국에서나 한국에서나 **transition of power**정권교체가 이뤄지면 엄청난 인사요인이 발생하게 된다. 그래서 최고 권력자 근처에 누가 발탁되느냐는 정권 인수 기간에 최대의 관심사로 떠오르게 마련이다.

하마평은 처음에는 언론을 중심으로 나돌기 시작한다. 입각 희망을 자가발전하는 정치인들은 물론이고, 대선 승리의 공신들, 해당 분야의 전문 관료 등이 각료후보로 빠르게 회자된다. 자연스럽게 잠재적 후보들은 언론을 통한 여론검증 작업에 노출될 수밖에 없다. 이런 과정을 거쳐 낙점단계에 이르면 그 많던 자천타천 후보들은 유력후보 서너 명으로 압축된다. 이때 2배수 또는 3배수 정도로 줄어든 후보 명단이 바로 **short list**다.

미국에서는 하마평과 관련해 언론의 보도가 매우 정확한 편이다. 대체로 막바지 단계에서 언론들이 점친 인물이 거의 예외 없이 내정을 받게 된다. 그만큼 잘못된 정보를 흘린 뒤 '깜짝 인사'를 단행하는 일이 적다는 걸 뜻한다.

이에 비하면 한국에서는 마치 **hide and seek**숨바꼭질하듯 최종 낙점의 향배에 연막을 치는 경우가 잦아 언론들은 뜻하지 않은 **incorrect report**오보를 내게 되는 일이 종종 있다. 2010년 북한의 연평도 포격사건 후 우리나라 국방장관 인사 때였다. 워싱턴포스트는 11월 26일자 조간에서 이희원 대통령 안보특보가 국방장관에 내정됐다고 '오보'를 내고 말았다. 애초 한국 언론들이 이희원 특보가 국방장관이 될 것으로 기정사실화하고 썼던 기사를 워싱턴포스트가 그대로 옮겨 실었다가 낭패를 본 것이다. 미국 국내 소식도 아니고, 남의 나라인 한국 각료의 인선 소식을 전했다가 오보를 냈으니 워싱턴포스트도 얼마나 어이가 없었을까 싶다.

워싱턴 생활을 마치고 귀국한 뒤 이명박 대통령이 단행한 2011년 5월 6일 부분 개각에서 장관 내정자를 맞춘 한국 언론은 전무하다시피 할 정도였다. 고용노동부, 국토해양부의 내정자 이름은 발표 직전까지도 '오보'가 날 정도였다. 언론이 교체를 기정사실화했던 통일부 장관과 법무부 장관은 유임으로 결정됐다. 실제 내정된 인물들은 아예 **short list**에도 없던 사람들이 대부분이어서 개각 추이를 취재해 왔던 기자들의 낭패감은 훨씬 더 컸을 것이다.

참고로 미국에서 대통령이 각료 등을 지명했을 때 언론들은 동사로 **tap**이라는 단어를 쓴다. 오바마 대통령이 상무장관으로 존 브라이슨을 지명했을 때 언론은 **Obama taps energy executive Bryson as Commerce chief**.라고 전했다.

Ex

✔ **Federal judge Merrick Garland is clearly a liberal, but he's probably more moderate than everyone else on the short list for Supreme court justice.** 연방법원 판사 메릭 갈란드는 분명히 진보적인 인사이기는 하지만, 아마도 대법관 지명을 위한 short list에 올라있는 어떤 누구보다 중도적인 인물일 것이다.

---

transition of power: 정권 교체 또는 정권 전환 정도로 풀이하면 된다. **transfer of power**란 표현도 비슷한 의미이지만, 이는 정권 이양의 의미가 크다. 전시작전권War-time operation control, 일명 Op-con을 미군에서 한국군으로 넘기는 문제를 영어로 표현할 때도 transition과 transfer가 혼용돼 사용됐는데, 미국 입장에서 보면 전시작전권을 한국으로 transfer이양한다는 측면이 강하며, 그렇게 되면 전시작전권이 transition전환되는 모양새를 띠게 된다.

gavel 의회권력 교체의 상징물

그건 참으로 아름다운 의사봉이었다. 2011년 1월 5일, 미국 하원 본회의장에서는 민주당이 공화당으로 의사봉을 '평화롭게' 넘기는 의식이 거행됐다. 민주당 소속의 낸시 펠로시 Nancy Pelosi 하원의장이 자신의 임기 마지막 임무로 4년간 쥐고 있던 의사봉을 갓 선출된 공화당의 존 베이너 John Boehner 하원의장에게 넘겨주는 순간이었다.

이유는 간단했다. 바로 두 달 전 치러진 **mid-term election**중간선거에서 민주당이 공화당에 **majority**과반 의석를 내주며 참패했기 때문에 2011년 새롭게 구성된 제112대 의회에서 하원의장 자리를 넘겨줘야 했기 때문이다.

미국의 정치는 매정하리만큼 **winner takes all**승자 독식주의을 채택하고 있다. 상·하원에서 다수당 지위를 획득한 정당은 하원의장을 비롯해 상·하 양원에서 **committee chairman**상임위 위원장을 모두 차지한다. 다만 상원의 경우에는 부통령이 당연직 의장을 맡고 있기 때문에 어느 정당이 다수당이냐에 관계없이 **ruling party**집권당 출신 부통령이 의장 역할을 수행하게 돼 있다.

떠나는 펠로시 의장은 커다란 의사봉을 들고 옆에 서있던 베이너 차기 의장에게 **I now pass this gavel and the sacred trust that goes with it to the new speaker. God bless you.** 신성한 신뢰의 마음을 담아서 이 의사봉을 넘겨줍니다. 신의 가호가 있기를. 라며 의사봉을 건넸다. **weeper**울보라는 별명을 얻고 있는 베이너는 아니나다를까 벌써부터 눈가가 촉촉하게 젖어 있었다.

베이너가 펠로시로부터 건네받은 의사봉은 베이너의 지역구인 오하이오Ohio 주의 지지자가 손수 나무를 깎아서 만들어 준 것으로, 일반적인 의사봉보다는 훨씬 큰 것이었다.

이런 의사봉 교대식이 미국인들 특유의 '할리우드 액션'이 가미된 연출이든 연극이든, **minority party**소수당로 전락한 민주당 소속의 하원의장이 국민의 심판에 따라 다수당으로 발돋움한 공화당의 차기 하원의장에게 웃음과 덕담을 담아 의사봉을 전달하는 순간만큼은 누가 뭐래도 '아름다움' 그 자체였다. "정치도 참으로 저렇게 멋지게 할 수 있구나. 우리 국회는 어느 한 순간 이처럼 아름다웠던 적이 있었나."라는 생각이 절로 들게 만드는 장면이었다.

한국인들의 눈에 익숙한 의사봉은 어떤 것인가? 한국의 여의도 의사당에서는 의사봉이 의사결정의 '상징물'이 아닌 '탈취의 대상'이었던 적이 얼마나 많았던가. 5공, 6공 시절에는 의사봉을 빼앗기지 않으려는 여당 소속의 국회의장이 의장석이 아닌 다른 곳으로 피신을 가서 방망이를 두드리는 촌극까지 빚어지지 않았던가. 이 글을 읽고 '개뿔' 난데없이 무슨 방망이 타령이냐고 핀잔을 주는 한국의 정치인이 혹시 있을지도 모르겠다. 그런 불평을 한다면 "그래도 어쨌든 **gavel**의사봉은 중요하다."라고 말해 주고 싶다.

Ex

✔ Speaker of the House Nancy Pelosi delivers remarks prior to passing the gavel to House Speaker-designate John Boehner. 낸시 펠로시 하원의장이 존 베이너 하원의장 지명자에게 의사봉을 넘겨주기에 앞서 연설을 하고 있다.

✔ When Newt Gingrich took the gavel as House speaker 16 years ago, he promised to transform America. 뉴트 깅리치는 16년 전 하원의장 자격으로 의사봉을 넘

겨받았을 때 미국을 변화시키겠다고 약속한 바 있다.

ruling party: 집권 여당을 뜻한다. 야당은 **opposition party**다.
gavel: 의사봉. 의사봉을 친다고 할 때는 **rap the gavel**이라고 표현하면 된다.

glass ceiling
힐러리가 깨부수지 못한 차별의 장벽

미국 사회에는 **minority**로 분류되는 집단이 있다. 세勢가 적은 소수그룹이라는 뜻이다. 미국에서 인종적으로 주류집단, 즉 **majority**는 **whites**백인다. **Blacks**흑인, **Hispanics**히스패닉, 한국을 비롯한 **Asian-Americans**아시아계 미국인는 마이너리티에 속한다.

숫자만 놓고 본다면 남녀 인구의 숫자는 엇비슷하다. 하지만 정치, 경제, 사회, 문화 등 **the Establishment**기득권층에서 여성들은 남성과 비교할 때 수적 열세를 면치 못해 **minority** 취급을 받는다. **sexual orientation**성적 지향성 측면에서는 **homosexuals**동성애자들가 소수집단에 속한다.

그래서 미국에서 가장 하위계층의 **minority**는 인종, 성별, 성적으로 소수자인 '동성애자 흑인 여성'이 꼽히기도 한다. 아시아계 여성들은 인종적 소수자일지는 모르지만, 백인 남성들과 결혼해 **mainstream**주류사회에 편입할 수 있는 기회가 흑인 여성들보다 상대적으로 많이 주어진다는 평가를 받는다. 여성들이나 인종적 마이너리티가 남성의 영역에 진입하거나 조직에서 성공하기 위해 극복해야 하는 무형의 차별을 영어에서는 **glass ceiling**유리 천장이라고 부른다.

이런 유리 천장을 박살내고 신기원을 개척해온 인물들도 적지 않다. 산드라 데이 오코너Sandra Day O'connor 전 연방대법관은 남성 아홉 명이 지켜왔던 대법원 벤치에 처음으로 앉은 여성 법조인이다. 그가 대법관으로 진입하는 유리 천장을 깨부수었기에 이후 루스 베이더 긴스버그Ruth Bader Ginsburg, 소냐 소토마요르Sonia Sotomayor, 엘리나 케이건Elena Kagan 같은 여성 대법관들이 줄줄이 배출될 수 있었다.

하지만 미국의 정치는 아직까지 여성에게 최고 권력인 대통령의 자리는 허락하지 않고 있다. 지금까지 전인미답의 길에 가장 근접했던 인물은 힐러리 클린턴이다. 그는 공화당에서 민주당으로 정권을 되찾아올 수 있는 유력한 **presidential candidate**대권 후보로 꼽혔다. 적어도 2008년 초 **New Hampshire**뉴햄프셔 주와 **Iowa**아이오와 주에서 투표함이 열려 오바마의 신화가 시작되기 전까지는 그랬다. 경선에서 고전을 거듭하던 힐러리는 그해 6월 8일, 경선 패배가 굳어지자 워싱턴에서 자신의 지지자들이 모인 가운데 사실상 패배를 선언하고 **also-ran**선거에 출마했으나 떨어진 사람의 처지가 되고 말았다.

그는 **Although we weren't able to shatter that highest, hardest glass ceiling this time, it's got about 18 million cracks in it.** 비록 우리는 그토록 높고 단단한 유리 천장을 이번에는 깨부수지는 못했지만, 여러분의 도움으로 유리 천장에 1천800만 개의 금을 낼 수 있었다. 라고 말했다. 경선기간에 자신에게 지지를 몰아줬던 표가 1천800만 표에 달했다는 얘기다.

그렇다. 유리 천장은 언젠가는 깨질 것이다. 유리 천장에 금을 냈던 힐러리 클린턴이 내친김에 부수는 일까지 이뤄낼 것인지, 아니면 또 다른 여성 정치인이 바통을 넘겨받아 처녀지에 도달할 것인지는 좀 더 지켜볼 일이다. 미국인도 아닌 내가 이런 얘기를 하는 것은 매우 주제넘은 일이겠지만 그 주인공이 페일린이 아니길 소망했었는데, 2011년 10월 초 그가 전격적으로 불출마 선언을 해서 개인적으로는 다행이라는 생각이 들었다. 2011년 들어 갑자기 뜨고 있는 미셸 바크먼Michele Bachmann에 대한 평가는 유보하겠다.

Ex

✔ **The Federal Glass Ceiling Commission was formed in 1991 to foster advancement of women into managerial positions.** 연방 Glass Ceiling 위원회는 여성들의 관리직 진출을 진작하기 위한 취지에서 1991년 설치됐다.

✔ **Let's shatter that glass ceiling that Hillary cracked.** 힐러리가 금을 낸 glass ceiling을 박살냅시다.

sexual orientation: 성적 취향으로 옮겼다가는 낭패를 볼 수 있는 민감한 말이다. 성적 지향성은 기분에 따라 선택할 수 있는 것이 아니라, 사람마다 다른 지문과 성문처럼 태어날 때부터 지니고 있는 것이라는 게 동성애자들의 주장이다.

Supreme Court Justice: 연방 헌법과 관련된 쟁소에 대해 최종 법률 심의를 하고 결정을 내리는 기관은 대법원이며, 이곳에서 활동하는 9명의 법관을 대법관이라고 한다. 현재 9명의 대법관들 가운데 여성 대법관은 3명이다.

also-ran: 선거에 출마했다가 패한 사람을 말한다. 경마에서 같이 달리기는 했지만 승리를 하지 못한 말馬에 빗대어 나온 표현이다.

other ceilings: concrete ceiling은 소수 인종에 속한 여성들이 직장에서 승진하기 힘든 차별의 벽을 말한다. glass ceiling은 가끔 부셔지기도 하지만, concrete ceiling은 깨기에는 너무 강하다는 뜻에서 사용된다. bamboo ceiling은 미국 내 유수한 대학을 나온 Asian-descendants아시아계 미국인가 자신들보다 못한 학력을 지닌 백인들에 비해 경영진 등 고위직에 오르기가 상대적으로 어렵게 돼 있는 차별구조를 뜻한다. brass ceiling은 경찰 또는 군대 등 남성이 압도적으로 많은 조직에서 여성의 승진이 어려운 장벽을 얘기할 때 쓰이며, stained-glass ceiling은 교회 등 종교 관련 조직에서 여성이 지도적인 위치에 오르기 힘든 차별을 의미한다.

The Honorable
타이틀을 보면 지위가 보인다

특파원으로 부임해서 미국 의회에 취재를 가는 일은 무척 부담스러운 것이었다. 특히 말을 똑 부러지게 알아들어야 하는 **hearings**청문회 취재를 갈 때는 부담이 배가하는 느낌이었다. 청문회장의 천장이 높아서 그런지, 아니면 마이크 시설이 그다지 좋지 않아서인지는 모르겠지만, 의원들의 질의가 웅웅거려서 제대로 들리지 않는 경우가 많았다. 물론 이런 건 어디까지나 구실에 불과할 뿐 내 실력이 부족해서일 것이다.

특파원 부임 초기에 상원 외교위원회의 **confirmation hearing**인준 청문회에 자주 갈 일이 있었는데, 한 가지 풀리지 않는 의문이 생기게 됐다. 외교위는 종종 4~5명의 **ambassador-designates**재외공관장 후보자들을 한꺼번에 불러서 일괄 인준 청문회를 실시하는 경우가 있는데, 이때 청문회 식순을 소개하는 의회 자료를 자세히 보면 후보자 이름 앞에 **the Honorable**이 붙은 경우와 그렇지 않은 경우를 발견할 수 있었다. 청문회장에 나와 있던 미국인 의회 스태프에게 이유를 물어봤더니 잘 모르겠다고 답해서 나도 더는 물어볼 생각은 하지 않았다. 그런데 이 의문이 워싱턴을 떠날 때쯤에서야 풀리게 됐다.

2011년 1월 20일, 워싱턴에서는 '세기의 정상회담'이라는 다소 과장된 수식어가 동원된 **U.S.-China summit**미·중 정상회담이 개최됐다. 후진타오 중국 국가주석이 3박 4일 일정으로 미국을 **state visit**국빈 방문해서 오바마 대통령과 정상회담을 한 것이다.

정상회담 전날인 19일에는 후 주석을 위한 **state dinner**국빈만찬 행사가 성대하게 치러졌는데, 백악관은 만찬 시작 시간에 맞춰 만찬에 참석하는 저명인사들의 명단을 공개했다.

기사를 작성하기 위해 리스트를 살펴보면서 오랫동안 잊고 있던 **the Honorable**에 대한 의문이 풀린 것이다. **Bingo, Eureka!** 리스트에 이름을 올린 참석자들은 타이틀을 기준으로 크게 '4부류'로 나뉘었고, 그 가운데 나의 의문을 풀 수 있는 열쇠가 있었던 것이다. **The Honorable, His/Her Excellency, Dr., Mr./Ms.** 네 가지가 참석자들의 신분을 가려주는 분류기호처럼 사용되고 있음을 알게 됐다.

먼저 **Mr./Ms.**들은 누구였을까? **CNN**방송에서 **ABC**방송으로 이적한 외교 전문기자 크리스티앤 아만포Christiane Amanpour, 가수 겸 배우 바버라 스트라이샌드Barbra Streisand, 피겨요정 출신의 미셸 콴Michelle Kwan, 세계적인 디자이너 베라 왕Vera Wang은 모두 **Ms.**였다. **Mr.** 가운데는 영화배우 재키 찬Jackie Chan, 뉴욕타임스 칼럼니스트이자 '렉서스와 올리브나무'의 저자 토머스 프리드먼Thomas Friedman, 세계적인 첼리스트 요요마Yoyo Ma 등이 포함돼 있었다. 이들은 이름만 들어도 누군지 금세 알 수 있는 인물들이지만, 관官이 아닌 민民 출신의 인사들이어서 **Mr.**와 **Ms.**에 만족해야 했다.

His excellency는 중국 국빈방문단에 포함된 양제츠 외교부장을 비롯해 상무부장, 교통부장, 국무원 부총리 같은 고위 관리들에게 붙여진 경칭이었다.

문제의 **the Honorable**은 우선 빌 클린턴Bill Clinton 전 대통령을 위시해 헨리 키신저Henry Kissinger, 매들린 올브라이트Madeleine Albright 전 국무장관, 일레인 차오Elaine Chao 전 교통장관, 즈그니뷰 브레진스키Zbigniew Brzezinski 전 백악관 국가안보 담당 보좌관 등 전직 고위 관료 등의 이름 앞에 붙었다.

이처럼 미국에서는 대통령, 부통령, 전·현직 의원, 연방 및 주 판사, 연방정부의 각급 기관장, 특사, 상원 인준절차를 거친 지명자, 주지사, 시장 등에게는 **the Honorable**이라는 타이틀을 달아주고 있다.

나처럼 기자생활을 하는 사람들은 언제쯤에나 이런 경칭을 들을 수 있을까. 글쎄 골프장에서라면 모르겠다. 주말에 골퍼들이 라운딩을 하게 되면 각 홀에서 **lowest score**가장 낮은 타수를 기록한 골퍼가 다음 홀에서 첫 번째 **tee shot**티샷을 하도록 돼 있다. 이처럼 처음 칠 권리를 **honors**라고 한다. 기자들도 이때만큼은 **honorable**한 사람이 될 가능성이 있는 셈이다. 문제는 나처럼 평균 100타 정도를 치는 기자 골퍼에게는 이마저도 매우 어려운 일이라는 것이다.

Ex

✔ **The Honorable Brent Scowcroft, Assistant to the President for National Security Affairs, proposed a toast at the dinner hosted by China.** The Honorable 브렌트 스코크로프트 국가안보보좌관은 중국 측이 베푼 만찬에서 건배를 제의했다.

✔ **NPC will host a luncheon with The Honorable Gary Johnson, Republican presidential candidate.** 내셔널프레스센터는 공화당 대선 후보인 The Honorable 게리 존슨과의 점심식사를 개최합니다.

---

state visit: 국빈 방문. 두 나라 정상 사이에 이뤄지는 최고 수준의 외교적 접촉이다. 통상 초대하는 국가의 정상이 공식 초청하는 형태로 이뤄진다. 이명박 대통령은 2011년 10월 오바마 대통령 초청으로 미국을 국빈 방문했다. 이밖에 국빈 방문보다 의전이 간소화된 **official visit**공식 방문, 양국 간 현안을 논의하기 위해 경우에 따라서는 노타이 차림으로 격식 없이 진행되는 **working visit**실무 방문이 있다.

confirmation hearing: 행정부의 고위 공직 지명자에 대해 검증절차를 거쳐 인준 여부를 결정하는 청문회다. 하원에는 권한이 없고, 오직 상원만 인준청문회를 개최할 수 있다. 상원의 인준청문회는 단 한 명의 의원이라도 공직 후보 지명자에게 이의가 있을 경우에는 청문절차를 더 이상 진행할 수 없게 하는 **hold**유보권을 행사할 수 있다.

too close to call
승자 예측 불허, 초박빙 승부

대승 또는 참패라는 극단의 승부가 아니라 손에 땀을 쥐게 하는 시소게임을 벌이는 선거가 있게 마련이다. 한국에서는 1998년 김대중, 이회창 후보가 맞붙은 대선이 **at the last minute**막판에까지 승자를 예측하기 힘들었던 피 말리는 박빙 승부로 꼽을 수 있겠다.

미국에서는 그 유명한 2000년 대선이 그랬다. 빌 클린턴 정부의 **baton**바통을 이어받아 민주당의 정권을 연장해줄 것이라는 기대를 한몸에 받고 있던 앨 고어 후보와 8년 만의 정권 교체를 기치로 내건 공화당의 조지 W 부시 후보가 '진검 승부'를 벌인 선거였다.

미국 전체 **electorates**유권자들을 상대로 한 유효 득표율에서는 고어 후보가 앞섰다. 그러나 미국의 선거방식은 고어의 승리에 결정적인 **stumbling block**걸림돌이 됐다. 미국의 선거는 '누가 전국적으로 득표를 더 많이 했느냐.'가 아니라 '50개 주에 각각 걸려 있는 **delegates**선거인단을 누가 더 많이 확보했느냐.'에 따라 승패를 결정하는 **indirect election**간접선거 방식을 택하고 있기 때문이다.

심하게 말해서 미국은 50개의 각기 다른 나라가 연합해 있다고 보면 되기 때문에 대선에서조차 전국 단위의 표 집계는 큰 의미가 없다. 대선 후보들은 50개 주 **state election committee**주 선관위에 각각 후보등록을 하도록 돼 있어 전국 단위의 대선은 애초부터 없는 것이나 마찬가지라고 보면 된다. 공화당과 민주당 후보 정도가 전국 50개 주에 후보등록을 할 수 있을 뿐, 나머지 **minor parties**군소정당 후보들은 자금력과 조직의 문제로 인해 대선에서 고작 5~10개 주에 후보등록을 하는 경우가 대부분이다.

과장을 섞어서 말하자면, **school bus**의 색깔이 노란색이라는 것을 빼고는 주마다 다른 제도와 법규를 채택하고 있는 미국에서 전국적인 총투표의 합산은 처음부터 유의미한 대통령 선출수단이 아니었다는 뜻이다. 결국 2000년 대선에선 플로리다Florida 주 선거에 대한 개표, 검표, 재검표가 진행된 끝에 전국 유효득표율에서는 고어 후보에게 뒤졌으나 선거인단을 더 많이 확보한 부시가 천신만고 끝에 승리를 따낼 수 있었다.

이 선거 이전까지 방송들은 동부지역의 선거 종료와 동시에 출구조사 결과를 토대로 승자를 **projection**예측해 왔다. 하지만 당시 대선은 워낙 접전이었기 때문에 방송사들은 개표작업 막바지까지도 승자 예측을 유보해야만 했다.

이른바 '너무 접전이어서 승자를 선언할 수 없다'는 뜻의 **too close to call**이 방송사들마다 내세운 승자 예측 유보의 이유였다. 미국인들이 자주 사용해 관용어처럼 굳어진 **too ~ to** 용법은 너무도 많다. **too good to be true**는 현실이기에는 믿기지 않을 정도로 너무 좋은 상황을 조금 호들갑스럽게 말할 때 많이 사용된다. 로또 1등에 당첨됐다거나 한국이 월드컵에서 우승하는 상황에 이런 표현을 사용한다면 우리의 영어 실력은 빛날 것이다.

too big to fail은 미국발 **financial crisis**금융 위기가 한창이던 시절 자주 등장했다. 미국 및 세계 경제에 막대한 영향을 끼칠 것을 우려해 **big financial institutions**대형 금융기관에 **bailout**구제금융을 퍼줘서 회생을 도와줬다고 해서 '대마불사大馬不死'를 뜻하는 이 말은 한마디로 **buzzword**유행어가 됐다. 경제 위기가 진정된 뒤 서울에서 2010년 11월에 열린 **G20**주요 20개국 정상회의에서는 '대마불사' 종식 문제가 의제로 다뤄졌다. 그러나 기득권층의 이기적이고 견고한 방어막을 감안할 때 앞으로도 이 문제가 쉽게 개혁되거나 사라질 가능성은 적어 보인다.

2010년에 미국에서는 존 레넌John Lennon 사망 30주년을 맞아 세계의 팝송 팬들을 사로잡았던 레넌의 일생에 대한 재조명 작업이 활발하게 이뤄졌다. 영국 **Liverpool**리버풀 출신의 레넌은 제2의 고향으로 정착해 살았던 뉴욕에서 1980년 8

월, 괴한의 총격을 받고 사망했다. 그의 나이 불과 40살이었다. 많은 사람들은 그의 갑작스러운 죽음을 슬퍼했고, **too young to die**죽기에는 너무 젊어라며 안타까움을 표시했다.

마지막으로, 미국의 어떤 **obese**뚱뚱한 흑인 여성이 항공사를 상대로 소송을 제기했다. 이유는 항공사 측이 이 여성의 비만을 이유로 들어 "좌석 하나에 앉을 수 없기 때문에 탑승을 거부한다."라고 말했기 때문이었다. 한마디로 **You're too fat to fly**라는 것이었다. 여성은 한 개의 좌석에 충분히 앉을 수 있는데도 항공사 측이 인종적 편견 때문에 자신의 탑승을 거부했다며 분을 삭이지 못하고 법정싸움을 불사하게 된 것이다.

> **Ex**

✔ Australian Prime Minister Julia Gillard says it is **too close to call** the election, and it will take a number of days to determine the result. 줄리아 길라드 호주 총리는 이번 선거가 너무 접전이어서 승자를 선언할 수 없다면서 결과를 확정하기까지는 수일이 걸릴 것이라고 말했다.

---

projection: 현재의 데이터나 추세를 토대로 미래를 점치는 일.
bailout: 경영 위기에 처한 기업의 회생을 돕기 위해 돈 혹은 채권 형태 등으로 이뤄지는 지원을 의미한다. 범죄 용의자를 일시적으로 석방시키기 위해 법원에 내는 **bail**보석금과는 차이가 난다.
buzzword: trendy word or phrase, 즉 유행을 타는 말이나 문구를 뜻한다.
obese: '매우 뚱뚱한, 비만한'이라는 뜻이다. 명사형은 **obesity**고, 유사한 영어단어로는 **overweight**가 있다.

wee hours 잠을 설치고 싶지 않은 시간

2008년 대선 당시 힐러리 클린턴은 민주당의 유력한 대선 예비후보였다. 그는 그해 2월 뉴햄프셔 주의 첫 **primary**예비선거와 아이오와 주의 첫 **caucus**당원대회가 열리기 전까지는 민주당의 대선 후보를 예약해 놓은 듯했다.

미국 역사상 첫 여성 대통령의 탄생이 임박했다는 정치권 **pundits**전문가들의 설익은 관측이 난무하기 시작했던 것도 이 무렵이다. 하지만 클린턴은 2월 첫 주의 **Super Tuesday** 대회전에서 오바마 후보에게 불의의 일격을 당했다.

더 이상 물러날 곳이 없던 클린턴은 3월 5일 텍사스 주와 오하이오 주 **primary**를 앞두고 열세를 만회하기 위해 비장의 **TV** 선거광고를 내보낸다. 새벽 3시께 **national security**국가안보에 위급한 상황이 발생해 백악관으로 전화가 걸려오는 상황을 가정한 광고였다. 천진난만한 여자아이가 세상모르고 잠에 깊이 빠져 있는 평화로운 시간을 영상으로 보여주면서 "이런 다급한 시간에 전화가 걸려왔을 때는 전화를 받을 수 있는 인물을 뽑아야 한다."라는 메시지를 담은 광고였다.

8년간 **First Lady**로 활동하면서 국가위난 상황에 대처하는 방법을 남편 클린턴의 어깨 너머로 지켜보고 터득한 자신이야말로 적임자임을 강조하려는 선거광고였다. 이 광고에는 초선 상원의원으로 외교 관련 전문 식견이 부족한 오바마 후보와의 비교우위를 부각시키려는 의도가 들어가 있었다.

오바마는 당시 힐러리 진영에 맞서는 대응 광

고를 통해 "단순히 전화를 받는 게 중요한 것이 아니라, 더 나은 판단을 하는 것이 중요하다."라고 반박하는 등 총력대응에 나섰다. 그랬던 오바마 대통령은 집권하고 나서 실제로 이런 **hypothetical scenario**가정적인 시나리오가 현실로 나타난 상황을 직접 경험하고, 신속한 대응에 나서야만 했다.

그는 취임 직후인 2009년 봄에 유럽을 방문하던 중에 북한이 **long range missile**장거리 미사일을 발사하는 바람에 새벽 단잠을 설쳐야 했다. 상황을 전해들은 오바마 대통령은 곧바로 백악관 대변인실을 통해 북한을 비난하는 **statement**성명를 냈다.

이듬해인 2010년 11월, 북한의 연평도 포격 사건이 발생했을 때도 오바마 대통령은 또다시 예고에 없던 불편한 아침을 맞아야 했다. 그는 이때도 신속하게 북한을 비난하는 백악관의 성명을 내도록 조치했다. 이처럼 오바마 대통령이 외교·안보팀으로부터 걸려온 전화벨 소리 때문에 잠을 설쳤던 새벽 시간대를 흔히 **wee hours**라고 한다.

그런데 민주당 경선 때 오바마 후보를 외교·안보 관련 경험이 없는 인물로 몰아세웠던 힐러리는 공교롭게도 오바마에 의해 외교·안보 분야의 핵심 포스트인 **Secretary of State**국무장관에 기용됐다. 힐러리는 2009년 6월에 **ABC**방송의 시사대담프로그램인 *This Week*에 출연해 "오바마 대통령은 강인하고, 사려 깊고 단호한 모습으로 외교·안보 관련 임무를 탁월하게 수행하고 있다."라고 평가했다. '영원한 동지도, 영원한 적도 없다.' 하는 정치의 세계를 곱씹어 보게 하는 일화가 아닐 수 없다.

한편 미국에서는 대통령 등 선출직 공직에 출마한 **candidates**후보자들가 **political advertisement**정치광고를 TV 혹은 라디오를 통해 내보낼 때 그 광고 마지막 부분에 **I approve this message.**라는 말을 본인 육성으로 반드시 넣도록 법률로 의무화하고 있다. 이런 의무규정은 상대 후보를 공격하는 정치광고를 줄인다는 취지에서 2002년에 도입된 **Bipartisan Campaign Reform Act**초당적 캠페인 개혁법에 의거한 것이다. 즉, 상대 후보를 비방하거나 음해하는 네거티브 캠페인을 방지하기 위해 정치광고에 "이 메시지는 내가 승인한 겁니다."라는 말을 넣게 함으로써 후보들이 무분별하고 맹목적인 상대 후보 공격을 자제하는 효과를 노리고 있다.

Ex

✔ Recently, retailers have pushed the start of Black Friday ever earlier, opening their doors in the wee hours of the morning so buyers can vie for heavily discounted specials. 최근에 소매상들은 Black Friday의 개점시간을 예전보다 앞당겨서 새벽 시간에 문을 연다. 그렇게 함으로써 고객들이 엄청나게 할인된 특가 상품을 잡기 위해 경쟁하도록 하고 있다.

✔ As is the case with most Obama aides, Chief of Staff Rahm Emanuel's workday begins in the wee hours and lasts well into the night. 오바마 대통령의 여느 보좌진들과 마찬가지로 람 이매뉴얼 백악관 비서실장의 근무일은 새벽에 시작해서 밤 늦은 시간까지 계속된다.

---

hypothetical: '가정의', '가정적인 상황의'라는 뜻이다. 정치인들은 대답하기 곤란한 질문이 나오면 I don't want to answer to a hypothetical question 가정적인 질문에 대해 답하고 싶지 않군요. 라는 말로 비켜가곤 한다. 정치인들만큼 상상력이 풍부한 사람들도 없는데, 이런 군색한 대답을 하는 걸 보면 이런 대답은 "답하기 싫은데요."라고 받아들이는 게 좋다.

This Week: 미국의 일요일 아침 프로그램은 정치 대담 프로그램의 경쟁이 그야말로 불꽃이 튄다. *This Week*는 ABC 방송의 일요일 오전 대담 프로그램이다. CBS는 *Face the Nation*, NBC는 *Meet the Press*, CNN은 *Situation Room*, Fox News는 *Fox News Sunday*라는 프로그램을 각각 두고 있다.

Black Friday: 미국에서 추수감사절 이튿날 새벽부터 실시하는 대규모 바겐세일을 말한다.

birther 막장 드라마도 아닌데 출생의 비밀을 캐는 사람들

옛날 학창시절을 가끔 되돌아보면 그래도 1970년대에 중·고등학교를 다니길 잘했다는 생각이 들 때가 있다. 지금처럼 대학의 문이 좁은 때에 태어났더라면 얼마나 고생을 했을지 안 봐도 뻔하기 때문이다. 특히 우리 후대들, 멀리 2050년이나 2100년쯤 태어나는 아이들은 우리가 학교 다닐 때 배웠던 것보다 훨씬 많은 분량의 역사 공부를 하느라 구슬땀을 흘릴 게 분명하다.

한국의 근현대사는 얼마나 복잡하고 외울 게 많겠는가? 등장인물도 무척 많을 것이다. 2100년생은 중·고등학교를 다닐 때 삼국시대, 고려, 조선의 역사는 차치하고 21세기 공부에만도 엄청난 시간을 투자해야 할 것이다.

영어도 그렇다. 영어 어휘는 줄어들기보다는 계속해서 늘어나는 추세다. 외래어의 '수혈'이 끊임없이 이뤄지는 데다 언론의 **coinage**신조어 생산이 과거 어느 때보다 왕성한 것도 영어의 어휘 증가에 한몫을 하고 있다. 따라서 늦게 태어날수록 배우고 외워야 할 단어가 많아질 수밖에 없다.

birther도 새롭게 등장한 단어다. '탄생하다'라는 **birth**에다 흔히 사람을 뜻하는 접미사 격의 **-er**를 붙여서 만든 신조어다. '버더[ð]'라고 발음해야 할 것 같은 유혹을 받지만, '버서[θ]'라고 발음하는 게 맞다.

이 단어는 오바마 대통령의 출생에 의문을 표시하는 사람들을 뜻하는 말이다. 오바마 대통령이 미국 하와이에서 태어났다는 얘기를 새빨간 거짓말로 몰아세우는 사람들로, 이들은 **Tea Party** 운동으로 대표되는 보수진영에 포진해 있다. 이들은 오바마가 실제로는 부친의 고향인 **Kenya**에서 태어났는데 나중에 '출생지 세탁'

을 통해 미국 태생인 것처럼 **fake**조작했다고 주장하는 부류의 사람들이다.

오바마 대통령이 **birth certificate**출생증명서의 **short form**약식 버전만 제시한 채 미국 태생임을 주장하는 것은 스스로 출생 의혹을 키우는 것이라며 출생증명서의 **long form**풀 버전 제시를 압박했던 사람들이다.

마치 우리나라 연예인 타블로가 명문 **Stanford** 대학교를 졸업했다고 성적증명서까지 제시했는데도 그걸 믿지 못하겠다며 진실을 밝히라고 계속 요구했던 '타진요'의 활동과 매우 흡사한 현상이다. 미국의 보수진영 인사들이 이처럼 오바마의 출생지를 문제 삼고 있는 이유는 간단하지만 매우 중요한 정치적 의미를 담고 있다.

미국의 헌법 2조에는 대통령 피선거권 자격을 **natural born citizen**미국 태생 시민권자로 못 박고 있기 때문에, 미국 이외의 지역에서 태어난 사람은 대통령 선거에 출마할 자격 자체가 없는 것이다. 특히 케냐인 아버지를 두었던 오바마 대통령이 케냐에서 태어났다면 당선이 취소될 수도 있는 엄청난 사건이 되기 때문에 '버서'들은 죽기 살기로 이 문제에 집착했다고 볼 수 있다.

만일 미국 밖에서 태어난 사람에게도 대통령 피선거권을 부여한다면, **legendary**전설적인 록그룹 비틀스의 존 레넌도 미국 시민권 취득 절차만 빨리 밟았다면 대통령이 됐을지도 모른다. 영국 출신인 그는 비틀스의 인기가 절정이던 1966년대 미국 순회 투어 중 영국 언론과의 인터뷰에서 "우리는 **Jesus**예수보다 인기가 많다."라고 말할 정도였으니까.

또, 캘리포니아 주의 재정파탄으로 초라하게 은퇴를 한 뒤 가정부와의 **infidelity**불륜 문제로 '패가망신'한 격이 되기는 했지만, **Austria** 태생의 아널드 슈워제네거 전 캘리포니아 주지사도 주지사에 당선될 당시의 기세만 따지다면 대선 출마까지 가능했을지도 모를 일이다.

오바마의 출생 비밀로 다시 돌아가자. 흑인 아버지는 오바마가 대통령이 될 줄 알고 1960년대에 미리미리 손을 써서 '출생지 세탁'까지 했을까? 미국에 유학 와서 살았던 흑인 아버지는 미국이 좋은 걸 알고 아들에게 '독수리 여권'을 남겨주기 위해 출생지를 하와이로 조작했을까? 백인 여성하고 결혼한 일도 대단한 것이었는데, 미국에서 흑인의 **civil rights**민권가 바닥에 있었을 때 오바마의 부친이 출생지 세탁까지 했다는 것은 상식적으로 쉽게 납득할 수 없는 일이다.

이 문제는 2011년 4월, 떠벌이 **real estate tycoon**부동산재벌 도널드 트럼프의 문제 제기와 오바마 대통령의 전격적인 '풀 버전' 출생증명서 공개를 통해 사실상 일단락됐으나 미국 내에 여전한 **racial discrimination**인종차별의 현주소를 보여준 사건이어서 씁쓸한 뒷맛을 남겼다.

Ex

✔ **New York Mayor Michael Bloomberg said the so-called birther issue is hurting Republicans and businessman and White House prospector Donald Trump should drop it.** 마이클 블룸버그 뉴욕 시장은 이른바 'birther 이슈'라는 것이 공화당에 상처를 주고 있다면서 기업가이자 대권 도전자인 도널드 트럼프가 이 문제를 쟁점화하는 일을 포기해야 한다고 말했다.

✔ **President Obama spoke to ABC's George Stephanopoulos about the birther controversy.** 오바마 대통령은 조지 스테파노풀로스에게 birther 논란에 관해 얘기했다.

---

natural born: native-born과 같은 말로, 특정 국가의 본토에서 태어난 사람을 의미한다. **Natural-born American**이라고 하면 미국 영토에서 태어난 사람이 된다. 본토 태생은 미국의 법률에 의거해 자동으로 미국의 **citizen**시민이 된다. 그래서 미국으로 이주해 와서 시민권을 취득하려는 사람들에 대해서는 미국 태생인 것과 동일한 효과를 갖도록 **naturalize**해 준다. 즉 **naturalize**는 시민권을 준다는 뜻이다.

mojo
매력이 줄면 대중적 인기도 시든다

오바마 대통령은 2008년 대선에서 존 매케인 후보에게 압승을 거둬 대통령에 당선됐다. 그냥 대통령이 아니라 미국 232년의 역사 이래 첫 흑인 대통령으로 뽑힌 것이다. 오바마 대통령은 취임 초 70~80퍼센트대의 높은 지지율을 유지했고, 이런 국민의 폭넓은 지지를 바탕으로 조각組閣 및 개혁 작업을 야심차게 추진했다. '잘나고 젊은 남자' 오바마는 늘 자신만만한 태도로 매사를 처리했다.

그런데 개혁의 **fatigue**피로감 때문인 듯 집권 일 년이 채 안 돼 오바마 대통령의 인기는 급격히 시들해져 갔다. 그런 추세에 맞춰 언론들은 오바마 대통령이 **mojo**를 잃기 시작했다고 보도했다.

급기야 2010년 9월, 오바마 대통령은 민주당의 중간 선거를 돕기 위해 **Philadelphia**의 **town hall meeting**타운홀 미팅에 참석했다가 '수모'를 당하고 말았다. 질문권을 얻은 한 흑인 여성 참석자가 오바마 대통령을 똑바로 바라보면서 "아주 솔직히 말해서 당신과 당신의 정부를 감싸는 일에 넌더리가 난다."라고 일갈한 것이다. 불과 2년 전 대선 후보 오바마를 열렬히 지지하며 한 표를 행사했던 흑인 여성의 공격적인 질문은 오바마의 **mojo**가 크게 훼손됐음을 드러내는 상징적인 장면이 아닐 수 없었다.

mojo란 자기 확신, **political clout**정치적 영향력, **personal charm**개인적 매력 등을 의미하는 **Cameroon** 말에서 유래했다고 한다. 여기에 더해 요즘은 **sexual attraction or appeal**성적 매력을 일컫는 말로도 곧잘 사용된다고 한다. 오바마 대통령은 취임 초 하와이에서 휴가를 보낼 때 운동으로 잘 다져진 웃통을 드러내는 등

mojo를 한껏 발산했으나, 이후 노출 자제 모드로 들어가면서 정치적, 성적 매력 모두 후퇴한 느낌이 완연하다.

특히 오바마 대통령은 2011년 여름에는 국가부채 상한선 증액 안을 둘러싼 논란의 와중에 야당인 공화당을 설득하고, 국민여론을 한곳으로 몰아가야 하는 리더십을 제대로 보여주지 못해 **lost his mojo**모조를 잃었다라는 지적을 받았다. 여기서 직격탄을 맞은 오바마는 미국에서 가장 권위 있는 여론조사기관 중 하나로 꼽히는 **Gallup**갤럽의 8월 중순 지지도 조사에서 지지율이 취임 후 처음으로 30퍼센트대로 떨어지기까지 했다.

그리고 보면, 한국에서는 성적 매력까지 가미된 **mojo**를 갖춘 역대 대통령은 없었던 것 같다. 일단 우리의 대통령들은 빨라야 50대 후반에야 대통령에 당선됐기 때문에 40대에 당선된 케네디, 클린턴, 오바마와 같은 '남성적' 매력은 찾기가 힘들었던 측면이 있어 보인다.

> Ex

✔ POTUS has regained some of his 'mojo' with the memorial speech in Tucson, Arizona. 대통령은 애리조나 주 투산에서 행한 영결식 연설로 자신의 mojo를 일부 회복했다.

---

town hall meeting: 특정 지역의 공회당 같은 곳에서 지역 주민들을 모아놓고 대통령이나 행정부의 각료들이 직접 참석해 정부의 정책을 설명하고 주민들의 의견을 청취하는 일종의 정치행사다. 우리나라에서는 이를 **town meeting**과 혼동해서 쓰는 경우가 가끔 있다. **town meeting**은 선거권을 지닌 주민들이 모여서 지방자치단체의 예산안 확정이나 조례 제정 등을 통해 직접 민주주의를 구현했던 것으로, 17세기 미국 민주주의의 기초를 다지는 데 일조했다고 한다. 대의정치가 발달한 지금은 자취를 감췄다. 오바마 대통령은 **town hall meeting**에서 더 나아가 일반 주민의 가정집 뒤뜰에서 **backyard meeting**을 개최하기도 했다.

fire up
나를 감동시킨 오바마의 연설 한마디

오바마 대통령 하면 가장 먼저 떠오르는 말이 fire up이다. 워싱턴 주재 특파원으로 부임한 지 2개월 만에 나는 민주당 대선 후보 경선에서 유력 후보로 부상한 오바마를 취재하기 위해 사우스 다코타 South Dakota 주라는 낯선 곳으로 출장을 떠났다. 미국 버지니아 Virginia 주의 운전면허증도 발급받지 못한 상황에서 급하게 나선 취재였기 때문에, 현지 공항에 도착한 뒤 취재 목적지까지 5시간 동안 혼자 운전을 해서 가는 일은 만만치 않은 도전이었다.

서울 출신인 나는 한국에서도 장거리 운전을 한 적이 거의 없었기 때문에 운전 중 무료함을 달래기 위해 CD 몇 개를 여행 가방에 챙겨갔더랬다. 자동차 안에서도 나 홀로, 도로 위에서도 상당 시간 나 홀로인 상태에서 사우스다코타의 고속도로를 달리는 일은 무척 생소한 경험이었다.

지루함이 깊어지고 있을 때 이문세 베스트 CD를 오디오에 꽂았다. 몇 가지 노래가 지나간 뒤 '가로수 그늘 아래'가 흘러 나왔다. 그런데 나도 모르게 눈물이 흘렀다. 가로수라고는 하나도 없고, 좌우로 하늘과 맞닿아 있는 무미건조한 평원만 파노라마처럼 펼쳐진 그 도로 위에서 왜 눈물이 났던 건지 잘 모르겠다. '그냥 눈물이 났다'가 정답이다.

비록 이라크나 아프가니스탄 같은 험지 취재는 아니었지만, 낯선 땅에서의 첫 원정 취재는 그 자체만으로도 상당한 부담이었다.

그러나 in retrospect돌이켜 보면해보면 내가 열심히 취재를 했던 정치인이 나중에 미국의 제44대 대통령에 당선했으니, 기자 입장에서는 더없이 소중한 경험이 아닐 수 없다.

사우스다코타의 2008년 6월 2일 날씨는 한여름을 무색하게 할 정도로 **scorching heat**폭염 그 자체였다. 솔직히 미국에 살았던 경험은 합해서 3년이 고작이었지만, 미국에서 가장 더운 달을 말하라면 나는 주저 없이 6월을 꼽을 정도로 미국의 6월은 정말 덥게 느껴진다.

민주당 대권 레이스에서 잔뜩 기세를 올리고 있던 오바마가 찾은 곳은 자신의 아내 이름과 비슷한 사우스다코타 주의 **Mitchell**미첼이라는 도시였다. **colored people**유색인종이라고는 취재를 갔던 나와 연단에 올라온 오바마 후보를 빼고는 없다시피 할 정도로 그곳은 온전한 **white town**백인 타운이었다.

오바마 후보 지지자들의 릴레이 찬조연설이 끝난 후 강렬한 땡볕이 내리쬐는 연단에 흰색 셔츠에 검정색 바지차림의 날씬하고 훤칠한 흑인 남자가 마치 **NBA**미국 프로농구 올스타전에 출전한 선수마냥 풀쩍 뛰어 올라왔다. 다름 아닌 오바마였다. 오바마는 눈길, 손짓, 몸놀림에서 특유의 카리스마를 뿜어내며 40여 분간 연설을 하는 내내 당당하고, 거침없고, 박력 있게 자신의 집권 포부를 밝히면서 청중의 눈과 귀를 사로잡았다.

Change You Can Believe당신이 믿을 수 있는 변화를 선거 캠페인의 슬로건으로 내걸었던 오바마는 단순한 말로만의 변화가 아니라 모두가 동참하는 변화를 강조하면서 한 가지 일화를 소개했다.

"어느 날 아침에 잠자리에서 일어났는데 밤새 뒤척였던 탓인지 컨디션이 좋지 않았습니다. **NYT**뉴욕타임스에는 나를 비판하는 기사가 났지요. **To make matters worse**설상가상로 밖에는 비가 오고 있었는데 갑자기 우산이 바람에 뒤집혀서 홀딱 비에 젖고 말았어요. 그야말로 기분이 엉망이었죠. 그래도 어떻게 합니까? 유권자들의 한 표가 중요하니 이미 가기로 예정돼 있던 노스캐롤라이나North Carolina 주로 갔습니다. 거기서 지역 유권자들과 방 안에서 모임을 마치고 돌아서 나오려고 하는데 작은 체구의 60대 할머니가 어깨가 처져 있던 나를 향해 **fire up!**힘내!을 연방 외쳐댔습니다.

처음에는 의아해 했지만 나도 수행원들과 함께 계속 **Fire up, Fire up!** 하고 외치자, 할머니는 이번엔 **Ready to go.**준비 됐어. 라는 말로 화답했습니다. 이걸 몇 번 되풀이 했더니 아침부터 울적했던 기분이 금세 좋아지더군요."

이어서 그는 다음과 같은 연설을 이어갔다.

It shows you ONE VOICE can change a room, and if one voice can change a room then it can change a city, and if it can change a city then it can change a state, and if it can change a state then it can change the country and even the world. 이 일화는 한마디의 목소리가 방안의 분위기를 바꿨듯이, 한마디가 시를 바꿀 수 있고, 주를 바꿀 수 있고, 나라를 바꾸고, 심지어 세계를 바꿀 수 있다는 것을 말해줍니다.

오바마는 대충 이런 내용의 일화를 소개한 뒤 청중을 향해 **fire up**을 세 번 선창했고, 청중은 유세장이 떠나갈 듯 **fire up**을 따라 외쳤다. 다음에는 오바마가 **fire up**을 하면 청중들이 **ready to go**라고 세 번 화답했다.

이날 연설은 현장에서 보고 듣지 않았다면 지금까지 뇌리에 깊이 각인될 정도로 감동을 주지는 못했을 것이다. 감사하게도 나는 현장에 있었고, 오바마의 **magnificent**현란한 연설 솜씨를 직접 지켜볼 수가 있었다. 청중을 열광의 도가니로 만든 오바마의 **fire up**을 이따금씩 떠올리면서 나 스스로 힘들거나 지칠 때 다짐하듯 속으로 중얼대 본다. **Fire up, fire up, fire up,**……이라고.

Ex

✔ The "little woman" from Greenwood, South Carolina, who inspired Barack Obama to use, "Fired Up! Ready to Go!" as his central campaign chant attended the town hall meeting. 버락 오바마 후보가 Fire up! Ready to Go!를 선거 캠페인의 핵심 화두로 삼도록 영감을 제공한 '작은 여인'이 타운홀 미팅에 참석했다.

extraordinary

특별한 대통령 오바마의 특별한 단어

워싱턴에서 생활하다 보면 한국과 달리 가족 단위로 모일 기회가 제법 많다. 몇몇 가족들이 서로의 집을 오가며 저녁식사를 함께 하면서 우의를 다질 수 있는 소중한 시간들이다.

이렇게 지인들의 집에 놀러가서 얘기를 하다가 느낀 점인데, 남자들 중에 **jazz**를 즐겨듣는 사람들이 의외로 많다는 사실이었다. **Judging from his appearances**외모만 판단하기에는하기에는 **rustic**시골풍한데 알고 보면 '교양미 철철'인 셈이다. 개인적으로 가벼운 팝송을 좋아하는 나는 재즈 감상에 몇 차례 도전했지만 음악의 이질감을 극복하지 못한 채 번번이 주저앉고 말았다.

재즈를 굳이 들어보려 한 이유는 재즈를 들으면 교양의 격이 한 단계 **upgrade**상승될 것이라는 기대 때문이었으나, 재즈는 역시 억지로 한다고 즐길 수 있는 장르는 아닌 듯싶었다. 그래도 재즈 가운데 한 곡 정도는 부담 없이 들을 만한 게 있다는 데서 위안을 삼는다. 냇 킹 콜 Nat King Cole 의 *Love*다.

L is for the way you look at me.
L은 당신이 나를 바라보는 법을 위한 것.
O is for the only one I see.
O는 내가 바라보는 유일한 사람을 위한 것.
V is very very extraordinary.
V는 아주 아주 특별한 것.
E is even more than anyone that you adore can.
E는 당신이 사랑할 수 있는 것보다 훨씬 더 많이 사랑하는 것.

영어로 된 노래 가사를 알아듣기는 참 어렵지만, 이 노래에서 extraordinary특별한 만큼은 귀에 쏙 박혀서 기억에 많이 남는 노래다. extraordinary는 특별한 의미를 지니는 사람이나 사물, 현상에 붙일 수 있는 표현으로, 나도 이 노래를 좋아하고 나서 이 단어를 좋아하게 됐다.

클린턴 국무부 장관은 한국의 김연아 선수가 2010년 캐나다 밴쿠버 동계올림픽 여자 피겨 싱글 부문에서 금메달을 땄을 때 "밤잠을 설치며 그녀의 연기를 봤다. 그녀는 extraordinary특별했다."라고 말한 적이 있다.

김연아 선수가 금메달을 획득한 이튿날, 마침 한국 기자들이 클린턴 장관을 취재할 기회가 있었는데 기자들이 묻기도 전에 클린턴 장관이 센스 있게 김연아 선수의 승전보에 대한 코멘트를 먼저 해준 것이다. 김연아 선수만 선수가 아니라 클린턴 장관도 언론을 대하는 기술에 있어서는 타의 추종을 불허하는 '선수'임을 재확인할 수 있었다.

클린턴 장관이 언급한 extraordinary는 옷의 치수에도 large 위에 ex-large, 즉 extra large가 있듯이 ordinary범상한를 뛰어넘는 수준을 가리키는 말이라고 보면 된다.

오바마 대통령이 취임 첫해인 2009년 한 해 동안 공식 연설 등에서 가장 많이 사용한 단어도 바로 extraordinary였다고 한다. 그는 그해 1월 취임 후 10개월간 address연설, press conference기자회견, proclamation법안 선포식 등에서 이 단어를 최소 450회 이상 사용했던 것으로 집계됐다. 미국의 역대 대통령 가운데 가장 extraordinary한 대통령 중 한 명으로 꼽힐 만한 오바마 대통령이 이처럼 이 단어에 집착했다는 사실이 흥미롭다.

오바마 대통령의 이런 언어습관에 대한 통계는 인터넷 뉴스 전문 사이트인 Huffington Post에 의해 보도됐었다. 이 매체는 대통령이 너무 이 단어만 쓰지 말고, rhetorics수사법의 고급화와 다양화를 위해 비슷한 의미를 지닌 다른 단어를 사용할 필요가 있다며 추천 단어를 제시하기도 했다. 여러분은 이 중 얼마나 알고 있는지 어휘력 체크를 해보시기 바란다.

☐ amazing ☐ bizarre ☐ boss ☐ curious ☐ exceptional ☐ fab ☐ fantastic
☐ flash ☐ gnarly ☐ heavy ☐ inconceivable ☐ incredible ☐ marvelous ☐ odd
☐ off beaten path ☐ out of the ordinary ☐ outstanding ☐ particular
☐ peculiar ☐ phenomenal ☐ rare ☐ remarkable ☐ singular ☐ special
☐ strange ☐ stupendous ☐ surprising ☐ terrific ☐ uncommon ☐ unfamiliar
☐ unheard-of ☐ unimaginable ☐ unique ☐ unprecedented ☐ unthinkable
☐ unusual ☐ unwonted ☐ weird ☐ wicked

Ex

✔ Although it was one young woman who did so magnificently, I believe the whole country is celebrating. I could see why. She was **extraordinary**. 그것을 한 명의 젊은 여성이 아주 멋지게 해낸 일이라고 생각할 수도 있지만, 한국 전체가 축하를 해줬을 것으로 믿는다. 왜 그런지 나는 안다. 그녀는 대단했기 때문이다.

---

proclamation: 포고문. **official declaration**공식 선언문이라고도 한다. 주로 대통령이 주요 법안의 시행을 알리거나 특별한 기념일에 즈음해 그날의 의미를 되새길 때 **Presidential Proclamation**이라는 형태로 발표한다. 2009년 7월 24일, 오바마 대통령은 한국전쟁 정전협정 56주년에 즈음해 포고문을 발표했다. 이 포고문이 예년의 포고문과 달리 주목을 끌었던 이유는 연방정부 건물에 성조기를 **half-staff**조기로 달라고 지시했기 때문이다.

SECTION 8.

우리가 알지 못했던 미국

melting pot 다양하게 모여 살지만, 섞여선 안 산다

미국에는 정말로 다양한 민족 및 인종적 배경을 지닌 사람들이 어울려 산다. 그래서 우리는 미국을 흔히 **melting pot**인종의 용광로에 비유하곤 한다. 당장 워싱턴의 지하철만 타봐도 세계 각국 인종의 대표 선수들이 타고 있는 듯한 착각이 들 정도로 각양각색의 사람들이 타고 있다.

그런데 자세히 들여다보면 미국 내에서는 여러 인종이 뒤섞여서 살고 있다고 하기보다는 같은 인종과 출신 국가를 공통분모로 해서 끼리끼리 몰려 사는 경우가 더 많다는 사실을 깨닫게 된다.

이를테면 한국인, 중국인, 베트남인 하는 식으로 인종적, 문화적 배경 및 출신 국가라는 코드에 맞춰 제각기 특정 지역에 터를 잡고 무리를 지어 사는 것이다. 이는 마치 비빔밥을 비비기 이전 상태와 같다고 보면 된다. 미국 대륙 안에는 많은 인종이 살고 있기는 하지만, 인종 간 칸막이로 인해 비빔밥을 비벼놨을 때처럼 완전히 섞여서 살지는 않는다는 얘기다.

이는 **interracial marriage**인종 간 결혼 추세를 봐도 그렇다. 미국의 **census**인구조사 결과에 따르면 2000년 기준으로 인종 간 결혼은 전체 결혼의 8퍼센트 정도를 차지하는 데 그쳤다. 특히 히스패닉과 아시안 계는 이민의 증가와 함께 동일 인종의 인구수가 늘어남에 따라 문화적, 언어적 배경이 동일한 인종 내에서 **spouse**배우자를 고르는 사례가 크게 늘고 있다는 것이다.

특히 2010년 들어 애리조나Arizona 주 등지에서 불법이민자들을 솎아 내기 위해 임의 검색을 허용하는 등의 움직임이 일자 합법적인 이민자들 사이에서도 **white supremacy**백인 우월주의를 경계하는 분위기가 확산되고 있는 실정이다.

애리조나 주는 racial profiling인종 프로파일링 위험이 높은 immigration law를 추진해 많은 논란을 불러일으켰다. 이 지역의 '유색 인종'들은 피부색 때문에 경찰관들의 임의 검문이나 취조 등에 노출될 위험이 있다며 이 이민법에 반대의 목소리를 높였다.

이런 이유 때문에 최근에는 미국을 인종의 용광로를 뜻하는 melting pot라는 말 대신에 salad bowl로 표현하는 일이 잦아졌다. 용광로에 들어가는 다양한 종류의 철은 모두 녹아내려 형체를 잃고 하나가 되지만, 샐러드 볼에 있는 각양각색의 야채는 비비더라도 그 identity정체성를 유지한다는 뜻이 된다.

미국 내 다양한 인종도 타 인종 집단과의 결합을 통해 assimilate동화하는 과정을 거치기보다는 일정하게 자신들의 정체성과 문화, 언어를 유지하면서 다른 인종 집단과 적당한 수준에서 어울려 살아가는 방법을 택하고 있다고 보면 될 것 같다.

그러고 보면 오바마 대통령의 백인 어머니 스탠리 앤 더넘Stanley Ann Dunham은 이미 1960년대 초에 아프리카 케냐 출신의 흑인과 결혼했으니, 매우 시대를 앞서간 인물이었던 셈이다. 사실 그것이 가능하게 된 데는 하와이의 사회적 환경이 한몫을 했을 수 있다. 미국의 50개 주 가운데 인종 간 결혼 비율이 가장 높은 곳은 32퍼센트2010년 기준를 보인 하와이 주로 나타나고 있기 때문이다.

✔ We become not a melting pot but a beautiful mosaic. Different people, different beliefs, different yearnings, different hopes, different dreams. 우리 미국은 melting pot이 아니라 아름다운 모자이크가 되고 있다. 다른 민속, 다른

신념, 다른 갈망, 다른 희망, 다른 꿈을 가진 모자이크 말이다.

✔ **Melting pot is a phrase commonly used to signify the mixture and assimilation of different races that have immigrated to the U.S.** Melting pot은 통상 미국으로 이민을 온 다양한 인종들의 혼합과 동화를 상징하는 데 사용되는 문구다.

racial profiling: 사법 경찰관이 아무런 근거도 없이 단지 ethnicity인종만을 잣대로 잘 주행하고 있는 차량을 세운 뒤 운전자에게 즉석에서 질문을 던지고 체포하는 등의 행위를 뜻한다.

Pittsburgher 사는 곳에 따라 다르게 불리는 주민들

월스트리트 발 금융 위기는 **global village**지구촌라는 단어의 의미를 곱씹어 보게 하는 흔치 않은 기회였다. 세계가 **world wide web**인터넷 망으로 연결된 지식정보화 사회를 거치면서 과연 넓어진 것인지, 좁아진 것인지 아리송하던 차에 금융 위기는 '좁아졌다'는 분명한 답을 끄집어내게 했다.

미국의 금융 심장부에서 터진 이른바 **subprime mortgage**서브프라임 모기지 위기는 급속히 전 세계로 퍼져나갔다. 위기의 전염이 작은 마을에서 소문이 퍼지듯 삽시간에 진행된 것이다. **Wall Street**의 **greed**탐욕와 **moral hazard**도덕적 해이가 빚어낸 **financial meltdown**금융 붕괴은 결국에는 **Main Street**서민들의 삶를 초토화시키고 말았다.

전 세계 경제의 산통을 깨버린 미국은 혼자의 힘만으로 금융 위기의 큰 불을 끌 수 없게 되자, 세계 주요국들의 도움을 요청했다. 그래서 2008년 11월 미국 워싱턴에서 이름 하여 'G20 정상회의'가 태동하기에 이르렀다. 참고로 **G20**의 **G**는 **Group**을 뜻한다. 제2차 **G20** 정상회의도 미국에서 열렸다. 왕년에 잘 나가던 철강도시에서 녹색도시로 탈바꿈한 **Pittsburgh**피츠버그가 개최지였다. 정상회의를 앞두고 나는 자동차로 네 시간 거리에 있는 피츠버그로 한걸음에 달려가야 했다.

난데없는 취재 지시에 솔직히 잠시 짜증이 나긴 했지만, 미 프로풋볼NFL의 한국계 스타 하인즈 워드Heinz Ward가 피츠버그 스틸러스Steelers 소속이라는 사실을 떠올리고는 마음이 상쾌해져서 출장길에 오를 수 있었다.

당시 세계적인 행사를 준비하고 있던 강소도시 피츠버그에서는 **I'm Pittsburgher**라고 적힌 배지를 단 많은 자원봉사자들이 도심 곳곳에서 적극적인 안내활동을 펼치고 있었다.

피츠버그에 도착해 어렵사리 도심에 주차를 한 뒤 **McDonald hamburger**로 허기를 채웠던 나는 취재에 나서자마자 **Pittsburgher**라는 배지를 보고는 나도 모르게 웃음이 나오고 말았다. 피츠버그의 경우처럼 도시 이름 끝에 **-er**을 붙여서 그 도시의 주민을 표현하는 것은 일반적인 방법 가운데 하나지만, '버거'라는 발음으로 끝나다 보니 예상치 못했던 재미를 준 것이다.

참고로 미국 50개 주에 살고 있는 주민들을 일컫는 영어 단어는 대개 **-an**, **-n**을 붙여서 만든다. 캘리포니아 주의 주민들은 **Californian**, 워싱턴 **D.C.** 주민들은 **Washingtonian** 이런 식으로 부르는 것이다. 세상에서 가장 **unique**특별한 도시 뉴욕의 경우에는 **-er**을 붙여서 **New Yorker**가 된다.

Wisconsin, Wyoming, New Jersey, New Hampshire는 끝에 **-ite**를 붙여서 주민들을 부르는 말로 사용한다. 예를 들어 위스콘신 같으면 **Wisconsinite**가 되는 것이다. 참고로 이 방식은 서울사람들을 표기할 때 **Seoulite**라는 형태로 적용되고 있다. **Michigan**의 경우에는 **Michiganian**도 쓰이지만, 약간 색다른 형태로 **-der**를 보탠 **Michigander**가 더 많이 사용된다.

근데 외국인이 **trivia**잡다한 상식 정도에 해당하는 이 모든 걸 알아둘 필요가 있는지는 솔직히 모르겠다. 예를 들어 미시시피에 갔다가 미시시피 주민들과 관련된 얘기를 나눌 기회가 있다면 그저 **Mississippi people**미시시피 사람들이라고 하면 되니까 말이다.

Wall Street vs. Main Street: **Wall Street**가 거대 금융자본을 상징한다면, **Main Street**는 중소기업 형태의 상점과 제조업체 등 서민층을 대변하는 말로 사용된다. 2008년 불어 닥친 금융위기와 관련해 '돈 놓고 돈 먹기' 식의 **Wall Street** 투기 자본주의가 결국에는 서민들의 삶의 현장인 **Main Street**에 주름을 지게 했다.

chocolate city 흑인이 많아서 붙여진 이름

아들 녀석이 미국에 와서 한참 동안 *Charlie and the Chocolate Factory*찰리와 초콜릿 팩토리라는 영화를 즐겨봤다. 한두 번도 아니고, 족히 20번 넘게 이 영화를 보면서 그때마다 마치 새로운 영화를 보는 듯 킥킥대며 즐거워하던 모습이 떠오른다. 내 눈높이에서는 어린이가 보기에 좀 무서운 장면도 있는 것 같은데, 어쨌든 아들은 이 영화에 완전히 꽂혀 있었다.

하루는 아들을 차에 태우고 유치원까지 데려다 주던 중 자동차 오디오에서 독일 작곡가 리처드 슈트라우스Richard Strauss의 '짜라투스투라는 이렇게 말했다Also Sprach Zarathustra'라는 음악이 흘러나왔다. 뒤에 앉아있던 아들 녀석은 갑자기 "찰리와 초콜릿 팩토리다!"라고 외쳤다. 이 영화에서 초대형 **Wonka** 초콜릿이 서서히 등장할 때 흘러나왔던 음악을 용케도 기억하고 있었던 것이다. 반복학습의 '승리'다.

이번 얘기는 초콜릿으로 이어진다. 특파원으로서 나의 활동무대였던 워싱턴 D.C.는 세계의 **heartland**중심지이지만, **chocolate city**라는 다소 부정적인 애칭도 지니고 있다. 그건 바로 미국의 다른 지역에 비해 흑인이 절대적으로 많은 비중을 차지하는 **demographic ratio**인구구성비 때문에 붙여진 이름이다.

내가 특파원으로 근무할 당시 **mayor of Washington D.C.**워싱턴 시장은 애드리언 펜티Adrian Fenty, 빈센트 그레이Vincent Gray 두 사람이었는데, 이들은 모두 흑인이었다. 그만큼 워싱턴은 흑인 세가 유독 강하다.

여기에다 백악관의 주인을 결정하는 2008년 대선에서는 흑인인 오바마가 당선돼 200여 년 만에 처음으로 백악관 입성하는 대사건마저 일어났다. 흑인인 오바마가 대통령에 당선했으니, 워싱턴 일원에 모여 사는 흑인들의 설움과 한이 눈 녹듯이 씻겨 내려갔을 것이다. 대선 이튿날 새벽2008년 11월 4일 선거 기사를 모두 처리한 뒤 **National Press Building**내셔널프레스빌딩 밖으로 나왔을 때 워싱턴 시내에 가득했던 흑인 주민들의 **Yes! We can.**이라는 함성과 **honking**자동차 경적 소리가 지금도 귓전에 아련하다.

그러나 최근에는 **chocolate city**에도 점차 변화의 조짐이 감지되고 있다. 2011년 초에 발표된 미국의 **Census** 결과에 따르면 2010년 기준 워싱턴의 흑인 인구는 10년 전과 비교해 11퍼센트3만 9천 명 정도 감소했다. 이로써 워싱턴 전체 인구 60만 1천700명 가운데 흑인 인구 비율은 50퍼센트를 조금 웃도는 30만 1천 명으로 집계됐다. 반면 백인 인구와 히스패닉 인구는 10년 새 20만 9천 명, 5만 5천 명 가량 각각 늘어났다.

워싱턴의 흑인 인구는 50년대 65퍼센트, 70년대에는 70퍼센트까지 **skyrocket**치솟다했으나 최근 들어 **on the decline**하향세으로 돌아선 것이다. D.C.의 렌트 비와 재산세가 크게 인상되면서 재정적으로 넉넉지 못한 흑인들이 **priced out** 돈 부족 때문에 퇴출당하는되는 현상이 발생한 것이다.

이렇게 되면서 워싱턴에 인접한 매릴랜드 주와 버지니아 주 일원에는 워싱턴에서 빠져나온 흑인들이 터를 잡고 사는 지역이 늘어나게 됐다. 이제 워싱턴은 흑인 인구수가 50퍼센트 이하로 떨어질 날도 멀지 않아 보인다. 그렇게 되면 지금은 간헐적으로 사용되고 있는**chocolate city**라는 말도 **Washington D.C.**를 설명하는 어휘에서 사라질지도 모르는 일이다.

demographics: 인구의 통계적 특성을 일컫는 말로 정부의 정책결정, 마케팅 등에서 활용되는 데이터다. 여기에는 인구의 성별, 인종, 나이, 주택보유율, 고용 상태 등이 두루 포함되며, 최근에는 선거의 승패를 분석하는 데도 중요한 변수로 작용한다.

 세계 정치의 중심지, 워싱턴의 다른 이름

워싱턴 일원에는 '정치적'으로 매우 중요한 도로가 하나 있다. 인터스테이트 495번I-495 고속도로가 바로 그것이다. 워싱턴을 에워싼 채 인근 버지니아 주와 메릴랜드 주를 **loop**고리 모양를 그리며 일주하는 이 도로는 세계 정치의 중심지인 워싱턴의 **geographical border**지리적 경계를 획정하는 역할을 하고 있다.

495번 고속도로는 선으로 연결하면 수도인 워싱턴을 감싸는 벨트 형상을 하고 있다고 해서 **Capital Beltway**라는 별칭을 얻고 있다. 따라서 **inside the beltway**벨트웨이의 안쪽에 위치한 원형 모양의 지역, 즉 **inner loop**가 워싱턴이다. 그러나 이 말은 단순한 지리·공간적 개념을 뛰어넘어 미국의 정치 시스템을 의미하는 추상적인 의미로 더 많이 쓰인다. 언론에서 **inside the beltway**라는 말이 등장하면 곧 워싱턴의 정치를 뜻하는 말로 이해해도 무리가 없다.

백악관을 정점으로 한 **Administration**행정부, 예산과 입법 권한을 쥐고 있는 **Congress**의회, **interest group**이익단체의 의뢰를 받아 각종 이권을 따내기 위해 뛰는 **lobbyist group**로비스트 집단이 얽히고설켜서 정치를 하는 추상적인 공간을 **inside the beltway**라고 비유적으로 말하는 것이다.

그 벨트웨이 안에는 **1600 Pennsylvania Ave.**백악관, **Capitol Hill**의회, **K-Street**로비업체 밀집지 등 워싱턴 정치 플레이어들의 활동공간이 자리 잡고 있다. 우리가 국회의사당이 위치해 있는 '여의도' 하면 정치를 연상해 내듯이 '벨트웨이 안쪽'이라고 하면 워싱턴의 정치가 작동하는 곳으로 미국인들에게 각인돼 있는 셈이다.

그런데 **inside the beltway**는 긍정적이기보다는 부정적인 의미로도 쓰이는 경우

■ Washington의 상징인 미국 국회의사당

가 많다. 일반 대중의 관심이나 이해관계와는 동떨어진 정치인, 로비스트, 계약업체, 정치담당 취재기자들만의 세계를 뜻하는 표현으로 알려져 있는 것이다. 한마디로 '그들만의 정치'가 이뤄지는 공간이란 냉소적인 표현이다.

이처럼 연방정부의 **bureaucratic groups**관료주의 집단, 입법 권한을 지닌 의회, 이익단체와 미디어가 서로의 이해관계를 위해 동맹관계를 맺고 있다는 뜻에서 **Washington's iron triangle**워싱턴 철의 삼각이란 말까지 생겨났다. 정부는 재정을 확보하기 위해 예산편성의 전권을 행사하는 의회와 우호적인 관계를 유지할 수밖에 없고, 의회는 자신들의 선거자금 통로인 이익단체를 위해 각종 입법 활동에 적극 나서며, 로비스트들은 돈줄을 대고 자신들이 원하는 입법을 이끌어내는 구조인 셈이다.

공화당의 제1인자인 베이너 하원의장은 2011년 6월 자신의 지역구인 오하이오주의 **Ashland**애시랜드 대학에서 행한 강연을 통해 **government spending cuts**정부지출 삭감를 주장하면서 이렇게 말했다. **What we have to do is seize this moment.**

We need to use it to stop the madness going on inside the Beltway……. 우리가 해야 할 일은 현재의 기회를 잡는 것이다. 그래서 이를 활용해 벨트웨이 안의 광기를 멈춰야 한다.

다행하게도(?) 워싱턴 특파원 시절 우리 집은 beltway의 inner loop에서 조금 떨어진 외곽에 위치해 있었다. 정치 soil때이 덜 묻은 '청정지역'에 살았다는 말이다.

Ex

✔ Inside the beltway, both Republicans and Democrats wish the Tea Party would go away, but it's only growing in power. 워싱턴 정가에서는 공화당과 민주당 모두 보수주의 운동인 '티 파티'가 사라지기를 원하지만, 이들은 힘을 키워하고 있는 형국이다.

✔ Politicians, lobbyists and PR people spin. Spin is used all the time inside the beltway. 정치인, 로비스트, PR 담당자들은 사실을 왜곡한다. 사실을 호도하는 일은 inside the beltway에서는 늘 이용된다.

GW Parkway 역사 속을 달리는 출근길

사람은 죽어서 이름을 남기고, 호랑이는 죽어서 가죽을 남긴다고 했다. 미국에 살면 살수록, 그것도 워싱턴 주변에서 생활하면 할수록 이런 말이 딱 들어맞는 곳은 속담이 생겨난 한국이 아니라 오히려 미국인 것 같다는 생각이 들게 된다.

거짓말 조금 보태서 미국, 특히 워싱턴 D.C에서는 **past and present**고금의 유명인들의 이름과 만나지 않고는 일상을 보내기가 힘들 정도다. 딱딱한 역사 교과서가 아니라 일상 속에서 미국을 움직여온 사람들의 이름이 살아 숨 쉬고 있는 현장을 대하게 된다.

워싱턴 특파원이었던 나의 일상을 들여다보자. 아침 출근길에 자동차를 몰고 **townhouse**연립주택 단지를 나오면 **Longfellow middle school**과 만난다. 이 학교의 이름은 미국이 낳은 19세기의 유명 시인 헨리 롱펠로우Henry Longfellow에서 따온 것이다. **Be still, sad heart, and cease repining; Behind the clouds the sun is shining.** 조용히 할지어다. 슬픈 마음을 지닌 자들이여, 한탄을 멈추어라. 구름 뒤에는 태양이 빛나노니. 이 대목이 들어간 *The Rainy Day*비오는 날는 그의 대표작 가운데 하나다. 우리 가족이 살고 있던 버지니아 주 **Fairfax County**페어팩스 카운티의 26개 **public middle school**공립중학교 가운데 이처럼 역사 속의 인물을 학교명으로 사용하는 곳은 무려 스물네 곳에 달했다.

이 인물들 가운데는 문학가들이 상당히 많다. 마크 트웨인Mark Twain, 헨리 데이비드 소로Henry David Thoreau, 에드가 앨런 포Edgar Allan Poe, 워싱턴 어빙Washington Irving, 로버트 프로스트Robert Frost, 월트 휘트먼Walt Whitman 등 미국문학을 빛낸 소설가와 시인들의 이름이 학교 간판으로 걸려있다. 한강중학교와 영등포고등학교 등 '지명'을 사용한 학교를 졸업한 나에게는 이렇게 유명인들의 이름을 갖다 붙인 학교명이 신선한 충격이었다. 너무나 주제넘고 건방진 얘기가 되겠지만, 충북 충주시에 위치한 '야동초등학교'도 그 지역 출신의 유명인 이름으로 바뀌었으면 얼마나 좋을까 하는 생각을 해본다.

다음 출근길을 따라가 보자. 사무실이 위치한 워싱턴 시내로 진입하기 위해서는 George Washington Parkway를 이용해야 한다. 말 그대로 아름드리나무가 양 옆에 있는 공원 같은 이 길을 타고 가다가 버지니아 주 끝자락에서 출구로 나오면 Potomac포토맥 강을 가로질러 놓여있는 Theodore Roosevelt시어도어 루스벨트 다리와 맞닥뜨린다. 이때 왼쪽으로는 격조 있는 공연장으로 유명한 Kennedy Center케네디 센터가 있고, 오른 쪽으로는 Lincoln Memorial 링컨 메모리얼이 보인다.

청문회를 취재하기 위해 미국 의회에 가보자. 의사당 주변에는 여러 채의 의원회관 빌딩이 있고, 주로 이곳에서 각종 청문회가 열린다. 워싱턴에서는 상원 건물만 해도 Russell Building러셀빌딩, Dirksen Building덕슨빌딩, Hart Building하트빌딩 세 곳이 있다. 이들 건물은 전 상원의원들의 이름을 각각 따서 지은 것이다.

반면 한국에서는 국회의원들이 모여 있는 곳을 그냥 국회의원 회관이라고 부른다. 정말 창의성 제로인 작명법이 아닐 수 없다. 1948년 제헌국회 이후 60여 년의 세월이 흘렀는데 우리나라 여의도 국회에는 자신들의 선배 의원 이름을 딴 건물조차 없다는 것은 부끄러운 자화상이 아닐 수 없다.

앞에 설명했듯이 워싱턴 일대를 돌아다니다 보면 지명이 곧 인명이고, 인명이 곧 지명임을 쉽게 알게 된다. 우리도 각 분야에서 존경을 받는 인물들의 이름을 딴 공공시설이 많이 생겨날 수 있는 사회적·문화적 토양이 조성되길 기대해 본다.

---

rainy day: 곤궁하고 힘들 때라는 뜻이 있다. I'm saving for a rainy day.경제적으로 어려울 때를 대비해 저축을 한다.라는 표현을 익혀 두면 좋겠다.

metro 물 마시고 탑승하면 낭패 보는 지하철

2011년 1월 6일. 워싱턴의 지하철을 기다리면서 **platform**승강장 벽에 기대어 책을 읽고 있던 47세의 앨런 헤이우드Allen Haywood라는 남자가 10대 남녀 청소년 두 명에게 이유 없는 구타를 당했다. 도대체 왜 헤이우드가 이들 10대에게 '구타유발자'가 됐는지는 알 길이 없지만, 당시의 어처구니없는 상황을 그대로 담은 동영상은 지금도 유튜브에 올라와 있다.

문제는 동영상이라는 **hard evidence**확실한 물증가 있는데도 문제의 10대들을 찾아낼 길이 없다는 딱한 사정이었다. 지하철 승강장 주변이 너무 어두운 탓에 폭력 장면을 촬영한 동영상에는 피해자와 가해자 모두 **silhouette**실루엣으로만 보여서 인상착의를 가늠할 수 없었다. 이렇다 보니 가해자를 추적하기 위한 단서 확보가 여의치 않았던 것이다.

나는 워싱턴 특파원 부임 첫 해에는 지하철, 즉 **metro rail**을 이용해 출퇴근을 했다. 한국과 일본 지하철을 모두 타본 경험이 있던 나에게 가장 이해가 되지 않았던 점은 지하철 승강장 주변이 너무 어둡다는 것이었다. 그나마 선로 쪽만 불이 밝은 편이고, 승강장 쪽은 조명이 매우 약해서 늘 침침한 어둠 속에서 열차를 기다려야 한다.

조명 시설 말고도 워싱턴 메트로가 주는 불편은 한두 가지가 아니다. 가장 힘들었던 일 중 하나는 역사 안에서 화장실을 찾을 수 없다는 점이다. 회사 사무실에서 유난히 물을 많이 마시고 귀가하는 날에는 집에 돌아갈 때까지 복부를 향해 '물밀 듯이' 내려오는 생리적 현상을 참아야 하는 엄청난 고통과 불편을 감수해야만 했다. 아마도 역사 내에 **public restroom**공중 화장실이 없는 것은 화장실이 **hot-bed of** crime범죄의 온상이 될 수 있다는 우려에서 비롯된 것 같기는 하지만, 나처럼 '선량한' 지하철 이용객에게는 엄청나게 불편한 일이 아닐 수 없다.

또한 노선에 관계없이 객차의 색깔이 똑 같은 것도 마음에 안들기는 매한가지다. 내가 집으로 돌아갈 때 이용했던 Metro Center메트로센터 역에는 orange line과 blue line이 번갈아 들어오도록 돼 있었는데 처음에는 그런 사실조차 모르고 있었다.

회사 출근 이튿날이었던 것 같다. orange line을 타고 집으로 가야 하는 나는 그저 아무 생각 없이 먼저 온 열차에 올라탔는데 그게 그만 blue line이었다. 자리에 앉아 신문을 읽다가 결국 9개의 역을 지나친 뒤에야 잘못 탄 사실을 깨닫고 되돌아와야 했다. 내가 탑승한 역에서 처음 3~4 정류장은 두 지하철의 노선이 똑 같은 역을 지나기 때문에 방심한 채 신문을 읽고 있었던 게 낭패를 본 셈이 됐다.

메릴랜드 주와 버지니아 주를 연결하는 워싱턴 메트로에는 red, blue, orange, yellow, green line이 있고 지금은 Dulles International Airport덜레스 국제공항까지 이어지는 silver line실버 라인이 건설되고 있는데, 도대체 노선의 이름은 여러 가지 색깔로 구분해 놓고, 열차의 색깔은 똑같이 해놔서 승객들의 불편과 혼란을 가중시키는 이유가 뭔지 지금도 이해가 되질 않는다.

또 열차 안에는 다음 역을 알려주는 문자 서비스가 없다. 낯선 곳을 갈 때는 늘 안내방송에 귀를 쫑긋 세우고 있지 않으면 목적지 역을 놓치기 십상이다. 안내방송도 정확한 발음으로 녹음돼 흘러나오는 게 아니라 그날 운전을 맡은 기관사가 즉석에서 알려주기 때문에 발음이 정확하지 않은 기관사를 만나게 되면 나 같은 외국인들은 역이름을 제대로 알아듣기 위해 신경을 곤두세워야만 한다.

이처럼 그다지 마음에 들지 않는 메트로지만, 가끔 웃음을 짓게 만드는 일이 아예 없는 것은 아니다. 한국 사람들은 우리만 예의범절과 노인 공경이 대단할 줄 알고 착각하는 경우가 있지만 워싱턴의 지하철에서도 노인과 약자에게 자리를 양보하자는 캠페인이 벌어질 정도로 훈훈한 인간미가 전해질 때가 있다.

Conseaterate: adj. thoughtful toward others who are more in need of a

Metrorail or Metrobus seat. 컨시터리트: 형용사. 메트로 열차 혹은 메트로 버스에서 나보다 더 좌석을 필요로 하는 사람에게 배려를 하는. 사전에 나오는 단어풀이를 소재로 만든 이 공익광고성 포스터가 지하철 객차 안에 붙어있는 것을 보면서 나는 '약자에 대한 배려에는 동서가 따로 있을 수 없다.'라는 생각을 했다. 물론 여기에 나온 단어 **conseaterate**는 **considerate**사려깊은를 **parody**패러디한 말이지만, 이걸 읽는 누구라도 약자에게 자리를 양보하고 싶은 생각이 들지 않을까?

Ex

✔ Due to the increase in fares, bus ridership was down 7% while Metro ridership remained the same. 요금 인상으로 인해 버스 이용객은 7퍼센트 감소한 반면, 지하철 승객은 현상을 유지했다.

✔ At least seven people are dead after one commuter train plowed into the back of another yesterday afternoon in the deadliest accident in the 33-year history of D.C.'s Metro system. 어제 오후 퇴근길 열차가 다른 열차의 뒤를 들이받는 추돌 사고로 최소 7명이 숨졌다. 이 사고는 워싱턴 D.C.의 메트로 시스템이 도입된 지 33년 만에 가장 희생자를 많이 낸 사고였다.

---

hard evidence: 어떤 범죄행위를 입증할 수 있는 **conclusive evidence**결정적인 증거를 의미한다. 비슷한 말로는 **smoking gun**이 있다. 보통 총을 쏘게 되면 연기가 나기 때문에 범인을 잡는데 이를 근거로 활용했다는 데서 이런 표현이 유래했다고 한다. 증거가 범죄사실을 입증하기에 미흡한 경우에는 '연기가 나지 않은 채 연소된다'는 뜻을 지닌 **smolder**를 사용해 **smoldering gun**이라고 한다.

Smithsonian 세상에 공짜가 있는 곳

"세상에 정말 공짜는 없는가?"의 정답은 "있다"다. 그것도 세계의 심장으로 불리는 워싱턴에 무한대로 공짜를 누릴 수 있는 곳이 있다. 백악관과 의회를 사이에 두고 여러 군데에 흩어져 있는 **Smithsonian museums**는 시간낼 의지와 여유만 있다면 언제든지 **for free**공짜로로 고대부터 현대에 이르기까지 인류가 쌓아온 지식과 예술작품 등을 맘껏 즐길 수 있는 흔치 않은 공간이다.

Natural History자연사, **American History**미국사, **American Arts**미국 미술, **Air and Space**항공 우주 등 미국의 과거와 현재를 일목요연하게 볼 수 있는 19개의 박물관들이 주제별로 별도의 건물에 마련돼 있다. 박물관과 동물원, 연구소를 아우르는 **Smithsonian Institute**스미스소니언 연구소는 미국을 한 번도 방문한 적이 없는 영국인 과학자 제임스 스미스슨James Smithson이 자신의 유산을 미국에 기증하겠다는 유언에 따라 1846년 8월에 문을 열게 됐다고 한다. 스미스슨이 도대체 왜 신생국인 미국에 자신의 막대한 유산을 기증했는지에 대해서는 잘 알려지지 않았으나, 여하튼 **Smithsonian**이라는 말은 '스미스슨스러운', '스미스슨의'라는 뜻을 지니고 있는 셈이다.

세계 최대의 박물관 콤플렉스라는 명성에 걸맞게 스미스소니언 연구소 산하의 박물관 한 곳에 **on exhibition**전시돼 있는된 전시물을 보는 데만도 하루로는 턱없이 시간이 모자랄 정도다. 그래서 워싱턴 일원에 살고 있는 주민들은 주말이나 휴일이 되면 시간이 날 때마다 가족들과 함께 박물관에 와서 즐거운 시간을 보낼 수 있다. 그건 미국의 수도 워싱턴 근처에 살고 있다는 자체만으로 누릴 수 있는 **privilege**특권이자 blessing축복이다.

그런데 이렇게 소중한 공간에서 뜻하지 않게 논란을 일으킨 사건이 하나 있었다. 2011년 1월 메릴랜드Maryland주 록빌Rockville에 살고 있는 일본계 미국인 주부 아이토 노리코는 스미스소니언의 Hirshhorn Museum허시혼 박물관에 갔다가 박물관 security guard보안요원로부터 public reprimand공개 면박를 당했다. 허시혼 박물관은 조각 등 근·현대 작가들의 예술 작품을 모아놓은 곳으로, 이 박물관 역시 입장은 무료다.

사연은 노리코가 박물관 벤치에 앉아 11개월인 딸에게 breastfeeding모유 수유을 하다가 보안요원에게 bathroom에 가서 젖을 먹이라는 핀잔을 들었던 것. 노리코는 하는 수 없이 bathroom에 들어갔으나 마땅한 자리가 없자 벤치로 돌아와서 수유를 하던 중 다른 보안요원으로부터 재차 제지를 당했다. 특히 두 번째 보안요원은 화장실에 자리가 없다는 노리코의 얘기를 들은 뒤 그럼 Sit on the toilet.변기 위

■ Smithsonian의 Air and Space Museum

에 앉아서 수유해라. 이라는 어이없는 말을 했다. 이에 노리코는 화가 나서 남편과 함께 집으로 돌아와 버렸다.

이 주부가 이를 SNS_{Social Network Service}를 통해 공론화하자 허시혼 박물관 측은 "직원들에 대한 교육이 덜 됐던 것 같다."라며 심심한 사과를 표시했다. 1999년 시행에 들어간 **The Right to Breastfeed Act**_{모유수유권법}에 의거해 **Smithsonian** 등을 비롯해 모든 **federal property**_{연방 자산관리 규정}에서는 **public breastfeeding**_{공공장소 수유}이 허용되는데도 보안요원들이 제지를 한 것은 잘못된 일이었다는 입장을 밝힌 것이다.

역시 **civil rights**_{시민권}에 대한 공공기관의 부당한 압력이나 간섭은 개인 차원에서 참고 넘어갈 일은 절대 아닌 것 같다. 제2, 제3의 피해자가 나오지 않도록 하기 위해서는 목소리를 낼 필요가 있다는 얘기다. 지금은 혼자서 싸우는 것이 아니라, **Twitter** 또는 **Facebook** 등 이른바 **SNS**를 통해서 일개 개인의 작은 목소리도 집단의 큰 목소리로 변화해 세상을 바꿀 수 있는 시대에 살고 있기 때문이다.

---

public breastfeeding: 공공장소에서 엄마가 아기에게 모유를 수유하는 일이다. 법적으로는 공공장소의 수유가 허용되고 있으나, 사람에 따라서는 이를 불편하거나 불쾌하게 생각하는 경우도 있다고 한다. 2005년 미국 여성앵커의 **living legend**_{살아있는 전설}인 바버라 월터스_{Barbara Walters}는 ABC방송의 *The View*라는 주부대상 토크쇼 프로그램에서 "비행기 옆자리에서 모유를 수유하는 것을 보면 불편할 때가 있다."라고 말했다가 주부들로부터 엄청난 반발을 산 바 있다.

reprimand: 정색을 해서 심하게 나무라는 행동을 말한다. **rebuke**나 **reproof**도 비슷한 말이다.

Live free or die
모토가 너무 멋진 뉴햄프셔

2009년 가을, 우리 가족은 그 좋다는 캐나다 Quebec퀘벡의 단풍 구경을 위해 일주일 일정으로 여행을 떠난 적이 있다. 우선 필수 코스인 Niagara Falls나이애가라 폭포를 구경하고 미국으로 다시 들어왔다가 퀘벡 방면으로 향했다. 그런데 신나게 운전을 하던 중 우리 집 승합차 Odyssey오딧세이의 앞바퀴가 갑작스럽게 flat tire펑크가 되는 바람에 고속도로에서 큰 사고를 당할 뻔했다. 갓길에 차를 세워놓고 AAA보험사 파견 직원의 도움을 받아 자동차 바퀴를 교체한 뒤에야 캐나다로 다시 향할 수 있었다. 그때의 아찔했던 순간을 떠올릴 때면 지금도 가슴을 쓸어내리곤 한다.

우여곡절 끝에 우리는 퀘벡에 가서 단풍 구경을 무사히 마치고, 인증 샷도 충분히 찍은 뒤 귀로에 올랐다. 버지니아 주로 돌아오는 길은 버몬트Vermont 주와 뉴햄프셔New Hamphshire 주를 경유하는 미답의 코스를 택했다. 고속도로 양편으로 거대한 단풍 숲이 마치 병풍처럼 펼쳐진 길을 따라 내려오면서 가을의 정취에 흠뻑 빠져들 때였다.

전방 오른쪽에 뉴햄프셔 주의 경계를 알리는 표지판이 눈에 확 들어와 꽂혔다. **Live free or die**자유롭게 살거나, 아니면 죽거나. 페트릭 헨리Patrick Henry의 **Give liberty or death**자유 아니면 죽음을 달라.를 연상하게 하는 너무도 멋진 이 말을 보고 갑자기 뉴햄프셔가 좋아졌다.

10년 전인 2000년 미국 대선 당시 그 유명한 뉴햄프셔의 대선 primary예비선거를 견학하기 위해 들렀을 때의 아련했던 추억도 선명하게 되살아나는 듯 했다. '아, 이런 멋진 문구를 state motto주의 모토로 삼고 있으니 미 대선의 풍향계 역할을 하는 첫 primary를 이 곳 뉴햄프셔에서 치르는 것은 어찌 보면 당연 하겠구나.' 하는 데 까지 생각이 확장됐다. 2007년 개봉됐던 *Die Hard* 시리즈의 네 번째 작품 제목은 뉴햄프셔의 모토를 따와서 *Live Free or Die Hard*였다.

주 경계를 넘다가 또 한번 "멋있는데!"라는 탄성을 자아냈던 곳은 웨스트 버지니아West Virginia 주다. 버지니아 주에서 9번 도로를 따라가다 보면 산길 정상부근에 **Welcome to West Virginia, Wild and Wonderful**이라고 적혀 있는 표지판을 만나게 된다. W를 네 번 등장시키면서 리듬을 맞춘 아주 멋진 주 경계판이었다고 생각된다. 이렇게 멋진 경계판들을 갖고 있는 뉴햄프셔와 웨스트 버지니아는 지역 주민들이 누리는 삶의 질 면에서는 큰 차이를 보이고 있다.

2010년 기준으로 뉴햄프셔 주의 **median household income**가구당 중간소득이 6만 5,000달러에 달해 50개 주 가운데 가장 높았다. 반면 웨스트 버지니아 주의 가구당 중간소득은 3만 9,170달러에 그쳐 꼴찌에서 세 번째를 기록했다.

가장 중간소득이 낮았던 주는 미시시피 주였고, 그 다음으로 빌 클린턴 전 대통령의 고향인 **Arkansas**아칸소가 가난한 것으로 나타났다. 웨스트버지니아는 궁여지책으로 최근 버지니아 주 접경 근처에 **casino**를 개설하는 등 적극적인 세수 확충에 나선 상태다.

Ex

✔ "Live Free or Die" is New Hampshire's state motto and appears on every license plate in the state. "Live free or die"는 뉴햄프셔 주의 모토로 이 주의 모든 자동차 번호판에 등장한다.

role model 사람이 이름을 남기는 사회, 미국

초등학교 2학년이던 딸아이와 유치원에 다니는 아들 녀석이 공부를 잘해서 언젠가 입학했으면 하는 '꿈같은' 상상을 하면서 캘리포니아 주 **Palo Alto**팔로알토에 있는 **Stanford University**스탠퍼드 대학에 구경을 간 적이 있다. 철도사업가였던 **Leland Stanford**가 유럽여행 중 장티푸스에 걸려 요절한 아들을 기리기 위해 설립했다는 이 학교의 공대에는 빌 게이츠Bill Gates의 이름이 선명한 건물이 단연 시선을 끈다. 그 맞은편에는 **HP**의 **co-founders**공동설립자인 빌 휼렛Bill Hewlett과 데이브 패커드Dave Packard가 각각 기부한 돈으로 세워진 건물 2개 동이 자리 잡고 있는 것도 이채로웠다.

미 동북부 명문대 8개교를 일컫는 **Ivy league**아이비리그 대학들도 따지고 보면 상

■ Stanford 대학의 Bill Gates 건물

당수가 설립자의 이름을 땄다. 뉴저지New Jersey 주 내의 지역명을 딴 Princeton프린스턴대학 등 일부를 제외하면 Havard를 위시해 Yale예일, Brown브라운, Cornell코넬 대학이 모두 설립자 이름을 학교 간판으로 내건 institute of higher learning고등교육기관이다.

    미국의 후한 인명 사용 관행은 심지어 정부 지정 휴일에서도 찾아볼 수 있다. 흑인 민권운동가였던 마틴 루서 킹 목사 기념일1월 셋째 주 월요일, 초대 대통령을 지낸 George Washington을 기리는 Washington's Birthday일명 President's Day, 2월 셋째 주 월요일, 미대륙을 발견한 Christopher Columbus를 기념하는 Columbus Day10월 둘째 주 월요일이 여기에 해당한다.

    한국은 어떤가? 3·1절, 현충일, 제헌절, 광복절 등이 있지만 인명을 사용하지는 않고 있다. 지금은 공휴일에서 제외됐지만, 한국에서도 한글날을 '세종대왕일'이라고 부르면 어떨까 하는 생각을 해본다. 세종대왕 얘기가 나온 김에 한 가지 일화를 소개할까 한다. 지금의 인천국제공항 설립계획이 추진되던 1990년대 중반 새로 탄생할 공항의 이름을 짓기 위해 '신新공항 명칭선정심사위원회'라는 기구가 만들어졌다. 간단히 말해 작명기구였다.

    1995년 당시 나는 김포공항에 매일 출근해 공항 관련 소식을 전하는 이른바 '공항출입 기자'였다. 그 덕분에 신공항 명칭선정심사위 전체회의에 위원 자격으로 불려갔던 적이 있었다. 심사위원회 회의에는 세 차례의 naming contest현상공모를 통해 선정된 세종, 서울, 인천, 영종이 올라와 경합을 벌이게 됐다. 수도권신공항건설공단은 뉴욕의 JFK 공항, 파리의 Charle de Gaulle사를 드골 공항 등 외국의 사례를 들어 은근히 세종공항이 채택되길 바랐지만, 한국의 공항 중 인명을 사용한 precedent전례가 없는 데다 인천 주민의 반발이 우려된다는 신중론에 부딪혀 곤혹스러워하던 기억이 아직도 새롭다.

    돌이켜보면 지금은 친숙해진 인천공항이라는 명칭은 인명을 사용하는 데 지극히 인색한 한국의 문화와 정서 속에서 세종을 누르고 기사회생한 이름이다. 그럼 도대체 왜 미국에서는 인명을 딴 건물과 도로, 공항 등이 이렇게 많은 것일까? 주변에서 명쾌한 답을 들을 수는 없었다. 하지만 인명을 적극적으로 사용하는 문화는 긍정적인 효과를 낳을 것이라고 생각한다. 후세가 닮고 싶어 하는 **role model**롤모델을 제시하는 유용한 수단이기 때문이다.

한국계로 미국 보건부의 **assistant secretary for health**보건담당 차관보에 취임한 하워드 고Howard Koh, 고경주는 2010년 1월 워싱턴의 싱크탱크인 **KEI**한미경제연구소가 수여하는 한인 차세대 지도자상을 받았다. 그는 **acceptance speech**수상소감에서 부통령까지 지냈던 허버트 험프리Hubert Humphrey 전 상원의원의 이름을 딴 보건부 청사에 출근한다고 운을 뗐다. 그러면서 청사 현관에 적혀있는 험프리 전 의원의 유명한 연설 가운데 한 대목을 늘 마음속에 새기며 하루를 시작한다고 소개했다.

그가 소개한 말은 미국의 보건부 차관보가 아니라도, 누가 들어도 고개가 끄떡여지고 숙연한 마음이 들게 하는 내용으로 채워져 있다.

The moral test of government is how that government treats
Those who are in the dawn of life, the children;
Those who are in the twilight of life, the elderly;
Those who are in the shadows of life, the sick, the needy and the handicapped. 정부 도덕성의 시험대는 그 정부가 인생의 새벽에 있는 어린이들과, 인생의 황혼에 있는 노인들과, 인생의 그늘에 있는 병들고 가난하고 장애를 지닌 사람들을 어떻게 대우하느냐에 달려있다.

국가가 떠맡아야할 복지의 **ABC**를 집약해 놓은 이 표현을 보고 자신의 옷매무새를 다시 가다듬지 않을 복지공무원이 과연 있겠는가.

건물에 사람 이름을 붙이는 일은 이처럼 건강한 **role model**을 희망의 열매인 사과나무 심듯이 사회 곳곳에 심어놓는다는 의미에서 매우 중요한 일이라고 생각한다. 이제 우리나라도 '영웅'까지는 아니더라도 후세에 귀감이 될 수 있는 역사 속 인물을 현실 속에서 재탄생시키는 작업에 눈을 돌려야 할 때다.

Ex

✔ Garnering a place in the hearts of the public through her many good deeds, Angelina Jolie has been given the title of Best Celebrity Role Model in a new online poll. 수많은 선행을 통해 대중의 마음을 사로잡은 안젤리나 졸리는 최근 실시된 온라인 여론조사에서 가장 닮고 싶은 유명인사 롤 모델이라는 타이틀을 얻었다.

✔ Spain is a role model in green energy and developing renewable energy. 스페인은 그린 에너지와 재생 에너지 개발에서 롤 모델이다.

---

handicapped: '장애가 있는'이라는 뜻이다. 요즘에는 **physically challenged**육체적으로 어려움이 있는라는 표현도 사용된다고 한다.

peace corps 쉿! 's' 발음은 하지 마세요

영어 단어 가운데는 마지막에 오는 **s**를 발음하지 않는 단어가 몇 가지 있다. 그 중 하나가 **debris**잔해다. 기자들의 모임인 **Press Corps**기자단의 **corps**도 발음할 때는 '코[kɔːr]'라고 한다. **s** 발음을 넣어서 했다가는 **corpse**시체로 뜻이 돌변한다. 2011년에 창립 50주년을 맞은 미국의 **Peace Corps**도 마찬가지로 **s**를 발음하지 않는다.

한국은 미국의 평화봉사단이 파견됐던 국가들 가운데 유일하게 비슷한 성격의 봉사단을 해외에 파견하는 나라로 발돋움했다. **KOICA**한국국제협력단는 1990년 네팔, 스리랑카, 인도네시아, 필리핀 4개국에 처음으로 44명의 해외봉사단원을 파견했으며, 2010년 9월 현재 개발도상국 46개국에 봉사단원 1,600여 명을 파견해 놓고 있다. 가난했던 시절을 기억하는 미국인 평화봉사단원들의 눈으로 보면 경제적으로 풍요해진 한국이라는 국가는 참으로 대단한 나라일 것이다.

미국 워싱턴에 있는 **Korea Foundation**한국국제교류재단 지사는 해마다 연말이 되면 한국에서 젊은 날을 봉사활동으로 보냈던 왕년의 봉사단원들을 초청해 **reunion**재회 행사를 열고 있다. 50년 전 한국에 대한 그리움과 지금의 한국에 대한 놀라움을 이들의 입을 통해 들을 수 있는 흔치 않은 기회다.

s가 묵음인 단어는 미국 지명에서도 발견된다. 빌 클린턴 전 대통령이 주지사를 지냈던 곳은 **Arkansas**아칸소이며, 오바마 대통령의 정치적 고향인 시카고가 위치해 있는 주는 **Illinois**일리노이다. 아칸사스, 일리노이스라고 발음한다고 미국인들이 못 알아듣지는 않겠지만, 조금 낯이 간지러울 수도 있겠다.

일리노이 주와 경계를 이루고 있는 아이오와 주에는 정치적으로 매우 의미 있는 장소가 있다. 4년마다 미국의 대선 시즌이 돌아오면 민주당과 공화당 양당이 뉴햄프셔 주의 primary예비경선와 동시에 첫 caucus당원대회를 개최하는 아이오와 주의 state capital주도 Des Moines다. 이 도시의 이름은 두 개의 s발음을 모두 하지 않은 채 '디모인'이라고 읽는다.

반면 응당 s 발음을 해야 하는데 방송 프로그램 제목에서 일부러 s를 빼버리는 경우도 있다. 한국계 산드라 오Sandra Oh가 출연한 미국의 인기 메디컬 드라마 '그레이 아나토미'의 원제는 *Grey's Anatomy*다. 한국어 제목을 달면서 s가 실종됐다.

'코리아 갓 탤런트'도 마찬가지. 영어 제목은 *Korea's Got Talent*라고 s를 분명히 적어놓고 있으면서도, 한국 제목에서는 어찌된 영문인지 s를 없앴다. s가 들어가도 그렇게 발음이 어려운 것도 아닌데, 어쨌든 사라져 버렸다.

s는 아니지만, l이 소리가 나지 않는 대표적인 영어 단어가 하나 있다. salmon연어이다. 한번은 프랑스 레스토랑에서 음식을 시키는데 옆에 있던 지인이 '샐먼'을 먹겠다고 하는 게 아닌가? 설마 내가 잘못 들었겠거니 생각하고 있는데, 웨이터에게 실제로 "샐먼 플리즈."라고 하는 걸 듣고 조금 민망했다. 물론 웨이터는 찰떡같이 알아들었지만, 좀 더 정확하게 '새먼'이라고 했으면 얼마나 좋았을까 하는 생각을 해봤다.

✔ Kathleen Stephens, the outgoing U.S. ambassador to Seoul, was a Peace Corps volunteer in Korea from 1975 to 1977. 조만간 이임할 캐슬린 스티븐스 주한 미국 대사는 1975년부터 1977년까지 한국에서 활동한 평화 봉사 단원이었다.

Redskins 네이티브 아메리칸의 유산

워싱턴 D.C.는 프로 구기종목 팀을 모두 갖추고 있으나, 좋은 성적을 내고 있는 팀이 없어 이 지역 일대의 팬들에게 큰 실망을 안겨주고 있다. 적어도 내가 워싱턴 특파원으로 활동할 때는 그랬다.

프로야구에는 Montreal Expos몬트리올 엑스포스의 바통을 이어받은 Washington Nationals워싱턴 내셔널즈가 있는데 승률 50퍼센트를 넘기기에 급급하다. National League East Division내셔널 리그 동부지구에서 2010년 정규 시즌을 포함해 3년 연속 내리 꼴찌를 했다. 2011년 시즌에는 5개 팀 중 3위를 해 그나마 체면치레는 했다.

2010년 시즌에는 미국 프로야구 사상 최대 계약금인 1천510만 달러를 받고 입단한 정통파 우완투수 스티븐 스트라즈버그Stephen Strasburg가 Nationals의 '구세주'로 등장했으나, 곧바로 부상에 시달리면서 아까운 연봉만 축내고 있다.

프로농구 Washington Wizards워싱턴 위저즈도 이름은 근사해서 신묘한 실력을 발휘할 것 같지만, 성적은 늘 하위권을 맴돈다. ice hockey아이스하키의 Washington Capitals캐피털즈가 그나마 선전하는 편이기는 하지만, 선두권에는 진입하지 못하고 있다.

2010년 초 워싱턴 일대에 엄청난 눈이 내렸을 당시 노부부가 시내 Verizon Center버라이전 센터에서 열릴 예정이던 Capitals의 아이스하키 경기를 보겠다며 허벅지까지 쌓인 눈길을 걸어서 헤쳐 가는 모습을 TV 뉴스를 통해 보면서, "형편없는 팀을 저렇게 응원하다니, 참 대단한 노인네들이야." 하고 나도 모르게 혀를 찼다.

워싱턴과 그 일대 버지니아, 메릴랜드 주민들에게 가장 큰 실망을 안겨주는 워싱턴 연고지의 프로팀은 단연 NFL미식축구의 Redskins다.

redskins라 함은 인디언, 즉 **Native Americans**를 뜻하는 말이다. 1600년대 후반에서 1700년대에 걸쳐 **colonized America**식민지 미국에서는 야생 동물이나 미 대륙 원주민들의 **skins**를 가져 오면 영국과 프랑스 식민통치 당국이 **bounty**포상를 줬다고 한다. 일설에 의하면 미국 원주민들을 **redskins**라고 부르게 된 유래는 여기에서 왔다.

　redskins는 일상생활에서는 더 이상 사용되지 않지만, 스포츠 팀의 이름으로는 지금까지 명맥을 유지하고 있다. 1990년대 초반 일부 **Native Americans**를 중심으로 **redskins**는 경멸적인 표현이라며 **Washington Redskins**를 상대로 소송을 제기했으나, 법원이 원고측 입장을 지지하지 않아 지금도 구단명은 계속 쓰이고 있다.

　그런데 **Redskins**는 형편없는 실력으로 팬들에게 실망을 안겨주고 있다. **Redskins**는 2010 시즌의 12월 **Tampa Bay Buccaneers**탬파베이 버커니어스와의 경기에서 **fourth quarter**4쿼터까지 21:14으로 끌려가다가 천신만고 끝에 **touchdown**터치다운에 성공, 일단 21:20까지 따라붙었다. 이제 **extra point**추가 득점를 위한 킥을 해서 1점을 따라붙으면 적어도 무승부를 거둘 수 있는 상황이었다.

　그런데 **placekicker**플레이스키커를 위해 공을 반듯이 세워 줘야 하는 **holder**홀더가 실수로 자신에게로 높이 **snap**토스돼 날아오는 공을 놓치고 말았고, 결국 키커는 발길질조차 하지 못한 상태에서 경기가 종료되고 말았다. 이날 워싱턴 지역의 로컬 **TV**방송들은 "이제 **Redskins**는 아주 창의적으로 지는 방법을 개발했다."라고 비아냥댔다. 이쯤 되면 백인 선수도 창피함으로 몸이 빨갛게 변해서 '레드 스킨즈'가 될 법도 했겠다. 미국의 원주민을 부르는 말은 **American Indians**를 거쳐서 이제는 **Native Americans**로 정착된 상태다.

　참고로 미국 슈퍼볼 우승팀에게 수여되는 상의 이름은 한때 워싱턴 레드 스킨즈의 감독을 지냈던 빈스 롬바르디Vince Lombardi의 이름을 따서 **Vince Lombardi Trophy**빈스 롬바르디 트로피라고 부른다. 롬바르디는 위스콘신Wisconsin 주에 연고지를 두고 있는 Greenbay Packers그린베이 팩커스의 head coach수석 코치 시절 팀을 두 차례의 슈퍼볼 우승으로 이끌었던 명감독이다.

미국 원주민들을 소재로 구단명을 짓거나 로고를 사용해 논란을 일으킨 경우는 MLB미국프로야구에서도 예외는 아니다.

1995년 MLB의 자웅을 가리는 World Series월드시리즈는 공교롭게도 Cleveland Indians와 Atlanta Braves가 맞붙었다. 두 팀은 구단명과 로고를 Native Americans를 소재로 사용하고 있어서 관련 단체들에게 항의를 받기도 했다.

> Ex

✔ Redskins eventually emerged as the epithet for enemies who usually used red paint on the warpath. 궁극적으로 Redskins는 출정 길에 오를 때 흔히 빨간색 페인트를 사용하는 적들을 상징하는 말로 떠올랐다.

✔ The Native Americans believe that Redskins is a racist term and is derogatory to Native Americans. 미국 원주민 출신들은 Redskins가 자신들에게 인종차별주의적이고 경멸적인 것으로 생각하고 있다.

Verizon Center: 워싱턴의 China Town차이나타운 안에 있는 스포츠 및 엔터테인먼트를 위한 실내 체육관이다. 스폰서 업체인 이동통신 회사 Verizaon Communications에서 이름을 따왔다. 회사 이름을 체육관의 이름으로 내건 시설은 미국에 제법 많다. 2008년 민주당 전당대회가 열렸던 곳은 콜로라도 주 덴버 시의 Pepsi Center였다. 뉴저지 주 Newark뉴왁에는 Prudential Financial 회사의 이름을 딴 Prudential Center가 있다.

lower 48 알래스카의 아랫것들, 미 본토 48개 주

2009년 3월. 오바마 행정부가 출범한 지 불과 2개월 남짓한 시점에 북한이 도발 징후를 보이기 시작했다. 핵 문제를 풀기 위한 6자회담을 공전시킨 상태에서 장거리 미사일 실험발사 위협을 노골화하기 시작한 것이다.

당시 데니스 블레어Dennis Blair DNI국가정보국 국장은 Senate Arms Services Committee상원 군사위원회에 출석해 "북한이 인공위성이든 미사일이든 무엇을 쏘든지 간에 이는 유엔 안전보장이사회 결의 위반"이라고 경고했다. 그러면서 블레어 국장은 '북한의 3단계 우주발사체가 성공적으로 작동한다면, 이는 Hawaii하와이와 Alaska알래스카는 물론 알래스카 인들이 lower 48이라고 부르는 미 본토까지 도달할 수 있을 것'이라고 밝혔다.

블레어 국장의 이 언급은 미국 50개 주의 지리 공간적 개념을 미국인들이 어떻게 인식하는지를 보여준 것이었다. 자신이 미국의 어느 지점에 거주하느냐에 따라 미국 대륙을 인식하고, 이를 표현하는 방식이 각기 다르다는 사실 말이다.

모두 알고 있는 것이겠지만, 미합중국은 50개 주로 구성돼 있다. 이들 가운데 미 mainland대륙 본토에는 48개 주가 모여있다. 알래스카는 캐나다를 사이에 두고 북서쪽에 위치해 있으며, 하와이는 미국에서 10시간 이상을 비행기로 날아가야 닿을 수 있는 태평양 상에 있다.

48개 주가 모여 있는 본토를 contiguous U.S.라고 부르는데 contiguous는 '인접한', '맞닿아 있는'이라는 뜻으로 48개 주가 각기 다른 주와 경계를 이루고 있다는 뜻에서 붙여진 말이다. 이것과는 조금 차이가 나는 continental U.S.CONUS

는 알래스카까지 포함해 북미 대륙에 있는 49개 주를 지칭할 때 사용된다. 따라서 **CONUS**에서 유일하게 제외되는 주는 하와이가 된다.

그런데 페일린의 고향인 알래스카 입장에서 보면 본토는 '아랫것들'에 해당한다. 자신들보다 밑에 있다고 해서 앨라스카 인들은 미 본토를 **lower 48**이라고 부르는 것이다.

미국의 본토 48개 주 가운데 단 한 개 주와 경계를 이루고 있는 주는 동부 최북단의 메인Maine 주 뿐이다. 미주리Missouri 주와 테네시Tennessee 주는 사방으로 각각 가장 많은 8개의 주와 경계를 이루며 둘러싸여 있다.

Ex

✔ **The Endangered Species Act classifies the grizzly bear as a threatened species in the lower 48 states, and the animals are protected by federal law.** 멸종위기 동물법은 회색곰을 미국 본토 48개 주에서 멸종 위험이 있는 동물로 분류하고 있으며, 회색곰들은 연방법에 의해 보호를 받고 있다.

✔ **Half of the lower 48 states have heat advisories or warnings.** 미 본토 48개 주의 절반에 폭염주의보와 경고가 내려졌다.

DNI: 미국 국가정보국. 9·11 테러 이후 외부 세력에 의한 미국 본토 공격 등에 대비해 각종 정보를 통합 관리할 기관의 설립 필요성이 제기됨에 따라 입법과정을 거쳐 2004년 12월 발족했다. **CIA**중앙정보국, **FBI**연방수사국 등 행정부 내 16개 정보기관들을 산하에 거느리고 있는 조직이다. 각급 정보기관에서 취합된 정보를 취합, 분석해 대통령에게 객관적이고도 시의적절한 국가 정보를 제공하는 것을 제1의 목표로 삼고 있다. 매년 북한의 핵무기 개발 위협 등을 분석한 **Annual Threat Assessment Report** 연례 위협분석 보고서를 발표하고 있다.

101 우리가 알아야할 기초적 지식들

공부든 어학이든 기본기가 튼튼해야 한다. 기본기를 닦는 데는 시간이 많이 걸리게 마련이다. 선천적으로 뛰어난 머리나 운동신경을 타고난 사람이라면 준비에 들이는 시간이 짧을 수도 있겠지만, 대부분의 사람들은 많은 시간을 기본기를 닦는 데 투자해야만 한다.

미국에서 **TV**를 시청하다 보면 Hollywood 101, U.S. politics 101하는 식으로 '101원오원'이라는 표현을 쓰는 것을 종종 보고 듣게 된다. 이 말은 은어로 '기본적이고, 단순한 것'을 의미한다. 미국 **TV**에서는 프로풋볼의 최대 행사인 **Superbowl**슈퍼볼 개최를 앞두고 풋볼 경기의 복잡한 규칙을 제대로 이해하지 못하는 주부들을 상대로 '슈퍼볼 101'과 같은 프로그램을 내보내기도 한다. 프로풋볼 선수 출신의 스타들이 나와 어떻게 공격을 해서 점수를 따고, 어떤 행위를 했을 때는 반칙에 해당하는지를 압축적으로 설명해 주는 식이다.

즉 101이란 '할리우드의 **ABC**' 하는 식으로 어떤 명제를 이해하는 데 도움이 되는 **basic knowledge**기본지식 또는 **introduction**개론을 뜻한다고 보면 된다. 이 말은 미국 대학에서 대학 1학년 과정의 **course numbers**수강번호를 '수학 101', '인문 101' 이런 식으로 정해놓은 데서 유래한 것이라고 한다.

최근 출판업계에서는 '백문백답', '100가지 요리법,' '처세술 100가지' 등의 제목에서 한 발짝 더 나아가 '101가지'를 표방한 서적들이 많이 나오고 있다.

여기서 101은 '기본'을 뜻한다기보다는 덤으로 한 가지 더 알려준다는 마케팅적 측면이 고려된 결과라는 지적이 많다. 그럼 **journalist**기자의 101은 무엇일까. 20년 남짓한 기자생활을 통해 얻은 결론은 부지런함이다. 기자의 생명인 취재원을 사귀고 관리하기 위해서는 남다른 근면함이 필요하며, 기자의 스토리텔링에 기본이 되는 기사 작성을 위해서는 현장 취재와 전문적 지식의 축적이 중요하다는 점은 아무리 강조해도 지나치지 않다.

하지만 유감스럽게도 나 스스로를 되돌아 볼 때 이런 기자의 101을 제대로 실천에 옮기지 못했다는 반성이 앞선다. 어떻게 하면 좀더 편안한 기자생활을 할 수 있을까 하는 생각에 빠져있던 세월은 아니었나해서다. 아무쪼록 후배들은 기자의 덕목이자 기본인 부지런함을 생활의 **credo**신조로 삼았으면 하는 바람이다.

> Ex

✔ **Hockey 101: While hockey may seem confusing at first, a basic knowledge can help you unlock the game and appreciate the aspects of the sport.** 하키 101: 하키가 처음에는 혼란스럽게 보일지는 몰라도, 기본 지식만 갖춘다면 경기의 비밀을 풀고 즐길 수 있게 될 것이다.

✔ **Medical School 101: What medical school is really like.** 메디컬 스쿨 101: 메디컬 스쿨은 진짜 어떤 곳인가.

24/7 '월화수목금금금'의 미국식 표현?

stem cell줄기세포 조작 논란으로 파문을 일으켰던 황우석 박사는 한때 세간의 주목을 한몸에 받았을 때 이런 말을 한 적이 있다. "월화수목금금금 연구를 하고 있다." 주말과 휴일을 반납하다시피 하면서 연구에 전념했다는 뜻을 강조하기 위해 동원된 '멋진' 표현이었다. 당시 황우석 박사가 워낙 코너에 몰리다 보니까 이 표현을 두고도 일본의 비슷한 문구를 '표절'했다는 기사까지 등장했던 것으로 기억된다. 경위야 어찌됐든 바쁜 직업을 가진 사람들의 고단한 일상을 이처럼 잘 반영한 표현도 드문 것 같다.

영어에서는 일주일에 7일, 하루에 24시간 열과 성을 쏟아 부어야 할 정도로 바쁜 직업이라는 뜻으로 '**24/7 job**'이라는 표현이 자주 사용된다. 이런 범주에 들어가는 정신없이 바쁜 직업군으로는 미국 대학 미식축구팀 감독이 꼽히곤 하다. 한 미식축구 감독은 감독직에서 자진사퇴하면서 행한 기자회견에서 정작 고교 농구 선수인 딸의 경기를 한 번도 가본 적이 없을 정도로 바쁜 나날을 보냈다면서 가족들과 소중한 시간을 갖고 싶어서 사퇴를 결심했다고 밝혔을 정도다.

fire fighters소방대원, **doctors and nurses**의사와 간호사, **journalists**기자, **diplomats**외교관 등도 크게는 이런 범주에 포함될 것이다. 물론 교대근무가 있기는 하지만, 한 순간이라도 그 직업의 역할과 기능이 멈춰서는 안 되는 직업군이기 때문이다.

우리 사회에서는 기자들에 대해 지금도 부정적인 이미지를 떠올리는 사람들이 많은 것 같다. 그러나 요즘 젊은 기자들은 참으로 바쁘다. 사회가 다기화되면서 과거에 평면적인 기사로 만족했던 독자와 시청자들이 점점 더 전문적이고 깊이 있는

■ 바쁜 도시 Washington의 시내 풍경

기사를 요구하고 있어 젊은 기자들은 이에 부응하기 위해 시간을 쪼개서 일하지 않으면 안 되는 구조가 됐기 때문이다.

  자연스럽게 기자들은 더 많이 뛰고, 풍부한 콘텐츠가 담긴 기사를 취재, 발굴해 내려 애쓴다. 그런 점에서 "나는 호ﾗ 시절에 기자생활을 했구나."라는 생각을 하게 된다. **Oh, those were the days!**아, 옛날이여!

  내가 2011년 6월부터 몸담기 시작한 연합뉴스 계열의 **NewsY**뉴스와이 도 따지고 보면 하루 24시간씩 일주일 내내 뉴스만 전문적으로 방송하는 '**24/7**'개념의 **cable news network** 케이블 뉴스 네트워크 다. 물론 한 사람이 잠도 자지 않은 채 '논스톱'으로 이런 일을 해내는 것은 아니지만, **24/7**로 운영되는 시스템 속에서 일해야 한다는 점에서 '월화수목금금금'이라는 표현을 붙여주는 데 인색할 필요는 없을 것 같다.

  미국에는 **24/7**로 굴러가는 도시가 하나 있다. **The city that never sleeps**잠들지 않는 도시로 잘 알려진 **Big Apple**, 즉 뉴욕이다. 그런데 이 도시가 2011년 8월 하순 **Hurricane Irene**허리케인 아이린 의 엄습을 받고 멈춰 섰다. 초강력 허리케인 아이린의 상륙에 대비, 뉴욕 시가 지하철 운행을 중단하고 시민들의 외부 출입을 자제할 것을 당부했기 때문이었다. **TV** 화면을 통해 모처럼 텅 비다시피 한 **Times Square**타임스 스퀘어를 지켜보는 것도 색다른 경험이었다.

그런 의미에서 진정으로 잠들지 않는 미국의 도시는 **Washington D.C.**일 것이다. 전 세계 정치, 경제, 외교, 안보 문제 등에 깊숙이 관여하고 있는 행정부처가 늘 가동되고 있는 곳이기 때문이다.

Ex

✔ **Millions of families struggle to take care of their loved ones with Alzheimer's at home. Eventually it becomes a 24/7 job.** 수백만 가구가 알츠하이머병에 걸린 사랑하는 가족을 집에서 돌보느라 애를 쓰고 있다. 그렇게 돌보는 일은 결국에는 24시간 내내, 일주일 내내 해야 하는 일이 되고 만다.

✔ **Stephen Goldsmith, deputy mayor of New York City, was leaving because he had just been arrested over a domestic violence complaint lodged by his wife. In this 24/7 media environment, it is astonishing that it took this long.** 뉴욕 시 부시장이었던 스티븐 골드스미스는 그의 아내가 제기한 가정폭력 문제로 체포되자 부시장직에서 물러났다. 요즘과 같이 24시간, 일주일 내내 운영되는 미디어 환경 속에서 이런 사실이 이렇게 늦게 드러났다는 것이 당혹스럽다.

Big Apple: 뉴욕의 별명이다. 이 별명의 유래에 대해서는 다양한 설이 있다. 그 가운데서도 가장 설득력있는 설은 1920년대 존 피츠제럴드John Fitzerald라는 기자가 뉴욕 경마와 관련된 칼럼 제목을 **Around the Big Apple**이라고 한데서 비롯됐다는 것이다. 당시 뉴욕 주변에는 많은 경마장이 있었고, **Apple**이라는 단어는 큰 상금을 의미했다고 한다. 또한 미국의 재즈계에서는 **There are many apples on the tree, but only one Big Apple.** 나무에는 많은 사과들이 있지만, Big Apple은 단 하나뿐이다. 이라는 말이 있었는데, 뉴욕에서 성공한 **Jazz Musicians**재즈 음악가들가 **Big Apple**이라는 말을 썼다는 설도 있다.

:: 찾아보기 INDEX

adoptee 138
aficionado 134
Air Force One 230
alcoholic beverages 33
almost hit 186
also-ran 290
alumni 96
Amendments to the Constitution 233
American University 133
Angelina Jolie & Brad Pitt 140
anniversary 246
anonymity 214
apolitical 206
archenemy 225
Assistant Secretary 145
Attorney General 203
au pair 201
awesome 158

bachelor 31
back off 124
bailout 296
bandanna 227
bar 185
Barista 29
BBS 93
bear market 190
beat around the bush 240
behind bars 183
behind the wheel 183
beltway 319
benign 251
Big Apple 347
Bill 194
bill 42
bipartisan 222
birther 300
Black Friday 299
Bless you 161
blue 188
break 22
breaking news 172
briefing 210

bubble collapse 182
bull market 190
bust 61
buzzword 296

cabbie 145
carnivore 54
Casey Anthony 200
celeb 226
checking account 193
chocolate city 317
circumstantial evidence 51
colorful words 164
coming out 82
Condoleezza Rice 272
confirmation hearing 293
connotation 47
constructive dialogue 238
correspondent 225
credit card 191
crossword puzzle 234
Ct 102

dateline 101
daylight 67
deadlock 243
debit card 191
defendant 26
demographics 318
Department of Interior 257
depression 180
divorce 160
DMV 123
DNI 342
dog days 115
DPRK 243
Dr 102
DUI 77

early bird 178
embargo 214

envoy 262
estate auction 112
exactly 156
extraordinary 308

fad 266
farewell party 153
FDR 105
fine 43
fire up 305
Foggy Bottom 255
Freedom is not free 263
F-word 108

gaffe 110
gaggle 208
Garmin 146
gavel 285
gay 82
glamping 175
glass ceiling 288
God bless America 163
gold digger 30
good riddance 152
gotcha journalism 217
greener pay 31
gridiron 54
grill 52
GW Parkway 322

Hall of Fame 76
Halloween costumes 85
handicapped 335
happy hour 32
hard evidence 326
harm's way 170
hearings 40
heat of passion 200
Hemingway's Quote 110
Hillary 69
Hispanics 114
homebound 151
HOV 88
hypothetical 299

I-66 90
IKEA 99
in a reciprocal manner 129
in teens 116
inaudible 244
infidelity 160
It's the economy, stupid. 182

Jackson Hole 177
Jasmine Revolution 272
Jews 110
JFK 105
Joe 196
John 196

kick the bucket 45
kiss & ride 167
Klaxon 248

lame duck 57
landslide 204
Las Vegas 63
last hurrah 70
last minute 178
late bloomer 110
latitude 116
LBJ 105
lemon 25
LGBT 80
lifestyle 179
live coverage 72
Live free or die 330
lodge 148
LOL 91
lower 48 341
lucky draw 228

macho 233
Madam Secretary 246
male chauvinist 137
mania 135
manslaughter 198
marrow 24
mea culpa 270
melting pot 312

metro 324
microcosm 220
mojo 303
Monday morning quarterback 64
morgue 197
Mount Vernon 60
Mr. Ambassador 241
mug 160
mugshot 159
murder 198
myth 117

NABISCO 74
nanny 201
narcotics 79
national guard 82
National Mall 166
natural born 302
near miss 186
neck and neck 96
NHTSA 79
no brainer 173
no comment 215
no fat 29
now hiring 130
Nuclear Security Summit 126

Oath of Office 107
obese 296
OED 93
off the record 211
old dog 142
Ole Miss 37
on one's side 26
one Mississippi 35
op-ed 221
Oreo 76
other ceilings 290
overnight success 24
ownership 123

peace corps 336
pedestrian 33
photo ID 120
PIN 193
Pittsburgher 315

plaintiff 26
Plan B 252
playdate 127
plug 262
plug away 261
plumber 197
POTUS 274
presidential election 206
Presidential Line of Succession 282
Press Briefing Room 279
prime time 82
proclamation 310
projection 296
prostitution 63
public breastfeeding 329
pull over 143

quarterback 37
quid pro quo 249

racial profiling 314
rainy day 323
recession 180
red 188
Redskins 338
redux 151
reprimand 329
Republican party 57
RIP 83
rocket science 173
rogue 247
role model 332
root 66
RSVP 86
ruling party 287

sack 37
Safeway 170
Salt Lake City 72
seat belt 230
Secret Service(SS) 87
senator 24
sexual orientation 290
shellacking 204
short list 283
shotgun 37

silver lining 38
Smithsonian 327
SNL 94
snowmageddon 149
Sputnik 260
stalkerazzi 231
stallion 155
standing committee 42
Standing Room Only 87
stand-up 98
state of the Union 255
state visit 293
stay in shape 154
staycation 175
steering 185
sticking point 243
strike 41
suicide 47
Super Tuesday 220
Superbowl 66
Supreme Court Justice 290
Susan Sarandon 227
swing state 190

tailored 49
taser 126
tea leaf 48
tea leaf reading 49
tee 179
teeth 58
The Honorable 291
The Rogue 248
Think Tank 69
This Week 299
three-stage launch vehicles 147
toast 266
Tongue In Cheek 93
too close to call 294
towering 267
town hall meeting 304
townhouse 104
trailblazer 141
transition of power 284
trapeze artist 44
Trick or treat 85
trivia 166

U.S. federal holidays 85
UN Security Council resolution 60

veep 280
venti 27
verification 251
Verizon Center 340
vet 282
vicious cycle 155
Vienna 90

wake-up call 258
Wall Street Journal 222
Wall Street vs. Main Street 316
watchdog 269
We are working on (something) 216
We report, you decide 223
We won't buy the same horse twice 251
wee hours 297
William 194
windfall 50
window of opportunity 55
without further ado 265
WMD 97
wonk 132
word for word 110

Yale law school 129
You guys 136

101 343
1600 Pennsylvania Ave. 277
24/7 345

351

초판 1쇄 인쇄 2011년 11월 25일
초판 1쇄 발행 2011년 12월 2일

지 은 이 고승일
펴 낸 이 홍석근

주   간 김관호
편 집 장 김동관
책임편집 이지은
관 리 팀 이성희
디 자 인 네오넷코리아

펴 낸 곳 평사리(Common Life Books)
주   소 (121-848) 서울시 마포구 성산1동 277-1 3층
전   화 02-706-1970
팩   스 02-706-1971
e-mail commonlifebooks@gmail.com
Hompage www.commonlifebooks.com

ISBN 978-89-92241-33-5 (13740)

* 책값은 표지 뒤쪽에 있습니다.
* 파본은 본사와 구입한 서점에서 교환해 드립니다.
* 이 책은 저작권법에 의하여 보호를 받는 저작물이므로 무단 전재와 복제를 금합니다.